生命，
因家庭而大好！

跟阿德勒學正向教養
學齡前兒童篇

理解幼童行為成因，幫助孩子適性發展、
培養生活技能

Positive Discipline for Preschoolers

For Their Early Years

Raising Children Who Are Responsible, Respectful, and Resourceful

●●●●●

Jane Nelsen & Cheryl Erwin & Roslyn Ann Duffy
簡・尼爾森、謝瑞爾・艾爾文、羅思琳・安・達菲——著

陳玫妏——譯　姚以婷——審訂

獻給我那十九名孫子女：約書亞、安柏、特雷、肯、德魯、伍迪、克莉絲汀娜、麥克、史考特、凱爾西、凱蒂、萊利、卡拉、瑪麗莎、吉伯森、安德魯、艾瑪、薩吉和葛瑞森。

——簡

獻給所有的孩子——我們世界最美好的希望；也獻給那些奉獻時間與心力了解孩子與幫助其他人了解他們的人；獻給菲力普，他每天持續教導我作為一名母親所擁有的喜悅，儘管學齡前階段已經離我們很遙遠了。

——謝瑞爾

獻給維尼；我們的孩子，布魯、馬努斯、羅絲、布莉姬與他們的伴侶；我們的孫子女；以及「學習樹蒙特梭利幼兒園」（Learning Tree Montessori Childcare）——在那裡的父母、孩子與工作人員——謝謝他們與我們這個大家庭共同分享生活，從他們身上，我們每一天都學到更多。

——羅思琳

目錄

02

正向教養與學齡前兒童……49

——讓孩子贏在起跑點

03

適性與適齡發展的重要性……65

——教導並賦予孩子權力

13

「我不喜歡吃那個！」……289

——學齡前兒童的飲食問題

14

學齡前兒童與便盆……307

——持續進行如廁訓練

15

選擇托育服務……323

——托育時的注意事項

推薦序

尊重帶來尊重，處罰常陷入權力爭奪

洪仲清／臨床心理師

「在這重要的幾年裡，了解學齡前兒童的發展需求與局限，對教養來說十分關鍵。當孩子變得不安或因能力不足，沮喪而大發脾氣時，盡你所能地將心比心。」

當正向教養在孩子學齡前便開始實施，將來推展的時候會輕鬆很多，效果也會比較明顯。尤其在這個時間點，父母就開始慢慢培養了解與同理孩子的習慣，知道孩子並不是「小大人」，他們有心智與生理上的限制，這可以讓父母跟失望與絕望保持一點距離。

家長常對孩子有超齡的期待，像是不少兩、三歲孩子的父母，常苦惱地問我，為什麼孩子講了好幾次還不聽？我說，因為孩子只有兩、三歲，這是正常的狀況，是父母要再花時間去學習兒童發展相關知識。

「讓孩子看看他能做什麼，而不是他不能做什麼。」

學齡前的孩子充滿活力，對危險與限制的覺知不足，需要大人大量的注意與警覺。因此，處罰孩子，而非尊重孩子，是過去教養的常態。

「不可以」的指令常在這個階段被父母反覆重申，但孩子這時正在發展自主性，尤其在施予處罰之後，常演變成權力的爭奪。正向教養更在意告訴孩子，他「可以」做什麼，藉由日常慣例或作息的建立，請求孩子的幫助，孩子常樂於透過行動獲得成就，與感受到自己的價值。

「當孩子感覺良好時，他們會做得更好。」

傳統教養傾向使用讓孩子感到痛苦與羞恥的方式，讓孩子順從聽話。可是，明明是我們深愛的孩子，為什麼要這樣對他？

正向教養很在意讓孩子獲得正向的感覺，像是被愛、被尊重、有成就感。而正向的感覺會成為動機，幫助孩子自律，孩子願意做出對自己有益的行為，建立起正向循環。

我很喜歡這本書的筆法文字，簡單明瞭，而且舉了大量實例，討論的議題符合學齡前孩子父母的需求。此外，加入不少學齡前幼兒發展的生理與心理知識，又把正向教養的核心理念，寫得精要完整。

第一章就已經具體而微地把正向教養的精神，開宗明義標舉出來。在後續其他各章，則相繼把細部的具體做法，配合學齡前幼兒獨特的需要，詳細地探討。

而且我在閱讀的時候，有一種很奇妙的錯覺。雖然內容都在寫父母要如何教養孩子，可是這本書寫得簡單清楚到，算是重新把父母自己可能在成長過程中的欠缺，彌補了一遍，特別是在情緒與溝通相關的章節。也就是說，父母會以自己是孩子的身分，再次透過這本書的引導進行自我教育，再長大一遍，在心理上變得更健康。

換一種方式來說，這本書在教父母怎麼「愛孩子」，以及怎麼「愛自己」！

我特別喜歡這本書討論托育問題，配合科學研究佐證，也許可以緩解為經濟疲於奔命父母的一些內疚。我也喜歡這本書把學校與家庭的例子分開來寫清楚，不管是家長或幼教老師，都能因此獲益，也能促進親師之間的合作。

正向教養的具體做法之一，便是召開家庭會議，我自己也跟不少家長討論過如何執行。所以我看這本書的時候，特別期待關於如何跟學齡前幼兒一起開家庭會議的部分。

我看完之後的理解是，如果在家庭會議之後，再安排「特殊時光」是蠻不錯的選擇。孩子三歲就可以開始參與家庭決策，並且透過這個活動學習家庭成員之間的相互尊重與理解，這實在是一種相當美好的家庭意象。

最後，我想再提醒家長一次。在學齡前，一般在我們的文化裡，喜歡逗孩子、騙孩子，讓孩子生氣暴跳，大人卻歡喜開心，這是一種很不尊重孩子的行為。這讓大人的言語變得不值得信任，也讓孩子的情緒容易不穩，然後增加父母教養的難度。

請大人重視自己的身教，開這種讓孩子生氣的玩笑，通常只有大人自己覺得好笑。要得到孩子的尊重之前，大人要先尊重自己。

導讀

「愛我請先懂我」，理解孩子的阿德勒教養法

姚以婷／美國正向教養協會認證資深導師
亞洲阿德勒諮商暨應用協會理事長
台灣亞和心理諮商和訓練中心院長

孩子的性格發展會受許多因素影響，包括遺傳、性別、生理條件、家庭社經地位與父母的教養方式等。心理學大師阿爾弗雷德．阿德勒[1]認為，在這許多重要的影響因素之外，孩子自身的內心決定，對未來的期望，才是人格成型的關鍵，這些決定包括對自己和他人的看法：我是誰、我能做什麼、別人如何，而我該怎麼做。

許多父母可能會質疑這點，什麼都不懂的小孩子怎麼會做決定。然而，也有些父母曾經留意到，有時在小小孩哭鬧前，臉上會有片刻半秒鐘，閃過一種像是觀察又像思索的眼神及表情，然後才會做出放聲大哭或打人扔玩具等行為。在那半秒鐘內，孩子可能正在經歷由內在想法產生決定外在行為的過程。

阿德勒的個體心理學認為，人格在五歲前已經成形，因此學齡前兒童的正向教養恰恰是人格

1 阿爾弗雷德．阿德勒（Alfred Adler，一八七〇年至一九三七年），生於奧地利維也納，是一名醫生、心理治療師，以及個體心理學派創始人。個體心理學的重要概念為：身體與心理是一體的，個體無法被分割，是完整的。

塑造的關鍵期。由於學齡前兒童的腦發育尚未成熟，憑藉著模糊的感受和印象，便做出了自己的解釋。例如，三歲的小哥哥經驗到身邊所有大人熱情地圍著一團剛出生粉粉紅紅，叫做小妹妹的東西，很可能決定這個小妹妹是討厭的，我要搶回大人的歡心！哥哥用來討歡心的方法可能是正向的，例如幫媽媽照顧妹妹，但也可能負向，例如去欺負妹妹。此時家長如何回應哥哥的管教方法格外重要，如果能讓哥哥感覺自己仍受到關懷、重視，便可能產生正向引導的效果；家長若是採用懲罰、打罵等負面回應，有可能惡化問題，讓哥哥更堅定相信自己不再重要，強化要打擊妹妹的想法。此時家長對兒童的教養方法是否合宜，足以影響孩子的一生。

一九九四年簡・尼爾森、婚姻家庭治療師謝瑞爾・艾爾文及幼兒教育專家羅思琳・安・達菲合寫下《跟阿德勒學正向教養—學齡前兒童篇》（*Positive Discipline for Preschoolers*）一書。如今除了書籍，經典的五十二項教養工具還被精心設計製作成《正向教養親子互動工具卡》，同時在台出版，一張卡片就是一個教養工具練習，可以讓家長帶入生活情境隨時練習。

正向教養發展出超過兩百種可運用於各項親子問題的實用教養法，由美國協會認證的導師培訓家長、教師、兒青輔導人員等，鼓勵愛好者成為認證講師，並分享與傳授給周遭的人。正向教養課程與培訓遍布全球，進入台灣已有七年歷史，在美國、歐洲和中國等地都有實施正向教養的示範學校，學習的人數正持續增加。

《跟阿德勒學正向教養—學齡前兒童篇》專門針對三到六歲兒童家長所撰寫，延續正向教養系列叢書中不打罵懲罰、卻也不驕縱寵溺孩子，採取溫和堅定的教養基本原則，然而由於學齡前兒童的言語表達能力尚未完善，本書更側重的是**適齡教育和適性發展**，幫助家長從多方面深入理解、全心接納孩子具有的獨特性情和氣質，能夠更好的與這個年齡層的孩子溝通，並協助孩子完成屬於他的兒童階段發展任務。

書中內容共十九章，章章精彩並發人深省。為協助讀者輕鬆掌握閱讀要領，提供摘要如下：

第一和二章，旨在說明教養孩子應著重長期人格培育，在三到六歲階段可以從何處著手，以及正向教養的實施要素。

第三到十章，從六大層面分析孩子不同的身心狀態和情感行為，並提供正向教養工具建議。內容針對有：不同年齡層的發展階段性和腦部發育、不同程度的主動性、不同氣質的孩子、不同情感反應的孩子，以及孩子行為背後的不同目的。

第十一到十四章，針對三到六歲兒童的四大生活主題，包括交友、就寢、吃飯、如廁，各有詳細解析並提供正向教養工具和問題解決辦法。

第十五章到十九章，對於學齡前兒童所處的育兒環境給予多方提醒，包括：上幼兒園的重要準備、隔代養育的教養分歧處理、電子科技下如何優質教養、特殊需求孩子的教養重點、以及家庭和諧與尊重的民主氣氛。

筆者於二〇一七年十月間曾邀請本書合寫作者，也是正向教養高級導師的謝瑞爾・艾爾文來台親授學齡前兒童取向的正向教養家長和學校講師認證班，謝瑞爾是本書、《正向教養—嬰幼兒篇》（*Positive Discipline: the First Three Years*，書名暫譯）、《正向教養—單親家庭篇》（*Positive Discipline for Single Parents*，書名暫譯）等七本正向教養書籍的合著作者，另外還有四本是由她個人，或是與哈佛大學李察・布菲爾德博士（Richard Bromfield Ph.D）合著的育兒書籍。她是執業二十五年以上的資深諮商心理師及家長教練，同時任職內華達州立大學雷諾早期幼兒教育計畫的心理健康首席顧問，還是內華達州公共廣播電台的知名親子教養電台節目主持人。謝瑞爾已婚，有一個兒子和二個孫子女。她優雅謙和的風範給所有台灣同學留下美好的印象。

筆者在攻讀碩士期間，在恩師國立台北教育大學退休教授暨副校長曾端真博士的指導下，完成阿德勒學派專題及論文研究並取得碩士學位；也在曾博士的引薦下，於二〇一一到二〇一八年專程到美國正向教養協會（Positive Discipline Association），接受創始人簡・尼爾森親自培訓，成為台灣唯一獲取正向教養協會認證的導師。超過十年以上的正向教養親身實踐讓我了解到，成人實踐正向教養，需要從自我成長做起，學習認識並接納孩子的不同氣質與個性，才能看見孩子獨特的優點與才能，允許從犯錯學習的勇氣和信心，從小建立自信自尊和自律的優良品格與解決問題的能力。祈願你我共勉之，以溫和堅定的正向教養法，從孩子學齡前時期就做到適齡教育和適性發展，幫助孩子成長為擁有快樂並能貢獻社會的好青年。

姚以婷導師和創始人簡・尼爾森

姚以婷導師和作者謝瑞爾・艾爾文

前言 孩子想告訴你的話

「我的名字叫蘇珊，我三歲半，現在會說很多話。如果沒有人一遍又一遍念同一本書給我聽，或是當他們試著跳過某一段時，我就會生氣。我最愛問的問題是『為什麼？』我喜歡打扮和嘗試各種不同的角色。我喜歡有人一直跟我說故事。我也喜歡有人一直陪我玩。還有，我不喜歡我的遊戲時間被打斷。」

「我是傑佛瑞．F．佛雷澤。那個F代表法蘭克，就像我的爺爺一樣。我很善良。我喜歡說話。我昨天滿五歲了。我們可以做朋友，我會邀請你來參加我的生日派對。當我在挑選想做的事情時，我可以很專心。我有一個弟弟。如果沒有其他更好的人選，他也可以是一個好玩伴。我想這顆牙齒快要掉了。你想要聽我數數嗎？我可以唱一首歌給你聽。你想要跟我玩嗎？好，那你當壞人，我當好人……。」

「我四歲大，叫做辛蒂。我有一雙會發光的鞋。你知道我穿哪一種內褲嗎？我的內褲上面有日期。你看到我在旋轉的時候，鞋子有多亮嗎？我太大了，不能睡午覺。如果你念一個故事給我聽，我會更開心。我真的不累。你想要看我的鞋子嗎？我會跟查德結婚。你認識查德嗎？他有一件蝙蝠俠的斗篷。你現在可以為我念一個故事嗎？」

「我是瑪莉亞。我的頭髮很長，總是穿裙子。我四歲快五歲了。凱麗是我最要好的朋友。有時候凱麗會不想跟我玩。她現在四歲半。我可以和吉娜玩。我喜歡和凱麗及吉娜一起吃中餐。我想要坐在她們旁邊，而不是對面。我喜歡老師教我東西。」

這是一本關於我們這些孩子的書。我們每一個人都很不一樣。不是所有三歲或五歲的孩子都像我們一樣，但是你可能會在認識的孩子身上找到我們的影子。這本書會幫助你認識我們，並了解我們的世界。它會給你很多關於如何幫助我們成長，以及如何鼓勵和教導我們的想法。我們很相像、也很不同。我們希望被愛；這本書是為所有愛我們的人而寫。

第1章

為什麼要正向教養？

——孩子需要教導、指引和愛

許多在學齡前兒童身上被人誤認是不當行為，其中更多是與情緒、生理和認知的發展及適齡行為有關。

親子教養課程裡擠滿家有學齡前兒童的父母。網路的育兒論壇上迴響著諸如此類的問題：「為什麼我的三歲孩子會咬人？」或是「怎樣才能讓我的五歲孩子在晚上睡覺？」兒童發展專家、幼兒園園長和治療師的辦公室裡，擠滿家中有三歲、四歲或五歲年齡孩子，想知道究竟發生什麼事的父母。讓我們聽聽這些父母怎麼說：

「我們的小男孩是如此討人喜歡。我們已經預期他在兩歲時可能變得很麻煩——畢竟每個人都警告我們有所謂『恐怖的兩歲兒』[2]——但那時沒有任何事發生，直到他長到三歲。現在我們不知道該怎麼處理他。如果我們說『黑』，他就說『白』。如果我們說現在是睡覺時間，他就說他還不累……要替他刷牙變成一場全武行。我們一定做錯了什麼！」

「有時我很懷疑，當我張開嘴巴時是否發出了聲音。我五歲的女兒似乎聽不見任何我對她說的話。她根本不聽我的。她一直都會這樣嗎？」

「原本我們等不及兒子開口說話，但現在卻無法讓他停下來。他發現可以用『你知道嗎？』來延長任何的談話。他讓我們喜悅，也讓我們絕望，這兩種感受的程度幾乎不相上下。」

正如你即將在書中發現到的（或者你可能已經意識到了），從三歲到六歲這幾年，對於幼兒及他們的父母和托育人員來說，是既忙碌又混亂的階段。學齡前兒童好動、精力充沛；研究人員告訴我們，人類在三歲時的體力，比一生的任何階段都要來得多——肯定也多過於他們疲憊的父母。

對情感、認知和身體發展的先天驅力促使他們探索周圍的世界；他們正在獲取和練習社交技能，並前往家庭這個避風港以外的世界。學齡前兒童對於這個世界該如何運轉，有許多的想法。他們的想法，加上對實驗和探索的渴望，往往不符合父母和照顧人員的期待。

我們可以很肯定地說，你在後面章節中即將發現的內容，與自己的成長過程會有一些不同。你會發現像是「同時要溫和且堅定，並與孩子一起尋找解決辦法」的概念；你會學到「傳授社交與生活技能」的重要性；而你會了解到，將養育視為一項長期承諾，而非一連串的危機和問題有多麼重要；你甚至可能會懷疑「美好的傳統式管教」[3]發生了什麼事，以及班傑明・斯波克博士[4]會怎麼想？

親子教養的先驅：阿德勒和德瑞克斯

正向教養是根據阿爾弗雷德・阿德勒和他學生魯道夫・德瑞克斯[5]的研究發展而成。阿德勒是

2 「恐怖的兩歲兒」（terrible twos）是指在幼兒社會發展階段中（通常在兩歲左右）出現行為極度違抗與不守規矩的時期。

3 主要是指在教養孩子時使用體罰，包括用棍子、鞭子打手心、打屁股，以及懲罰性的罰站等。

4 班傑明・斯波克（Benjamin Spock，一九〇三年至一九九八年）是一名美國的小兒科醫師，他是第一位藉由精神分析來了解孩子需求的醫生。他於一九四六年出版《嬰兒和兒童保健》（*Baby and Childcare*）一書，至今依舊暢銷。

5 魯道夫・德瑞克斯（Rudolf Dreikurs，一八九七年至一九七二年）生於奧地利維也納，是一名精神病學家和教育家。將阿德勒的個體心理學發展出一套可實際操作與應用的系統，用以理解兒童乖戾行為的起因，並以不涉及獎賞和懲罰的方式激勵兒童合作。

維也納的精神病學家，也是與西格蒙德．佛洛伊德[6]同時代的人——但他與佛洛伊德幾乎對所有事情都抱持不同的看法。阿德勒認為驅動人類行為的，是對歸屬、意義、連結與價值的渴望，而這些渴望又被早期關於我們自己、他人和周遭世界做出的決定所影響。有趣的是，最近的研究告訴我們，孩子「天生」便會尋求與他人的連繫；感覺自己與家庭、學校和社區有所連繫的孩子，較不可能出現不當行為。阿德勒相信，每個人都有平等享受尊嚴和尊重（包括孩子）的權利，這些想法在美國——他在移民後視為自己國家的土地——受到熱烈的歡迎。

魯道夫．德瑞克斯是維也納的精神病學家，也是阿德勒的學生，他於一九三七年來到美國，熱心倡導在所有關係裡都需要尊嚴和相互尊重，而這也包括家庭。他撰寫了一些關於教學和育兒的書籍，迄今仍廣泛被閱讀，其中包括經典的《孩子的挑戰》（*Children: The Challenge*）。

如同你即將學到，許多在學齡前兒童身上被人誤認是不當行為，其中更多是與情緒、生理和認知的發展及適齡行為有關。幼兒需要的是教導、指引和愛（這是正向教養一個很好的定義）。

正向教養的八個基礎準則

正向教養對學齡前兒童有效，在於它與傳統的管教方法不同。它與懲罰（許多人視其為管教的同義詞）**毫不相關**，而是與教導孩子寶貴的社交與生活技能息息相關。對幼兒進行管教實際上牽涉到**你**會做什麼，然後溫和且堅定地貫徹執行，而非期待**孩子**「乖乖聽話」。隨著孩子日漸成熟與更加熟練，你將會讓他們參與解決問題和設定規範的過程。透過這種方式，他可以練習思考，感覺自己更有能力，並學會以有用的方式使用他的權力和自主性——沒有什麼比遵照自己想出的解決辦法和規範讓人覺得更有動力。正向教養的原則將幫助你與孩子建立起一種愛與尊重的關係，並在未來歲月裡一起解決問題。

正向教養的基石包括：

- **相互尊重**：父母透過尊重自己及情況需求示範堅定；透過尊重孩子的需求與本性示範溫和。
- **理解行為背後的信念**：所有人類的行為都有目的。當你了解孩子的行為動機後，你能更有效改變他們的行為（孩子從出生那天就開始建立構成個性的信念）。處理信念與處理行為一樣重要（如果沒有其他更重要的事）。
- **有效的溝通**：父母與孩子（甚至是幼兒）可以學習好好傾聽，並使用尊重的話語來提出需求。父母會學到，當孩子受邀共同思考和參與，而不是被告知要如何想和如何做時，孩子比較願意「聽」。父母將學會孩子願意「聽」的傾聽技巧。
- **了解孩子的世界**：孩童在成長過程中，會經歷不同的發展階段。透過了解孩子的發展任務，並考量其他諸如出生順序、氣質、社交與情緒技能的存在（或不存在）等變數，孩子的行為就能變得更容易理解。當你了解孩子的世界時，你可以選擇對他的行為進行更好的回應。
- **教導性的管教**：有效的管教能教導重要的社交和生活技能，既不縱容也不懲罰。
- **專注於解決辦法而不是懲罰**：責備從來不能解決問題。起初，由你決定如何應對挑戰和問

6 西格蒙德・佛洛伊德（Sigmund Freud，一八五六年至一九三九年），奧地利心理學家。精神分析學的創始人。

題。但隨著孩子成長與發展，你將走出管教的迷思與痛苦，學會如何針對你們面臨的問題，一起找到尊重彼此並有所幫助的解決方法。

- **鼓勵：**鼓勵慶祝的不僅是成功，也是努力和進步，並幫助孩子培養對自我能力的信心。
- **孩子感覺好時，他們會做得更好：**為了讓孩子表現好，應該讓他們感到羞愧、屈辱，甚至是痛苦——父母從哪裡得到這種瘋狂的想法？當孩子感受到鼓勵、連結和關愛時，他們會更願意合作，學習新的技能，並表現情感和尊重。

管教不等於懲罰

以下這些父母說的話，聽起來有很熟悉嗎？

「當牽涉管教時，我已經嘗試過一切的辦法，但全都行不通！我三歲的女兒要求很多、很自私、很固執。我該怎麼辦？」

「當什麼都沒有用時，我該怎麼辦？我已經在四歲的孩子身上試過罰站、把玩具拿走，或是不准他看電視，以及打屁股——但什麼都沒有用。他很粗魯、沒禮貌，完全無法控制。我接下來該怎麼做？」

「我帶領的班級有十五個四歲小孩。其中兩個孩子總是在打架，我沒辦法使他們和其他人玩。我讓他們罰站，威脅他們說，如果他們再一起玩，就不讓他們休息。今天早上當其中一個人撕毀另一個人的圖畫時，我發現我開始大吼大叫。我不知道該找誰幫忙——他們聽不進我說的任何話。我該如何管教他們呢？」

當人們談到「管教」時，通常是指懲罰，因為他們相信兩者是同一回事。父母和老師有時會大吼大叫、說教、打屁股、打手心、拿走玩具或是剝奪特權，並在罰站時間裡，叫孩子好好想想「自己做了什麼」。遺憾的是，不管懲罰在當時看起來多有效果，它並不能創造父母真正想要給孩子的長期學習，以及社交和生活技能。懲罰只會讓一個具有挑戰性的情況變得更糟，並導致成人與小孩一頭栽進權力爭奪裡。

正向教養基於一個不同的前提：當孩童（和大人）感覺良好時，他們會做得更好。正向教養是關於教導、理解、鼓勵和溝通——而不是懲罰。

我們大多數人從自己的父母、社會，以及長年的傳統與假設中吸收到關於教養的想法。我們經常認為，孩子必須受苦（至少要有一點），否則學不會任何東西。但在過去幾十年裡，社會和文化快速地變化，我們對於孩子如何成長與學習的理解改變了，所以我們也必須改變方法，教孩子成為能幹、負責任、有自信的人。懲罰也許在短時間內看起來有效。但隨著時間過去，它會製造出叛逆、抵抗，或是否定自我價值的孩子。我們有一個更好的教養方法，而這本書致力於幫助父母發現和學習。

孩子的四個基本需求

想要與需要之間是有區別的，孩子的需要可能比你想像的還簡單。所有真正的需要都應該被滿足，但當你順從孩子所有想要的東西時，可能會為孩子和自己製造很大的問題。

例如，你的學齡前兒童需要食物、住所和照顧，他需要溫暖和安全；他不需要一台小型電腦、一台在他臥室裡的電視、一台iPod，或是玩一台迷你怪獸卡車。他可能喜歡盯著電視螢幕，但是專家告訴我們，任何螢幕時間對於這個年齡的孩子來說，都可能妨礙大腦的最佳發展（稍後會詳細介紹這一點）。他可能想要睡在你的床上，但學習在他自己的床上睡覺，會讓他感覺獨立與有能力。他可能喜歡薯條和含糖的蘇打汽水，但如果你給他這些東西，你可能就讓他踏上罹患兒童（與成人）肥胖症的道路。你了解我們想傳達的意思吧。

從孩子出生開始，他們就有四個基本需求：

1. 歸屬感與自我價值
2. 對自我能力的認知
3. 個人權力與自主性
4. 社交與生活技能

如果你能夠供應孩子這些需求，他們往後將成為一個能幹、機智且快樂的人。

☺ 歸屬感與自我價值

你可能會想：「嗯，這是當然的，每個人都知道孩子需要歸屬感。」大多數父母認為，孩子真正需要的東西很簡單：他需要愛。但是單單只有愛，並非都能創造出歸屬感或自我價值。事實上，愛有時候會導致父母溺愛孩子、懲罰孩子，或者做出不符合孩子長期最佳利益的決定。每個人——大人和小孩都一樣——都需要屬於某個地方。

我們需要知道，我們會被無條件接受，是因為我們是我們本身，而不僅因為我們做了什麼或能做什麼。對於幼兒來說，歸屬感的需求更加重要。畢竟，他們仍然在了解周遭的世界，以及自己在其中的位置。他們需要知道，即使發脾氣、翻倒了麥片、破壞了爸爸的高爾夫球棒，或是再次把廚房搞得一團糟，他們仍然被愛、被需要。

不相信自己有歸屬感的孩子會變得氣餒，而氣餒的孩子經常出現不當行為。你注意到這個詞：「相信」。你可能知道孩子有歸屬感，並且很重要。但是如果他不相信（最可惡的原因，有時可能會是另一個寶寶出生），就可能以錯誤的方式試圖找到他的歸屬感和自我價值。事實上，大多數幼兒的不當行為都是一種「密碼」，目的在讓你知道他們沒有歸屬感，並需要你的關注、連結、時間和教導。

當你能為家庭中的每個成員創造歸屬感和自我價值時，你的家就會成為一個和平、尊重與安全的地方。

對自我能力的認知

如果沒有給孩子機會練習，你家的學齡前兒童永遠學不會做決定、學習新技能或是相信自己的能力。在學齡前兒童的教養上，有很大一部分牽涉到放手。在前面的章節中，你會學到許多關於鼓勵孩子認識自我能力的方法，但現在請考慮這一點：單憑言語不足以在孩子身上建立勝任感與自信心。當孩子成功做到某件事，發展出紮實的技能，並從中體驗到勝任感與自滿足時，他們才會感受到自己的能力。

個人權力與自主性

如同你即將看到的，發展自主性和主動性是孩子面臨的最早發展任務之一。儘管父母可能不會完全喜歡這個想法，但即便是很小的孩子也有個人力量——而且他們很快就知道如何使用。如果你懷疑這一點，回想上次看到一個四歲孩子揚起下巴、交叉手臂，並無畏地說「不！我不想！」的場景。

作為父母的工作之一，是幫助孩子學會將他們所擁有的許多力量導引到積極的方向——幫忙解決問題、學習生活技能、尊重他人並與他人合作。懲罰不會教導他們這些重要的能力，有效與關愛的教養才會。

社交與生活技能

教孩子學習技能——如何與其他孩子和大人相處、如何自己吃飯和穿衣、如何學習負責任——將在他們學齡前階段占據大部分你教養的時間。但是孩子對社交和實際生活技能的需求卻永遠不會消失。事實上，真正的自尊並非來自被愛、被讚美，或是身邊環繞著的許多好東西——它來自擁有**能力**。

當孩子年幼時，他們喜歡模仿父母。你的孩子會想和你一起釘釘子、噴清潔劑或準備早餐（在陪伴與監督之下），隨著他越來越有能力，你可以使用這些日常時刻來教他如何成為一個能幹與有本事的人。一起學習技能有時可能會顯得凌亂，但也是養育孩子過程中一個令人感到愉快和珍貴的部分。

為什麼父母執著於懲罰？

由於所有孩子（和所有父母）都是獨一無二的個體，一般來說，任何問題都有幾種非懲罰性的解決辦法可以使用。我們在講座和親職教育課堂上遇到的一些父母，無法立即理解或接受這些解決辦法；確實，正向教養需要的是一種思考模式的轉換——一種對於教養截然不同的思考方式。執著於懲罰的父母往往會問出錯誤的問題。他們通常想知道：

- 我如何讓孩子重視？
- 我如何讓孩子明白「不可以」？
- 我如何讓孩子聽我的話？

• 我如何使這個問題消失？

大多數疲憊不堪的父母都希望知道這些問題的答案，但他們會這麼問，是根據短期效果的想法。當父母提出正確的問題時，會非常渴望擁有非懲罰性的選擇——並且看到這種改變方式為他們和孩子帶來的結果。什麼是正確的問題？以下是一個好的開始。

• 我如何幫助孩子感受他的能力？
• 我如何幫助孩子感受歸屬感和自我價值？
• 我如何幫助孩子學習尊重、合作和解決問題的技能？
• 我如何進入孩子的世界並理解他的發展過程？
• 我如何能將問題轉為學習機會——為孩子也為我自己？

這些問題涉及較大的目標並基於長遠考量。我們發現，當父母找到這些長期問題的答案時，短期問題也會自然獲得解決。當孩子感受到歸屬感和自我價值時，他們會「重視」與合作（至少在大多數時候）；當他們做好發展上的準備，並參與解決問題的過程時，會了解什麼是「不可以」；當父母傾聽並以邀請傾聽的方式進行談話時，他們會聽話。當孩子能參與到這個過程，解決問題也會變得更容易。

本書的每個章節都包括正向教養的技巧，我們會告訴你為什麼應該避免懲罰性的教養方法，而且會提出一些關於非懲罰性方法的建議，這些方法可以幫助孩子成為一個有能力和有愛心的人。

請立刻停止這樣的教養法

大部分父母偶爾都曾這麼做過。但如果你會尖叫、大喊，或是說教，請你立刻停止。如果你會打孩子屁股，請你立刻停止。如果你試圖透過威脅與警告讓孩子順從，也請你立刻停止。這些方法全是不尊重，會引發懷疑、羞愧、內疚與叛逆——現在，以及未來。最終，懲罰會產生更多的不當行為。（有許多研究顯示懲罰長期會有負面影響，這些研究通常都埋藏在父母看不到的學術期刊中。）

你可能會想：「等一下，這些方法對我父母很管用。你這樣是拿走我在管孩子上有用的工具。我該怎麼做，難道是讓孩子做任何他想做的事？」當然不是。縱容是不尊重的，並且不會傳授重要的生活技能。除了你的行為外，你永遠不可能真正控制任何人的行為，你嘗試控制孩子的企圖，通常會製造更多問題與權力衝突。稍後在本章中，我們會提供幾種方法，在鼓勵學齡前兒童發展品格與寶貴生活技能的同時，也邀請他們與你合作（當你運用一種溫和且堅定的態度時）。

當你知道在一個威脅的氣氛下，人不可能積極學習時，與一個好動、充滿挑戰性的學齡前兒童在一起的生活就會變得比較容易。當孩子感到害怕、受傷或是生氣時，他們不會聽話。懲罰會導致學習過程偏離正軌。

邀請孩子合作的方式

那麼有哪些工具和想法可以幫助孩子學習到他需要知道的一切？如果懲罰沒有效果，什麼會有效果？下面是一些建議。請記住，這幾年對孩子的個人發展至關重要；也請記住，沒有什麼方法總是能對所有的孩子奏效。隨著你獨一無二的孩子成長與變化，你必須多次回到這份清單上，但這些想法會成為長期有效教養的基礎。

實施正向教養的八種方法

1. 讓孩子參與：
   a. 一起建立日常慣例。
   b. 給予有限的選擇。
   c. 提供孩子幫忙的機會。
2. 透過尊重來教導尊重。
3. 使用幽默感。
4. 進入孩子的世界。
5. 說你想說的，並以溫和且堅定的態度貫徹執行。

6. 有耐性。
7. 行動，不說話——並仔細監督。
8. 接受並珍惜孩子的獨特性。

☺ 讓孩子參與

教育（education）源自拉丁文educare這個字根，意思是「引導」。這或許能解釋為什麼當你試圖透過不斷要求與說教來「灌輸」孩子想法時，他們經常對你置之不理。

找到讓孩子參與決定的方法，並引導出他們的想法和看法，而不是告訴他們該怎麼做。啟發性提問（通常以「什麼」或「如何」展開）是做到這一點的方法之一。問他們：「如果把腳踏車推到大馬路上，你覺得會發生什麼事？」或是「你上學前要準備什麼？」參與決定的孩子會體驗到，一種關於個人權力和自主性的健康感受。對於那些還不會說話的孩子，你可以說：「接下來，我們——」，同時溫和且堅定地告訴他們該做什麼。

有幾種特別有效的方式，可以讓學齡前兒童參與合作和解決問題。這裡有三點建議：

一起建立日常慣例表。重複和一致性的學習會讓幼兒有最好的學習效果，你可以透過和他們一起建立可靠的日常慣例，來減輕家庭過渡期的衝擊。你們可以為每一個反覆發生的事情建立日常慣例：起床、就寢、晚餐及購物等。和孩子一起坐下來，邀請他幫助你製作一個日常慣例表。請孩子告訴你在這個日常慣例中（如就寢時間）的相關步驟。讓他幫你決定順序。為孩子拍攝他們進行每一個步驟時的照片，並黏貼在每個步驟說明的旁邊。然後讓孩子用麥克筆和金蔥亮粉來裝飾這份圖表。把這份日常慣例表掛在孩子看得見的地方，讓它作為指揮。當你的孩子分心時，你可以問：「日常慣例表上的下一步是什麼？」（務必不要將日常慣例表與貼紙或獎賞表混淆，因為後者的重點在於獎賞，而那會減少孩子內在的能力感。）

給予有限的選擇。選擇會讓孩子感到擁有權力：他們有權力選擇一種或其他的可能。選擇也會邀請孩子使用思考技能，因為他們需要思考要做什麼。再來，理所當然的，當選項包括幫忙的機會時，幼兒往往都很樂意進行。「當我們回到家時，你要做的第一件事情是什麼——幫我放好採購的物品，或是念故事？由你決定。」「當我們走去開車時，你想幫忙拿毯子或餅乾盒？由你決定。」加上「由你決定」會增加孩子的權力感。確保這些選擇適合孩子的發展階段，而所有選擇都是讓你安心的選項。當孩子想要做別的事情時，你可以說：「這不是選項。你可以在這個和這個之間做選擇。」

提供孩子幫忙的機會。幼兒經常會抗拒上車的命令，卻會對「我需要你幫忙，你可以把鑰匙帶到車上給我嗎？」做出愉快的回應。如果你善用直覺和創造力，原本可能很容易變成權力衝突和爭戰的情況，就會轉變成一起大笑和親近的機會。讓孩子幫忙（即使會很混亂或不方便），也會為以後的合作奠定基礎。

☺透過尊重來教導尊重

一般來說，父母相信應該是孩子要**表示**尊重，而不是**對**孩子表示尊重。但是孩子會藉由看到尊重的具體表現而學會尊重。當你提出要求時要用尊重的態度；當你打斷某件孩子正樂在其中的活動時，不要期待他們「馬上」去做某件事；給孩子一點事先的提醒：「我們等一下就要離開囉。你想不想再盪一下鞦韆，或再溜一次滑梯？」隨身帶一個小型計時器。教孩子設定一或兩分鐘，然後讓孩子把計時器放在口袋裡，這樣一旦計時器響起時，孩子就知道要準備離開。

也請你記得，讓孩子感覺羞愧或受辱——例如在公園中（或是任何地方）打孩子，孩子會感覺不受尊重，而一個沒有受到尊重的孩子，很有可能會同樣不尊重你。溫和且堅定的態度可以對孩子的尊嚴、你的尊嚴及情況的需求表示尊重。

☺使用幽默感

沒有人說教養一定要無聊或不愉快，大笑常常是處理問題的最佳方法。試著說：「搔癢怪獸要來囉！他們要來抓走不把玩具撿起來的孩子。」學會和孩子一同歡笑，以遊戲的方式更快做完不怎麼愉快的工作。幽默是最好——也是最愉快——的教養工具之一。

三歲的納森動不動就喜歡抱怨，貝絲已經想不出方法應付他了。她試過跟他談話、向他解釋和忽略他，但沒有任何有效的辦法。有一天，更多是出於絕望而不是靈感，貝絲嘗試了一個辦法。

當納森又在碎碎念著想喝點果汁時，貝絲轉向他，臉上帶著逗趣的表情說：「納森，媽媽的耳朵出了點問題。當你碎碎念時，我完全聽不到！」

納森又再次碎碎念著想喝果汁，但這次貝絲只是搖搖頭，輕輕地碰了一下自己的耳朵，好像有隻蚊子在她頭附近嗡嗡作響般地環視了一下。納森再試了一次，但是貝絲又再次搖搖頭。然後貝絲聽到了不同的聲音。這個小男孩深吸了一口氣，然後用一個低沉、嚴肅的聲音說：「媽媽，我可以喝一點果汁嗎？」當貝絲轉過去看著他時，他為了表現出更好的態度，還加了「請」。

貝絲笑了，在去廚房前，她把納森抱了起來。她說：「當你像這樣好好問的時候，我完全可以聽得到。」從此以後，每當納森又開始抱怨或碎碎念時，貝絲只需要輕輕碰一下她的耳朵並搖搖頭。納森就會氣惱地深吸一口氣——然後以一個比較好的語氣再說一次。

當然，不是所有的事情都能輕鬆以待。但是當孩子知道一個臨時起意的搔癢大賽或是枕頭戰有可能隨時爆發時，規則會變得不那麼難遵守。當牽涉到管教時，花點時間放輕鬆，一起和孩子大笑也很有效，這會讓每個人的生活都更加愉快。

☺ 進入孩子的世界

在這重要的幾年裡，了解學齡前兒童的發展需求與局限，對教養來說十分關鍵。當孩子變得不安，或因能力不足、沮喪而大發脾氣時，盡你所能地將心比心。將心比心不代表拯救，它代表著理解。給孩子一個擁抱，對他說：「你現在真的很難受，我知道你想要留下來。」然後在你輕柔地引導他離開之前，抱著孩子，讓他感受自己的情緒。如果你以讓孩子留下來的方式拯救他，他便無法從經驗中學習到自己可以克服失望。

進入孩子的世界也代表著，從孩子的角度看世界，並認識到他的能力——與他的局限。偶爾問問你自己，如果你是孩子，你會如何感覺（與行動）。透過一個小人兒的眼睛來看世界，可能會有相當的啟發性。

☺說你想說的，並以溫和且堅定的態度貫徹執行

孩子通常可以感受到你是認真，還是隨便說說。除非你說的話是認真的，並以尊重的態度表達——然後以有尊嚴和尊重孩子的方式貫徹執行——否則最好還是不要說。你說的話越少越好！這可能表示要重新引導孩子，或是告訴孩子他**可以**做什麼，而不是因為他**不能**做什麼而懲罰他。這可能也代表著，當到了該離開時，你該安靜地把孩子從溜滑梯上抱下來，而不是和他爭吵或做意氣之爭。當我們能夠溫和、堅定、不生氣地這麼做時，教養才會同時尊重孩子並具有效果。

☺有耐性

你要知道，在孩子發展出足夠的理解力前，你可能需要不斷重複教導孩子許多事情。舉例來說，你可以鼓勵孩子分享，但不要期待他了解這個概念，並在他不想這麼做時主動分享。當他拒絕分享時，請你安心，這不表示他會永遠那麼自私。了解孩子只是在表現適齡行為，將會對你有所幫助（第十一章將針對社交技能進行更多的討論）。不要把孩子的行為當作在針對你，以為孩子在對你生氣或挑戰你。表現得像個成人（有時候不太容易做到），並且在進行必要的教養時，不要感到罪惡與羞愧。

☺ 安靜行動，不多說——並仔細監督

言語最小化，行動最大化。德瑞克斯曾經說過：「閉上嘴，行動。」安靜地牽著孩子的手，帶領他們到需要去的地方。讓孩子看看他能做什麼，而不是他不能做什麼。不管孩子在學習上有多聰明、多合作和多快速，你都要仔細監督。學齡前兒童通常是容易衝動的小人兒，你的孩子在接下來幾年內會需要你警覺的注意力。

☺ 接受並珍惜孩子的獨特性

孩子的發展各有不同，不同孩子擁有不同的優勢。期待孩子給予他無法給的東西，只會讓你們雙方都感到挫折。不論你多用心教導，你姊姊的孩子或許可以在一家餐廳安靜地坐上幾小時，但你的孩子不到幾分鐘就會坐立難安（請參考第三章與第六章中，更多關於適齡行為與氣質主題的探討）。如果你能接受這個事實，就可以免除自己和孩子的許多痛苦；你可以先跟朋友安靜共餐，或是等孩子再長大一些，再和你安靜共餐。

把自己當成教練，幫助孩子成功並學習如何做事，對你會很有幫助。你也是一名觀察者，學習了解孩子究竟是怎麼獨特的人。千萬不要低估幼兒的能力。當你向他們介紹新的機會和活動時，請仔細觀察孩子的興趣、孩子自己能夠做到什麼，以及他們需要什麼可以幫助他們的能力。

積極暫停的做法與效用

你可能會好奇「暫停」這個常見教養工具要怎麼使用，才能符合正向教養的方法。多數父母都使用它（某一個研究顯示，家有三歲孩童的父母中，有百分之九十一承認使用「暫停」），但卻很少有父母真正了解「暫停」是什麼，或是如何在幼兒身上善加利用。

積極暫停是一個極度有效並可以幫助孩子（與父母）冷靜下來，一起解決問題的方法。事實上，當我們沮喪或生氣時，會無法觸及大腦那塊能理性與冷靜思考的區塊，因此，一個正向——**非**懲罰性——的暫停對每個人的幫助都很大。一個懲罰性的暫停採取過去導向，讓孩子為他們做過的事受苦，而不是真的鼓勵他們以後做出更好的決定。積極暫停讓人有機會冷靜，直到雙方都能再次連結大腦中的理性區塊；它也是未來導向的，因為當孩子感覺受到鼓勵時，他們可以學會自我控制，並對負責任做出正面的決定。

為暫停重新命名，去除掉懲罰或限制的含意，也有幫助。你可以將一個積極暫停稱為「冷靜區」或甚至是一個「開心地」。你可以邀請孩子幫忙找到一個進行積極暫停的地點，並為這個特別的地點添加一些可以幫助孩子放鬆的物品（柔軟的玩偶、書本、美術用具、一件孩子最愛的棉被等）。有些父母和老師相信，若是讓暫停地點變得太吸引人或過於舒適，就是在獎賞孩子的不當行為。睿智的成人會知道，所有的人都有生氣以致於難以相處的時候，在積極暫停區待一會兒（只要不是侮辱或懲罰性質的）可以提供我們一段冷靜的時間。有個托育中心實際使用口語命名表達冷靜的圖像，讓孩子把需要冷靜的時候，看成一個正面的經驗。這些孩子幫忙用抱枕和可愛的玩具布置教室的一個小角落，並把它命名為「南極冰川」。任何孩子都可以在需要時，選擇到南極冰川冷靜一下。這個充滿奇思妙想的地方，真的很吸引孩子，它去除負面的意涵，讓冷靜變成一個正面的生活技能（如果大人也有一個合用的南極冰川，該有多好）。這種方式，讓孩子確切知道，當他們準備好時，你很歡迎他們從冷靜期回來。

關於給幼兒的積極暫停（或冷靜期），以下是幾個必須考慮的重點：

- **暫停不適用於三或四歲以下的孩子。**因為三歲以下的孩子還無法理解因果關係（理解因果的能力需要持續發展，有些人進入成年期也仍未發展成熟）——監督和分散注意力是最有效的教養方式。
- **當孩子感覺良好時，他們會做得更好。**強烈的情緒會讓幼兒感到壓力太大。一個積極暫停區給他們冷靜下來並調整呼吸的機會，這樣他們才有辦法跟你一起解決問題。當你的孩子年紀還小時，如果他想要，你可以跟他一起去積極暫停區陪伴他。請記住，這樣做是為了讓你們雙方的感覺更好，最終能選擇用更好的行為來解決問題。
- **你的態度是關鍵。**暫停不該被當作懲罰，而是一種給孩子時間冷靜下來的辦法。當孩子感覺挫折時（行為不當），你可以問：「如果讓你去那個『感覺好的地方』，對你有幫助嗎？」要是孩子拒絕，詢問是否需要陪他去（要記得，這麼做的目的是要幫孩子感覺變好）。如果孩子仍然拒絕，你就自己去積極暫停區，為孩子示範冷靜下來的辦法，直到自己感覺變好。「去那個舒服的地方，還是和我一起想想有什麼解決辦法，哪個對你最有幫助呢？」只有當你將「積極暫停」提供給孩子作為解決問題的選項時，這個方法才有效。如果大人試圖強迫孩子留在感覺像是懲罰的地方，不管這個地方叫什麼好聽的名稱，只要孩子沒有選擇權，就算是「積極暫停區」，也可能變成一場權力爭奪戰。

- **沒有任何教養工具永遠有效。**在你的教養工具箱中不能只有「積極暫停」這個工具。從來沒有一種教養工具——或三種，或甚至十種——能用來應對所有情況和每一個孩子。將你的教養工具箱裝滿健康、非懲罰性的工具，能幫助你在孩子向你挑戰時（這一定會發生），抗拒懲罰的誘惑。
- **永遠記得孩子的發展階段與能力。**了解什麼是（不是）適齡行為，可以幫你不過分期待孩子能力範圍以外的事情。如果暫停是用來教導、鼓勵和舒緩孩子的情緒，它就會是一個有效與適當的教養工具[7]。

當孩子「不聽話」時……

父母對幼兒經常有的抱怨之一，就是「我的孩子不聽話」。其實孩子不回應大人指示，有很多種原因——但很少與他們的聽力有關。

7 更多有關暫停的教養技巧，請參見簡·尼爾森《積極暫停：五十種以上避免在家裡和教室中和孩子出現權力衝突的方法》（*Positive Time Out: And Over 50 Ways to Avoid Power Struggles in Homes and Classrooms*，暫譯書名）。

三歲的布萊娜動手打她的玩伴，老師叫她停手，但她還是沒有停下來。

格雷戈里的爸爸告訴他時間到了，他們要離開公園回家，但他沒有任何反應——直到爸爸提高音量並抓住他的手肘。

在走進商店前，梅根的媽媽冷靜、清楚地告訴她，今天不會買小點心或玩具給她，當她問梅根是否了解時，梅根點了點頭，但當他們等著結帳時，梅根還是大吵大鬧，要求吃糖果。

這些聽起來很熟悉嗎？問題通常不在孩子不聽話，而是我們的要求與他們更基本的需求相違背。比方說，布萊娜年紀非常小，還在學習社交技巧。她需要有人教她「用說的」，而如果她繼續打人，只要冷靜地把她帶到別的地方就好。格雷戈里正在試驗自己的主動性與自主性，很不幸地，這剛好不符合他爸爸對於他應該做什麼的想法。他可以從有限的選擇及溫和且堅定的行動中學習。梅根太小了，記不住一個小時前你給的指示——尤其當那些指示跟她現在想要的東西相衝突。

當你沒辦法讓孩子服從，更沒辦法讓他們聽話時，你還**可以**做什麼？首先，你可以傾聽，這樣你能為他們示範如何聽話。學習理解孩子的脾氣與適齡行為會有幫助；避免罵人、懲罰和囉唆也有幫助，因為它們只會引發你和孩子之間的權力衝突。也請你嘗試邀請孩子與你合作，而不是堅持要他們服從：「有玩具在地上，你願意和我一起把它們撿起來，還是你可以自己撿起來呢？」當孩子感覺自己有能力選擇時，他們通常會選擇合作。

孩子不聽話，因為：

- 大人責罵他、說教或嘮叨，這些行為都不會讓孩子聽話。
- 大人不去問孩子，而只是告訴他應該或不應該做什麼。
- 大人製造出權力衝突，讓輸贏比合作更重要。
- 由於孩子發展的本性使然，他們喜歡探索——而大人卻不希望孩子這麼做。然而孩子通常是聽從本性的聲音。
- 孩子不能服從某個要求，也許是因為孩子尚未發展出某些必須的社交或思考技能。
- 孩子和大人對事物的優先順序設定不同。
- 大人沒有傾聽孩子的心聲。

確實傳達你對孩子的愛

我們在工作坊中經常會問父母，為什麼他們關心自己孩子的行為。他們會搔搔頭、眼神空白，過一會兒後，他們會告訴我們，他們愛自己的孩子——彷彿他們的愛再明顯不過。但真的是這樣嗎？

你知道你愛孩子。你喜歡看孩子熟睡的臉，或是看見孩子吃得滿嘴都是巧克力冰淇淋，對你綻放出微笑，你會想要抱抱他們。但是孩子是否知道，你的管教、你讓他們學習的技能、你的教導，是因為愛他們？

即使是最有效的非懲罰性教養工具，也必須在一個充滿愛，並提供無條件接納與歸屬感的氛圍中運用。務必花時間給孩子擁抱、微笑和溫柔的撫觸。當孩子感覺好時，他們會做得更好，而他們只有生活在一個充滿愛與歸屬感的世界，才會有好的感覺。

第2章

正向教養與學齡前兒童

——讓孩子贏在起跑點

教養的挑戰就在於，我們需要在滋養、保護與引導孩子和允許孩子探索、實驗及成為一個獨立且獨特的人之間，取得某種平衡。

學齡前兒童是可愛迷人的小人兒。他們會分享想法、表現好奇心、展現剛發展出的幽默感、建立自己的人際關係，並張開手臂和周遭人分享愛與快樂。但他們也可以很固執、自大，讓人感到困惑，甚至是徹底的挫敗。

大多數父母擔心孩子即將面臨的世界；他們想知道該如何給孩子最好的教養，好讓孩子擁有一個成功且快樂的人生。看著同年齡孩子偶爾出現一些令人沮喪的行為，他們想知道孩子成長過程中會有什麼狀況——以及他們該怎麼做。

小寶貝長大了

卡洛塔看著三歲的曼紐爾慢慢走過兒童遊樂場——他走路已經不會跌跌撞撞了。就在曼紐爾以穩定的技巧爬上攀登架最頂端時，她感到一陣驚訝，想著：「我的小寶寶到哪去了？」她臉上帶了五味雜陳的微笑說著：「這個小大人是誰？」

當她們這一側的綠燈亮起時，達娜習慣性地伸手往下，想牽住女兒的手。五歲的瑪塔看著母親，然後做了個鬼臉。瑪塔願意走在母親身邊，但不願意牽手——那是小寶寶才會做的事。達娜覺得有點好笑。她明白瑪塔很小心，不需要牽手也可以自己過馬路，但在那一刻，達娜頓時覺得自己的手上空空的。

這個以前你經常讚美和擁抱的小嬰兒，曾經那麼無助地需要你。然而，在孩子來到四到六歲階段，竟在不知不覺中長成了一個不同的人——一個充滿計畫、想法和主見的人。大多數父母認為，孩子的轉變會漸進式發生，以致於當上述那樣的時刻來臨時，你會感到震驚，不得不重新看待自己的孩子。以前那個走路會搖搖晃晃的小孩，什麼時候變成可以走路、甚至跑步（還跑得比你快），而不會跌倒的強壯年輕人？以前那個個頭小小、總是分心的小探險家，什麼時候被站在你身旁這個謹慎、有能力、更有責任感的年輕人取代了？什麼時候你可以停止查看孩子是否上了廁所、穿了外套，或是記得帶他的便當盒？有些父母太習慣做這些事情，即使在孩子已經當了父母很久以後，他們還是會給予這些指示和警告。

父母該學習放手

有時候你會感覺，教養好像都跟學習放手有關。當孩子斷奶或不再用奶瓶喝奶後，你必須對哺乳帶來的特殊親密感放手。當你不再能測量孩子喝了多少果汁，因為他們開始使用「大人」的杯子喝東西時，你必須再次學習放手。當你把孩子託付給其他人照顧，即便只是短短半小時，你也必須再次學習以某種方式放手。

放手是一個寶寶從母體脫離後就開始啟動的過程，而它對每一個人類的健康成長與發展都極為關鍵。緊抓不放——父母通常在愛的名義下這麼做——會妨礙孩子健康地成長。請記得，在孩子進入後青春期的階段後，你又必須再次學習放手——因為此時的目標，是讓孩子成長為一個有能力與快樂的大人。對在一旁觀看的父母來說，孩子踏出的每一步，好像都帶著他們漸漸遠離父母的臂彎：好像孩子越大，就越不需要父母。教養的挑戰就在於，我們需要在滋養、保護與引導孩子和允許孩子探索、實驗及成為一個獨立且獨特的人之間，取得某種平衡。事實是，孩子**永遠**會需要你的引導、鼓勵和愛，但是在孩子成長與改變的過程中，教養確實要以不同的方式進行。在孩子十四歲時，同時需要愛與限制，而他們必須做出很多關於生活的決定。同樣地，在孩子四歲時，他們無法照顧自己，但需要一些獨立性來學習與練習新的技能。要在引導和獨立之間提供孩子某種平衡，你需要隨著他的成長調整在他生命中扮演的角色，並學習新技能來幫助他做好以後離家生活的準備。

有效的教養方式很重要

近年來，孩子成長的速度是如此之快，父母常感覺自己跟不上。學齡前兒童會發現許多跟他們擁有同樣世界的人，因此不再將媽媽、爸爸和其他親人視為世界上最重要的人。

孩子開始與其他人產生連結，他們會找到許多朋友。強尼會意識到自己是男孩還是女孩，而這會對他產生永久的影響。他會注意到與他有不同膚色、身形和生活方式的人。他會開始與這個世界互動，在其中做決定，了解它的運作方式、該對其他人有什麼期待，以及必須做些什麼來找到愛與歸屬感。事實上，在第四章中你會學到，這些決定將成為孩子大腦的組成部分。在孩子發展獨特生活方式時，每一個經驗對他來說都很重要。

當父母學習接受孩子現在有著與以往不同需求的事實時，衝突往往可能在過程中發生。你必須「對寶貝放手」，學習將孩子視為有能力、有辦法學習新技能的人。孩子偶爾會犯錯；你必須學會看著你的寶貝經歷這些錯誤所帶來的不適，而不要趕著去溺愛或拯救他。孩子會在自己剛萌芽的獨立性和尋找媽媽或爸爸保護的臂彎間搖擺不定。

在這些年裡，孩子會開始最早關於同理心、合作與善良的學習。他們不會真的意識到，但學習如何與他人建立和保持良性的互動，會在這個階段用掉他們大部分的精力。而教導這些技能（並幫助孩子順利度過經常伴隨著學習過程出現的危機）確實會讓父母和托育人員忙碌不已。

照顧一個活潑的學齡前兒童是大工程，父母有可能會感到不知所措。難怪許多父母發現，他們沒辦法在看電視或閱讀雜誌時，不注意那些關於教養與兒童發展的最新建議。書店的書架上擠滿各式各樣談教養的書籍。事實上，大部分父母發現，問題不在於他們沒有足夠的資訊，而是該從哪裡著手，以及該相信誰的說法。這本書以尊重自己和尊重孩子的原則出發，幫助擁有不同觀點的父母（即使最和藹的父母偶爾也會不同意）找到對自己和孩子都有效的教養方式。

先化解教養分歧

世界上有各式各樣的父母，每個孩子至少會擁有其中一種——更不用說，還有繼父母、祖父母、姑姑、阿姨、叔叔、舅舅，或是父母的同居伴侶。忙於探索世界的學齡前兒童擁有引發父母在教養風格與觀點上產生分歧的天分。也許爸爸認為，小孩子應該等大家吃完飯才能離開餐桌；媽媽可能會想，小孩子應該可以在吃完飯後馬上離開。為了避免晚餐時間無止盡的爭吵，大人需要討論這些議題，彼此達成某種協議並確實遵守。為了家庭的和樂，父母解決彼此分歧的意見，並尊重對方的教養風格十分重要。

知道意見分歧總有出現的時候，會幫助你在面對它們時不那麼焦慮。大人自己需要先學習希望孩子在解決問題和相互合作上會學習到的相同技巧——畢竟，孩子會模仿你。將你們的不同看法視為學習成長的機會（對每個參與其中的人都是），以及向孩子展現寶貴生活技能的途徑。

有時候，成人會感覺到某件事特別重要，而願意對其他事放手，並達成某種妥協。如果對爸爸來說吃完晚飯才離開餐桌很重要，也許他必須允許孩子在等待時，能夠在餐桌上安靜地畫圖。有很多解決問題的可能。學習付出與接受，尊重彼此的想法，嘗試新的做事方法，都可以幫助家庭發展出真正的合作。

一體適用的正向教養哲學

家庭並非都一樣。世界上有各式各樣不同形式、人數與組合方式的家庭。養育學齡前兒童的可能是雙親家庭、單親家庭、收養家庭、祖父母或繼親家庭。孩子的父母可能是異性或同性。孩子也許會有很多兄弟姊妹，或是一個都沒有。

我們相信，孩子在任何形式的家庭中都能夠健康成長，並學會尊重他人與自我。大人決定教給孩子的價值觀，會反映在他們的日常生活中，並將塑造孩子早期的生活。只要家庭建立在愛、尊重、自尊與歸屬感的基礎上，幼兒可以在任何形式的家庭中健康與快樂地成長。

不管是經濟、時間或關係問題，所有家庭都會面臨壓力與焦慮。如果你並非傳統理想的諾曼・洛克威爾[8]型家庭（現在很多家庭都不是），尋求支持與額外的資訊很明智。例如，閱讀《給單親家庭的正向教養》[9]、《給繼親家庭的正向教養》[10]，以及《給復元家庭的正向教養》[11]等書籍，在www.focusingonsolutions.com上都可以下載英文版電子書。

面對這麼多不同類型的父母與家庭，真的有一體適用的教養哲學嗎？我們相信是有的。

正向教養幫你和孩子達成目標

正向教養（包括其哲學與教養方法）可以提供你有效與溫和的方式，引導家中學齡前兒童度過這個忙碌且經常充滿挑戰的階段。不管你是父母、老師或托育人員，都能在這本書中找到可以運用的想法——這些想法將會幫助你引導孩子到人生一個最好的起跑點。

正向教養有效嗎？是的！事實上，正向教養建立在相互尊重、鼓勵與教導的哲學上，與我們對腦力發展日益深化的認識，以及如何以最好的方式促進腦力健康的發展十分吻合。這些原則對我

8 諾曼・洛克威爾（Norman Rockwell，一八九四至一九七八年）是美國畫家與插畫家，其大部分的畫作給人甜美、樂觀的感受，加深了「理想美國世界」的印象。
9 《給單親家庭的正向教養》（*Positive Discipline for Single Parents*，暫譯書名），簡・尼爾森、謝瑞爾・艾爾文、卡蘿爾・德爾澤爾著。
10 《給繼親家庭的正向教養》（*Positive Discipline for Your Stepfamily*，暫譯書名），簡・尼爾森、謝瑞爾・艾爾文著。
11 《給復元家庭的正向教養》（*Positive Discipline for Parenting in Recovery*，暫譯書名），簡・尼爾森、瑞姬・茵特勒（Riki Intner）、琳・洛特著。

們、孩子、學齡前學生、個案，以及數百名參加過我們課程與工作坊的父母和老師，都是有效的。我們在這本書中分享許多成功的故事：我們自己的，以及那些運用正向教養觀點，而讓自己與孩子有成功體驗，進而對我們表達感謝的許多父母、老師與托育人員。

我們犯過許多錯誤（要不然不會有這些故事），但真心相信錯誤是學習的機會。我們想要分享和你們共同學習的成果。當你逐章閱讀後，你將能在正向教養的工具箱中，增加一些寶貴的知識與技能，這些工具包括了解適齡與適性發展（第三章）、了解孩子的氣質（第六章）、社交技能的發展（第十一章）、錯誤目的與不當行為（第八、九、十章）。我們也將探討許多管教學齡前兒童，與預防他們發生不當行為的方式。

這世界確實充滿挑戰，孩子需要我們所有能給的信心、智慧與解決問題的技巧。他們也需要相信自己的價值與尊嚴，擁有一份健康的自尊，並知道如何與周遭人一起生活、工作和遊戲。很少有父母不會偶爾感到壓力和困惑，擔心自己已經盡力卻仍然不夠好。風險是如此之高，而你對孩子的愛是如此之深。你應該從何著手？

事實上，終點是一個很好的起點。我們是指，在心裡有目標很重要，藉此你可以把焦點放在能幫你達成長遠目標的教養技能上，而不是只看到那些短期有效的方法，卻無法教導孩子生活技能及你想要孩子擁有的特質。

思考教養的長期目標

我們很容易因為日常生活的忙亂，而只關注到學齡前兒童每天迫切的需要。我們要度過每天早晨——幫孩子準備午餐、穿外套，而孩子還可能不願意穿衣服和鞋子。父母要工作，孩子必須去托育中心、幼兒園，或是請人在家照顧。到了晚上，準備晚餐和做家事需要時間和注意力，而在一天即將結束時，還要哄孩子上床睡覺。光是讓每個人吃飽、洗澡和睡覺，就可能用完你最後的一絲力氣。

不過，父母必須做得更多。你必須思考、夢想和計畫，學著好好認識孩子，也要決定在生活中什麼對你重要。後面這些重要的工作，父母卻通常沒有時間做。但請思考一下：在你踏上教養旅程前，知道最後的終點，難道不會有幫助嗎？如果不清楚想去哪裡，你又該如何到達呢？

也許，你現在能做最聰明的一件事是，花一點時間問自己一些非常重要的問題。你想給孩子什麼？當孩子成年後，你希望他們擁有什麼樣的特質與品格？你可以決定，你希望孩子成為一個有自信、慈悲和尊重人的人。你也可以希望孩子成為一個負責任、勤奮與可靠的人。大多數父母希望孩子快樂，有一份滿意的工作，並擁有健康的人際關係。無論你希望孩子成為什麼樣的人，你應該怎麼實現目標？你要如何讓孩子學會去擁有一個滿足與成功的人生？好消息是，你在這本書中將學會的教養方法，便是設計來幫助孩子培養社交與生活技能，協助他們達成目標。

溫和且堅定的教養工具

因為這項正向教養工具如此重要，我們想在一開始就提到：同時表現溫和且堅定的能力。這不是容易的挑戰。當你最愛的水晶碗被打破，碎片在廚房地板散落一地時，任誰都可能忍不住想懲罰孩子。為了避免孩子在公共場合鬧脾氣，你可能忍不住在結帳櫃檯旁買他要的糖果給他吃。

你想給孩子什麼？

這是一份透過許多工作坊和演講，由父母與托育人員提供的典型清單：

自律	自立	決策技巧
解決問題技巧	自我激勵	自信
合作／協作技巧	社交技能	創造力
保持樂觀的能力	價值	彈性
領導技巧	具前瞻性	耐力
肯負責	責任感	尊重自我和他人

同理心／關心　容忍力　幽默感
有決心　思考技巧／判斷技巧　具利他精神／社會情懷
誠實　終生學習技能　適應能力
溝通技能

真正的問題在於：哪一種教養方式最能幫助孩子發展這些技能？我們相信懲罰從長遠來看無效。相反地，正向教養強調非懲罰的教養，旨在培養孩子的技能和與他人的連結。

在你了解做一點預防會有很大幫助後，就能在這些變得比較容易處理的日常災難（災難也會出現得少一點）前，同時表現溫和且堅定。為什麼那個容易讓人打破的碗，會被放在學齡前兒童用的桌子上呢？帶一個疲累和飢餓的孩子到商店裡，不是很容易讓你們倆感到挫折嗎？進行一點點預防，將可避免掉許多你和孩子的災難。

然而預防並非總是有效；即使是最貼心的學齡前兒童，有時也會調皮或犯錯。在這些時刻，你需要進行溫和且堅定的教養。表現溫和，是對孩子作為一個人表示尊重，並強調對於寶貴技能的教導。表現堅定，則是以必要的行動來支持言語，幫助孩子明白，你會說到做到（而這也表示你必須注意自己說的話）。

關於那個被打破的碗，你對孩子所要展現的溫和態度，會包括同情孩子在這件事上所受到的驚嚇，和幫助他找到某種彌補的辦法。這可能表示，當孩子清掃碎片時，你得幫忙拿畚箕，或是擬出一份工作清單，讓孩子透過做小的工作，賺到足夠買新碗的錢。這些決定應該要取決於孩子的年齡與能力。溫和代表不要對孩子說教、讓孩子覺得羞愧，或是羞辱孩子；堅定則代表著，確定孩子做到他同意要做到的事。

在超市裡，溫和可能表示給孩子一個擁抱，並認可孩子**真的**很想要那條糖果。堅定則表示，如果你說不會買就不會買，若孩子因此鬧脾氣，溫和地將他帶出店外，不給予額外的懲罰或說教。不練習堅定的父母，可能會變得太溺愛，而溺愛的教養對孩子或大人來說都沒有好處。溺愛會讓孩子相信，他們可以為所欲為，而沒有認識到行為會有後果。

在教養光譜的另一個極端，是過度控制。堅持使用強硬控制手段的父母，將懲罰視為主要的教養工具。很不幸地，懲罰並不會教導孩子父母想要教的東西。孩子總是在針對他們自己、你，以及他們周遭世界做決定。我們已經學到並想告訴你的是，懲罰最常見的是導致孩子在往後出現更多不當的行為。

如果你能避免溺愛和過度控制，並表現溫和且堅定的態度，你的問題就會消失嗎？當然，事情會有所改善——但還有其他的影響因素。你永遠不會完美，你的孩子也是。然而，認識到你可能會以愛的名義犯下許多錯誤，將能讓你盡可能地避免這類錯誤——或至少在錯誤出現時，修正自己的錯誤。

以愛為名的過度保護、羞辱與責備

很少有父母不愛自己的孩子。然而，有些時候光是愛並不夠。父母（與老師）以愛為名做出許多無效、甚至是有害的事情。因為你愛孩子，並認為這是教導他們的唯一方式，你可能會懲罰他們，或是因為你愛他們，想要給他們最好的，而過度鞭策。父母也會過度保護孩子、羞辱孩子和責備孩子——全在愛的名義下進行。

事實上，愛是最簡單的部分。真正的問題在於，你能否培養孩子責任感與自尊心，並鼓勵他們充分發揮潛能，成為一名快樂、願意奉獻的社會成員，用這樣的方式來表達你的愛。你應該給孩子多少？多少是太多？讓孩子為所欲為，真的對他們不好嗎？你應該鞭策孩子，還是讓孩子依照自己的步調前進？

唯有知識與技能才能支持你的愛。沒有人天生就知道如何養育一個好動的學齡前兒童；所有父母都從他們父母和經驗中學習，而大部分父母都想盡力做到最好。大部分父母都會犯錯。幸運的是，親職教育與訓練逐漸取得廣泛的接受與可信度。社會從來沒有質疑過職場訓練的必要性，但不知為何，人們卻有育兒應該「天生就會」的觀念，認為需要協助就是承認自己不稱職。

事實上，「好」的父母會參加親職教育課程、讀書，並產生很多的疑問——恭喜你現在正在讀這本書，請你也要與其他父母進行連繫。我們鼓勵你在社區中參加父母學習團體，或是考慮自己創立一個。支持團體可以有針對養父母的，或是針對養育孫子的祖父母，以及任何其他可以想像得到的家庭型態。尋求幫助並非軟弱的表現——那是一種智慧。

讀書和參加課程不會讓你變成完美的父母——沒有完美父母這種事。但是你會更認識哪些教養方法對孩子長期來說有利。當你自己犯錯時，會知道如何修正——也有辦法教導孩子，對日常生活裡出現的危機與混亂，不需要感到難堪或羞愧。

犯錯是學習與成長的機會

壞消息是：你會犯很多錯誤，而你的小孩也會。好消息則是，犯錯是學習與成長的寶貴機會。只要你願意擁抱、原諒，並找出更好的辦法，你們就可以更親近。你和孩子可以學到寶貴的技能。事實上，當你認知到錯誤，並學習和孩子一起想出避免錯誤再發生的方法時，你和孩子的關係甚至可能變得更好。

當你真的了解犯錯是學習的機會，你就可以創造一種趣味，思考這些錯誤，以及可以從錯誤中學到什麼，這樣你可以在孩子身上灌輸對犯錯的健康態度。這會幫助你們放鬆及享受生活——並相信自己。

建立無條件的愛與信任

教養絕不是簡單的事，在繁忙的生活中，我們需要兼顧與平衡這麼多事情。沒有什麼能比有正在學習如何探索世界的幼兒（或是一個充滿幼兒的課堂）的父母或老師更有挑戰的生活了。請你記住，父母與孩子之間的**關係**永遠都是最重要的。最好的教養通常發生在日常生活中某些靜謐的時刻——孩子睡前的擁抱、爭吵過後的淚水、在彼此身邊工作和歡笑。如果你們的關係是基於無條件的愛與信任、如果孩子知道無論如何你都愛他們，你就不會有問題。

慶祝孩子的成長與改變

小寶寶確實會成長，而父母需要跟著他們一起改變。當孩子成長，你需要用與以往不同的方式來對待他們。你必須學習放手，並支持孩子學習新技能，在他挫折時給他鼓勵，在他離開你安全的臂彎時，幫助他與熟悉的地方及臉孔產生連結。雖然你的小寶貝走了。不過，一個優秀的孩子出現來取代先前的他！你一定要花更多時間來認識這位家庭新成員，並和他建立堅定且溫暖的連結。請記住，你和孩子的關係永遠比最有效的教養工具和技能來得重要。

不論你是父母、老師或托育人員，你都能在本書中找到一些想法，引導孩子到一個最好的起跑點。這是很棒的幾年，這些年你們共享的經驗、記憶和時光，將會在後來的生活中不斷迴響。

第3章

適性與適齡發展的重要性

——教導並賦予孩子權力

每個人都不同，孩子會從這些不同中得出什麼樣的結論，將取決於你的教導和示範。

每個人都是一件藝術品。我們光從外表上就能看到許多差異：膚色、髮色、髮質、鼻型、眼睛的顏色、高度、體重與身形——我們每一個人都是獨特的。任何的生理特徵都只是我們獨特性的開端。

氣質如同指紋一樣獨特。我們發展與成長的速度也一樣。了解適性與適齡發展，就代表必須考量孩子在不同年紀時能夠從事、思考與做到的事情，以及每個孩子在個別家庭、文化與生活環境等廣泛脈絡裡的個體差異，需要考慮的事情有很多。

了解適性與適齡發展

大概在一歲到兩歲這個時期，孩子會進入「我來做」的階段。這時，他們正在發展一種自主性[12]。孩子在兩到六歲時期會開始發展主動性，這個階段的發展工作就是探索與實驗。你可以想像，當孩子只是做成長過程中會做的事，卻因此受到懲罰時，他會有多困惑？孩子面對一個真正的兩難（在潛意識層次）：「我要聽從父母，或順從自己本性，透過在我的世界中探索與實驗，來發展自主性與主動性？」懲罰——一種大人面對新挑戰行為的典型反應——會導致孩子產生罪惡感與羞恥感。

這些發展階段並不表示孩子可以為所欲為。但它們確實解釋了，為何你應該採取溫和且堅定的態度去取得孩子的合作，而不是控制或懲罰。孩子的頭腦正在形成一種會影響個性與生活態度的連結，你應該非常希望他做出這樣的決定：「我有能力。我可以嘗試、犯錯與學習。我是被愛的。

我是一個好人。」當你忍不住透過罪惡感、羞恥心或懲罰等方式來「教導」孩子時，你就在為他們製造挫折的信念，而這在孩子的成年生活中將很難改變。

以孩子的強項——孩子已經會做的事情——為基礎，在新的方向上輕推孩子一把，激發他多學一點，是運用適性與適齡發展教養工具的方式之一。可以數到三的孩子可以在吃早餐時數三支湯匙，選擇三枝著色的蠟筆，或是攪拌三次煎餅的麵糊。孩子可以在大人的幫忙下鍛鍊這些新技能，大人可以在孩子身邊大聲數數，最後讓孩子自己數。這幾年裡，孩子從你抱在手中的無助嬰兒，長成你很快就會陪他走進小學教室，優秀又有能力的孩子，你可以在許多不同的學習上重複使用這個教養工具。

年齡與機會之窗

孩子在許多方面很類似。比方說，瓊安與瑪麗都在十三個月大學走路。但孩子也很不同。瑪麗在十個月大時，就努力攀扶著家具踏出幾步，而瓊安在十一個月大時，仍滿足地在地面爬行。

在你的心裡想像一扇窗戶。儘管這扇窗戶四周都是固定的，但在它的中間仍有很大的空間。不同年紀開著不同扇的窗戶，讓孩子得以發展生理、智力與情感等功能，每個孩子在這幾扇窗裡有

12 簡・尼爾森、謝瑞爾・艾爾文、羅思琳・安・達菲所著的《正向教養：1～3歲的孩子，二版》（*Positive Discipline: The First Three Years,* second edition，暫譯書名）一書裡有相關的討論。

著自己個別的時間表，不會完全類似或是有別於他人。其他像是社交技巧的能力，則會在孩子成年以後繼續發展。

因為我們的重點是教養，讓我們來看看一些會影響孩子認知與行為的因素。

比起結果，孩子對過程更感興趣

孩子看待世界的方式，在三歲到六歲間會有很大的變化。一直到這個階段快要結束——大概五歲左右——孩子會開始以抱持某個特定目標的方式來做事。在此之前，他們對做事的過程會比結果或目的來得更感興趣。

想像這是一個忙碌的星期五傍晚，你正準備和你學齡前孩子快速地去超市一趟。你心裡有個特定的目標——買些晚餐需要的食材，準時回家、做飯、吃飯，然後還可以準時去看大兒子的足球比賽。不過，對你的幼兒來說，偏偏結果不是重點。一趟超市之旅全與過程有關——氣味、顏色、感受和體驗。被夾在緊湊的時間表裡，是沒辦法讓他們好好享受這個過程的！

孩子可能不會與我們共享目標導向的期待，但我們也不可能總是以孩子放鬆的步調來做事——我們有時真的需要跑進超市，抓塊雞肉就跑回家。對孩子專注於過程而非結果的傾向有所認識，能幫助你找到一種平衡。也許有時你真的有空閒在店裡隨意逛逛，享受花卉區的花香，欣賞水果與蔬菜的顏色，以及架上色彩鮮豔的雜誌。當你真的必須趕時間時，花幾分鐘向孩子解釋，為什麼這次買東西會比較趕。你可以解釋，你希望他握住你的手，而你會略過玩具和其他有趣的事物。

你可以請他幫你找到你要的雞肉，並把它帶到結帳櫃檯。然後你會走回車子旁邊，開車回家。幫助孩子了解你的期待，以及會發生什麼事，會更容易讓他合作。

有天下午，在佩西到達托育中心時，剛好有機會看到蘿拉和她兒子帶了一幅很大且色彩豐富的畫要離開教室。佩西期待地環顧四周，想看看她兒子保羅畫了什麼，但是沒有任何一張畫有他的名字。佩西感到困惑，她把老師攔住，問她為什麼保羅今天沒有畫畫。老師說：「保羅對顏料很感興趣，但他對把顏料放到紙上卻沒什麼興趣。他攪拌顏料，把顏料放在手指上，實驗看看會有什麼感覺，然後他決定，他更喜歡堆積木。」

一旦保羅的媽媽了解，這是保羅成長中以過程作為導向的面向後，她會感到安心。

試著用他的觀點看世界

在你還不到一百公分高時，這個世界看起來是什麼樣子呢？你的選擇、需要與行為，將如何受到這個特定觀點的影響？很簡單，你可以跪下來，然後環顧一下四周。

那幅掛在牆上將近兩公尺高的畫作，從這個角度看起來怎麼樣？跟大人的膝蓋對話有趣嗎？當洗手槽比你的身高還高出三十公分時，洗手會帶給你什麼樣的挑戰？了解一名幼兒的生理狀態與局限，可以幫助父母和老師根據孩子的能力來調整環境。每一次當你花時間考量這些因素，並進行適當的調整，你就會增加孩子的勝任感，減低他的挫折感——而這可能讓孩子的不當行為和需要管教的情況更少出現。

幼兒無法分辨幻想與真實

幼兒經常難以區辨真實與想像之間的差異。

菲利普三歲，他父母興奮地帶他去看迪士尼經典卡通《白雪公主》。他們先向他解釋，這部電影很有趣，但確實有些讓人覺得害怕的片段。凱倫告訴她的小兒子：「那不是真的，你不需要害怕。」菲利普開心地蹦蹦跳跳，因為他對於即將看到的第一部電影充滿期待，而沒有注意媽媽給的警告。

一切原本都進行得很順利，直到壞皇后喝下藥，然後變成一個乾癟老太婆的畫面出現。突然間，菲利普發出一聲像沸騰茶壺般的尖叫聲，並從座位跳到媽媽的大腿上，蜷縮並顫抖著看完剩下的電影。

「嗨，小傢伙，我們不是告訴過你電影不是真的嗎？」比爾在走向車子的路上問他的小兒子。菲利普抬起頭吃驚地看著爸爸。他很緩慢地說著：「但是，爸爸，它是真的。我看到了！」

菲利普的父母學到，就算世上最好的教學，也不會改變這個事實，那就是孩子對現實的定義比大人來得寬廣許多。

在孩子五歲時，幻想與真實的差異會變得比較清楚，但孩子對於所認知事物的詮釋，仍受限於本身的發展。在紐約市九一一恐怖攻擊期間，新聞節目同意停止重複播放飛機撞上大樓的畫面，因為幼兒以為每一次播出就是又發生了一次——一直不斷地發生。幼兒確實了解這個世界，但卻與大人理解的方式不同。

如何處理孩子說謊？

Q 我家四歲的孩子說謊，我該如何處理？她甚至連小事都會說謊。我不能放過她這種行為。請給我一些建議，我該如何處理這種敏感的情況。

A 孩子可以為了各式各樣的原因「說謊」。有時他們只是分不清什麼是真的，什麼是假的。他們會說謊，可能是因為急於得到肯定，以及不想承認做了某件不應該做的事。有時候，他們是想要避免行為帶來的後果（大人也可能因為同樣理由說謊）。

關於「不能放過她」的說法，洩露了你的心態。在四歲時，大部分孩子可以了解行為會有後果，但他們還不成熟，並且缺乏判斷力。他們更需要的是**教導**，而不是管教。如果你女兒懷疑自己不好的選擇和錯誤會讓她遭到懲罰或數落，她不會想跟你說實話。

孩子並非生來就能理解真相與謊言的差異，而他們也不會自動珍視誠實。父母應想想該如何教導孩子為什麼信任與說實話很重要，但在孩子更成熟前，不要期待幼兒能夠完全理解。當孩子看到身邊的大人表現誠實時，他們更可能重視誠實（換句話說，如果孩子聽到你打電話跟公司請病假，但其實是想去滑雪，他們便無法學會誠實）。

大部分孩子（與大部分大人）偶爾都會說謊。請記得，錯誤是無法避免的——特別當你四歲時——而如果它們被視為學習的機會，而不是罪惡或失敗，就不會那麼令人害怕。如果想要孩子誠實，你必須願意傾聽，避免羞辱或懲罰孩子，並在問題出現時，與孩子一起面對及發展他的技能與理解力。當孩子沒有說實話而因此挨打、被罰站或羞辱時，他學到的不會是你想給他的教訓。懲罰只是**看起來**有用；它通常會創造出一個害怕或試圖逃避對自己行動負責的小孩。

讓我們看看一名父親如何處理兒子「說謊」的情況。

柯林看到廚房地板上有一顆打破的蛋時，不是很高興。「嘿！」他用略顯惱怒的聲音喊著：「是誰打破了這個蛋？」四歲的山姆冷靜地回答：「是鱷魚打破的。」

柯林知道堪薩斯州沒有鱷魚。他想同時解決蛋的問題，並教導山姆說實話的重要性。「一隻鱷魚！」他大聲說。「牠是橘色的嗎？我想我剛在車道上看到牠。」山姆咧嘴笑了，同意那是一隻橘色的鱷魚。

柯林也微笑著，然後說：「你知道，其實我只是假裝有一隻鱷魚。我知道這附近沒有鱷魚。」他建議一起清除破掉的蛋，他知道這樣在工作時，他們有機會好好說話。

「山姆，你是不是害怕我會因為你打破蛋而責罵你？」山姆低下眼睛，慢慢地點點頭。柯林讓自己說話的聲音保持溫暖和輕柔：「我知道我們會忍不住想把事情怪在一隻鱷魚頭上，或編造出不是真正發生的事。但很重要的是，即使感到害怕，你還是可以跟我說實話。你知道為什麼說實話很重要嗎？」山姆搖搖頭。柯林揉揉兒子的頭髮：「我想要能夠信任你跟我說的話，小夥伴。我非常愛你，我想知道當你告訴我事情時，那確實發生過。」

山姆抬起頭，緩慢地說：「我也愛你，爸爸。我只是在假裝。」

柯林說：「是的，我知道我們在假裝。有時候假裝很好玩。但知道我們可以說實話也很重要。當一起編故事時，我們可以假裝。當我們用故事來避免承認錯誤時，我們就是在說謊。」

對山姆來說，他可能需要再多學幾次這個道理。很少有大人可以說，他們總是完全地坦誠，而山姆在熟悉這個新概念前，可能還會再次犯錯。

柯林也可以只問山姆是否感到害怕。或是他可以用不那麼有威脅性的方式，提出原來的問題，說：「山姆，這顆破掉的蛋把廚房搞得一團糟。我們該怎麼解決這個問題？你可以自己清掉它，或是希望我一起幫忙？」

移除恐懼並確實向孩子傳達愛的訊息（或甚至跟他們一起說些無厘頭的話），可以幫助他們學會說實話。

偷竊與認知差異

所有權是孩子另一個不同的思考過程。幼兒對於財物不會做出和大人一樣的假設（事實上，關於道德與倫理的發展，孩子會一直持續到青春期）。因為孩子是透過觀察大人來學習，有時候他們會對自己看見的事，做出令人驚訝的決定。

傑森和媽媽一起到超市。他看到媽媽拿起一份免費的地方報紙放進包包裡。在走道盡頭，有個女人在提供試吃的餅乾。媽媽拿了一塊給自己，一塊給傑森，傑森在買東西的過程中，津津有味地吃著。

當他們到達車子旁，媽媽把傑森放進座位，卻發現兒子口袋鼓鼓的。進一步檢查後發現，那是一條糖果。

媽媽驚訝地大叫：「你偷了這個！」

傑森好奇地問：「什麼是偷啊？」

傑森感到困惑一點都不奇怪；在報紙、餅乾跟糖果之間的差別是什麼？如果媽媽有注意的話，她可能會了解，問題不在偷竊或不誠實，而是她和孩子不同的認知方式。現在她的任務是幫助她的小男孩了解，為什麼有些超市的東西可以拿，有些卻不能拿。

回應説謊的方式

下面列出的是一些當孩子「説謊」時，你可以考慮使用的做法。

- 參與其中，和孩子一起假裝，透過誇大故事，讓它變得好笑和荒謬。
- 專注於解決方法而非責備。問孩子是否需要幫忙一起清理，或問孩子是否想到解決問題的點子，而不是問他是誰弄得一團亂。
- 當你懷疑孩子説謊時，直接説出來：「我聽起來這像是一個故事。我好奇事實是什麼。」
- 對孩子將心比心。問孩子是否因承認犯錯而感到害怕，告訴他我們所有人偶爾都會感到害怕，讓他安心。
- 解釋對自己行動負責的需要：「我們都會犯錯，但是責怪別人，就算是想像的人，也無法避免我們得為自己所做的事負責。」
- 討論信任的意義。幫助孩子察覺説實話和讓人信任之間的連繫。

如果媽媽對傑森說教、讓他覺得羞愧、罪惡和害怕，他可能會更相信，對與錯其實只跟有沒有被抓到有關。他可能也無法將學到的，應用在未來類似的情況上。教養重在教導，而錯誤是學習的機會。對於這一點的重要性，我們總是要再三地強調！

幼兒的性別認同

在孩子學齡前的後半段，他們與世界互動的方式會產生很大變化。

愛莉絲搖著頭走進幼兒園。她以自己素樸的打扮為榮：她不化妝、頭髮綁個簡單的馬尾，通常穿牛仔褲和T恤。走在她後面的是她女兒莎莉——四歲的莎莉穿著很搶眼。她穿著一件粉紅色蕾絲洋裝，用緞帶綁著頭髮，腳下穿著她最亮麗的一雙鞋，手臂上戴著各種叮噹作響的手環。顯然地，莎莉的裝扮非常女性化。她不只是個女孩，也會在接下來的生活裡繼續當個女孩（儘管她先前曾宣稱，要在下一個生日後變成男孩）。莎莉也許不會一直堅持穿荷葉邊的裙子和戴手環，但現在的她正忙於探索她對身為一個女孩的所有認識。

即使父母小心地將性別的刻板印象最小化，這類性別認同仍會發生。在各地的遊樂場，學齡前兒童玩的遊戲都會以性別為焦點。女孩們會說：「我們不准男生一起玩。」男孩們則會以同樣的態度回答：「女孩子，噁心。」儘管這是一個自然的階段，父母還是可以教導幼兒如何尊重他人。

孩子很自然就會學到他們是男生或女生，但這個過程卻不需要性別的限制。女孩可以玩當兵的遊戲，男孩可以玩洋娃娃，不論性別，他們全都可以學習發展自己獨特的能力。將孩子局限在刻板的性別角色中，期望他們符合男性或女性的典型，或是以「太女性化」，不夠「有男子氣概」，或「不像個淑女」來讓他們感覺挫折，可能會扼殺孩子發展獨特的技能與興趣。他們對於穿著與遊戲的偏好，在長大過程中會改變，而他們想要擁有同性或異性朋友的渴望，也同樣會改變。

在學齡前階段，孩子也會開始注意到生理上的差異。在當今電視節目與廣告都非常開放的時代，與性徵有關的問題可能會比以往更早出現（這又是一個你應該密切關注孩子在媒體上都看些什麼的好理由）。小男孩可能想在洗澡時碰觸爸爸。看媽媽餵小弟弟或小妹妹吃母奶，可能引發孩子問各式各樣有趣的問題。男孩和女孩都有可能模仿懷孕的女老師、媽媽或親戚日漸變大的肚子，把泰迪熊塞到衣服下，然後宣稱：「我要生一個小寶寶了！」

盡可能地讓自己保持冷靜、放鬆，並讓孩子「問問題」。使用像是陰莖、胸部或陰道這些準確的字眼。孩子不需要一大堆關於性徵的詳細資訊（事實上，如果你試著這樣說明，他們可能會眼神呆滯），但是大部分的專家都同意，回答問題是明智之舉，或是以簡單與準確的詞彙解釋，像是「有一個小寶寶在阿姨肚子裡成長」，或是「男生有陰莖，女生有陰道」。

孩子總是沒辦法搞清楚所有細節。

契爾西四歲半。某天傍晚，她在洗澡時小心翼翼地用毛巾遮住她的胸部，格格笑著跟媽媽解釋，她需要「遮住她的咪咪」。盡力去享受孩子每個階段的發展，且對牽涉性徵的問題保持開放，你將能創造自在與信任的氛圍，並鼓勵孩子在以後真正有需要時，尋求更多的資訊。

珍惜差異，尊重他人

如同孩子會透過顏色、尺寸和形狀學會分類物品，他們也會注意到，身邊的人在外表和行為表現上的不同。

蘭迪的母親是黑人，父親是白人。當蘭迪三歲時，隔壁的黑人夫婦宣布，即將迎接他們的第一個孩子。天真無邪的蘭迪大聲問，這個寶寶會是黑還是白。對他來說，任何事都有可能。到了蘭迪四歲半時，他注意到自己的膚色和一些玩伴看起來不一樣。蘭迪對這個事實會有什麼樣的想法？

當卡狄馬轉入他們的班級時，胡安妮塔和同學都很興奮。她們喜歡在走廊上幫他推輪椅。對她們來說，肢體障礙只是他的一部分；最重要的事實是，他是她們的朋友。

迪莉亞邀請最好的朋友諾拉，一起上她希臘學校開設的舞蹈課程。迪莉亞對她學到的希臘歌曲感到驕傲，她很興奮自己可以跟好朋友分享自己獨特的文化。

如果我們都一樣，這世界會有多無聊？每個人都不同，孩子會從這些不同中得出什麼樣的結論，將取決於你的教導和示範。父母和老師有機會教孩子珍惜差異，而非譴責或害怕它們，而且每個人都值得被尊重——即使是與他們不同的人。不論是針對種族、文化或不同體能的偏見，都是經由學習得來的。即使是幼兒，也能學習尊重種族、性別或宗教信仰上的差異。就是因為這個年紀的孩子不斷在認識自我，讓他們學會以尊重和正面的態度認識他人，便特別重要。

性別與發展

從有關於頭腦發展的研究中，我們得出一些關於性別如何影響發展方式的有趣資訊。由於一些我們還無法了解的原因，女孩比男孩更早就開始運用她們的左半腦。每個孩子都很獨特（而大部分差異會在孩子進入學校後消失），但在你撫養學齡前兒童的過程中，你可能會注意到以下這些現象：

- 女孩通常比男孩更快學會語言與情緒的技能。
- 表現敏感情緒的階段，男孩比女孩要來得早，當他們生氣時，會比較難冷靜。
- 男孩通常在肢體上更好動、更衝動、更具攻擊性，也比女孩更具好勝心。

當然，你會發現有幫助的是，去注意孩子獨特的氣質，而不是根據性別來期待他們表現特定的行為。

文化、社會與反偏見

幼兒的發展也會受到身處社會與文化的影響。睿智的父母和老師認識到文化所扮演的角色，並能不帶偏見或價值判斷地尊重社會期待對孩子的影響。

一名從新加坡到美國拜訪的教授，看到一張美國幼兒自己吃飯的照片。這名孩子吃得滿臉都是優格，而有更多優格掉在兒童椅的托盤上。這名教授搖搖頭地說：「這只在美國會發生。」對這名教授和她的西方同事來說，這句話真是讓人眼界大開。究竟是什麼意思？

在三、四歲，甚至五歲以前，亞洲的孩子通常由大人餵食，理由有二。第一個理由是，人們從不浪費食物。第二個理由則有很深的文化根源：在亞洲文化裡，人們通常最珍視關係。餵孩子的時間提供孩子和大人一個時間和機會去強化關係，讓他們能更緊密地連結。相比之下，美國人鼓勵獨立的態度遠超過對這些問題的擔憂。對他們來說，培養孩子日益增長的自主性，並幫他們體驗自己的能力，遠勝過擔憂髒亂或浪費食物。（因為這本書是從西方角度出發來撰寫的，書中呈現的觀點會與第二種模式一致。）

人們期待或重視孩子擁有的技能，會根據文化而不同。西方文化鼓勵個人主義，而許多其他文化則更重視集體的需要。這可能影響的是人們期待孩子可以自己吃飯或穿衣，以及他在什麼年紀可以做什麼事情或決定。父母和老師應該明智地去認知文化對發展與教養的影響。

出生順序對孩子的影響

在學齡前階段，孩子會做出關於自己和他人，並影響接下來生活的決定。他們會問自己：「我必須做什麼才能在家裡及朋友之間找到歸屬感和自我價值？我已經夠好了，或是我必須再努力，還是我應該放棄？」學齡前兒童會帶著自己對這些問題的答案，進入周遭的世界裡，而在他們探索社會關係的過程中，會表現出這個階段學習到的事物及所做的決定。

除了成長與文化的影響外，每個孩子在家中的出生順序也會塑造孩子的經驗。人們說，一個新生兒的來臨，會導致其他家庭成員必須挪動以騰出空間給新成員，所以每個孩子都出生在一個不同的家庭裡。那些時時刻刻都在關注第一個孩子，擔心他每一次打嗝的新手父母，與已經有第二個或第三個寶寶出生的父母完全不同。到了第二個孩子出生後，父母已經知道如何換尿布，不會被孩子半夜發作的急性耳炎嚇到，也比較不會對新生兒的哭鬧感到震驚。每個孩子對這個在轉變中的家庭會有不同的體驗，而且極可能會開始展現他認同的出生序位特徵。

請記住，出生順序不僅只是一個數字；我們對行為表現的許多期待與出生順序有關。有時候，最大的兒子和女兒會因為他們是各自性別中最早出生的孩子，而享有長子或長女的地位；有時候，兄弟姊妹之間年齡的差距過大，以致於每個孩子都感覺自己像個獨生子女。總體而言，儘管小孩的出生順序並不是他會採取哪種出生順序觀點的關鍵因素，但他所認同的排行地位維持得越久，影響力就會越大。

每個出生順序通常都附帶著一組與其相關的普遍特徵。因為這些只是可能有的特徵，出生順序不該被標籤化或賦予任何神奇的力量。請記得，沒有所謂有利或不利的出生順序。（根據珍．格里菲斯[13]的說法，「每個位置都同時擁有好處和壞處。」）出生順序指的是我們誕生其中的世界，以及從這個特定位置看到的生活樣態。這只是另一個可以進入孩子世界的方法，提供我們額外的指導方針，來釐清什麼能夠激勵一個孩子的行為表現和生活決定。

了解出生順序的意義可以提供你一些建議，知道孩子可能需要加強哪些經驗，而哪些經驗比較沒有用或有可能形成困難。

出生順序表

有利位置	座右銘	可能的態度（好處）	面臨的挑戰（壞處）	建議
獨生子女／老大	我、我的、我自己	獨立 自主 負責任	有時會感到寂寞 與同儕相處可能有困難 容易在衝突面前手足無措	提供他們與同儕相處的時間 讓他們參與團體活動 示範／練習如何解決問題
老大	以我優先！	負責任 高成就者 願意主導、領導者	完美主義者 害怕錯誤 太早熟	減少期待與壓力 示範如何接受不完美（你自己的、和孩子的） 劃定他們的責任範圍
老二	我也要！	有團隊精神 有創意 好的觀察者	很少感覺自己「夠好」 總是在比較 追隨者／依賴老大	視每個孩子為獨特的（並為他們拍照！） 避免比較 鼓勵擔任領導角色

中間的孩子	那我呢？	成功的社交技能 同理心 正義的使者 可能是擁有（或沒有）使命感的叛逆者，或是非常好相處	感覺缺乏（透過比較） 容易過度受到同儕影響 透過比較來證明自我價值	認可每個人的特質 培養家庭參與／貢獻的精神 在團隊運動中轉化孩子的競爭力
小寶寶	照顧我！	迷人 有趣和／或好玩 好相處	愛操控人 將決定權交給他人 覺得不受重視	提高對孩子的期望 提供領導的機會 徵求孩子的想法／意見
老么（不是小寶寶）	讓路給我！	精力充沛 專注 高成就者	膽大妄為 忽視他人的需要 給人壓迫感	設定界線 鼓勵團隊合作 示範壓力管理

☺ 老大

老大必須承擔開拓者的責任。他們的座右銘是：「我優先！」及其伴隨而來的所有好處與負擔，總結了他們的世界觀。因為老大擔任的是一個轉變的角色，他們常常被視為一種開端：開始將一對夫妻變成父母，將他們的兄弟姊妹變成叔叔、姑姑、舅舅、阿姨，將他們的父母變成爺爺、奶奶和外公、外婆。誕生在一個充滿大人的世界，老大可能更早學會說話且通常口齒伶俐（沒有人在旁邊打斷或為他們解釋）。老大的地位可能為他們帶來額外的特權——但人們也會對他們有更多期

13 珍．格里菲斯（Jane Griffith）是芝加哥阿德勒大學（Adler University）榮譽退休教授，為「北美阿德勒心理學學會」（North Amercian Society of Adlerian Psychology）前任主席。

望。老大在家中樣樣是第一：從他們第一個生日派對，到第一次掉牙齒，到第一次半夜發燒和急性耳炎或第一個畢業、第一個學會游泳，以及是第一個把獎盃或類似榮耀帶回家的人。所有的這些責任會促使他們將自己視作一個負責任的人。老大很容易變成完美主義者，他們通常都想把事情做「對」。有些人在追求卓越的路途上成功，而成為高成就者；而另一些人則對符合他人的期望感到無比壓力，以致於在他們無法成為最好時，不是放棄就是不再嘗試。

☺ 老二

老二出生時，在他們之前已經有一個年紀較大、技能較好、發展更多的兄弟姊妹，想要參與照顧他們的行動。這就難怪老二最喜歡的童言童語之一，會跟他們的生活座右銘：「我也要！」一樣。老二的出生順序可能是暫時性的（他／她可能變成夾在中間的孩子）或是一輩子的（他／她可能最後變成最年輕的孩子），或是如果父母在他們之後又多生了好幾個孩子，他們可能會一直持續老二的地位。對老二來說，了解「我是誰」通常是一個刪除的過程——選擇其他人尚未擔任的角色和表示的興趣。如果老大是一個運動明星，老二可能也會渴望獎盃，但會在不同領域裡——音樂、舞蹈、騎馬等——追求。老二和中間的孩子分享同樣的經驗，他們通常會在老大與老么面前感到自己黯然失色。根據推測，老二與中間的孩子被照的照片可能最少。

☺ 中間的孩子

如果老二被另一個新生兒推擠到中間位置，他的座右銘可能會變成：「那我呢？」中間可能是個讓人不舒服的位置，因為它要承受來自上下兩邊的壓力。中間的孩子沒有老大的特權，並且也失去作為小寶寶的短暫好處（如果他們有時間品嘗這些好處）。在前有一個年紀較大、發展較多的哥哥或姊姊，後有一個可愛但需求很多的弟弟或妹妹這樣的壓力下，中間的孩子有時會感到不公平，好像他們該分配到的時間、注意力或物質享受都被偷走了。因為他們有時可能會迷失在擴充的家庭動力下，中間的孩子通常會在同儕或兄弟姊妹身上尋找支持和鼓勵，而這樣的好處是，他們可以發展卓越的社交技能。他們可能也會擁有獨特的學習視角，可以前瞻後顧，這是一個內在的動力，讓他們得以看到雙邊的情況。

☺ 小寶寶

當這最後的家庭成員到來時，他會受到滿屋子年紀較大、能力更好的家庭成員關注，他可以單純地咕噥和踢腿，好好地實踐他的座右銘：「照顧我！」這個孩子很可能會發現，規則在他身上都放鬆了。父母會知道，這是他們最後一個孩子，並且會不情願對他們的小寶貝放手。他可以是一個有著絕佳社交技能、有趣且令人愉快的同伴。他知道如何融入這個團體——因為他一直都在做這件事。當一個孩子還是小寶寶時，人們對他不會有太多期待。在經驗過這樣的世界後，也難怪他們會養成「照顧我」的態度，因此形成嚴重的挑戰。一個可愛、討人喜歡、充滿好奇心的人（這全是很棒的特質）也可以學會利用這些特質，讓別人照他的吩咐做事，亦即——操控。當這個寶寶大哭時，每個人都會急著跑來安慰——但是對跑來安慰的人或是寶寶而言，無論作為操控者或被操控者，可能都不見得是好事。

但是，有時候最小的孩子也可能會厭倦於一直當老么，而選擇拒絕繼續擔任這個角色。這個孩子可能很有決斷力，並會找到最快爬到頂端的路，同時在超越他的兄弟姊妹時，揮舞著他的座右銘：「讓路給我！」他可能會變成家裡最有成就的人。

☺獨生子女

如果沒有其他新生兒進入這個家庭，第一個孩子仍是未受兄弟姊妹挑戰的獨生子女時，成長於一個以大人為中心的環境，將教導他依隨自己獨特的方式成長。在他進行自己成長的閱兵式時——一種既令人興奮又感到孤獨的體驗——他的旗幟「我、我的、我自己」會在頭上飛舞。獨生子女會得到父母沒有被分散的愛與關注，他們沒有分享或保持彈性的需要。另一方面，沒有人分享可能非常寂寞——一種在獨生子女位置上非常普遍的感受。他們對「獨處時間」可能會比其他孩子更覺得自在，並更能認同大人，而不是他們的同儕。

☺關於出生順序該注意的幾件事

不管是哪一個出生順序，任何孩子都可能被「寵壞」（spoiled）。你甚至可能在承認自己寵壞孩子時開懷大笑，但是把孩子寵壞絕非一件好玩的事。它的理由就在「寵壞」的英文字當中。珍．格里菲斯為我們說明了這點：「當我們說一顆橘子或一塊肉「壞掉」（spoiled）時，我們不就是在說它們『壞』了嗎？我們想要讓一個孩子『壞掉』嗎？寵溺會**毀掉**一個孩子。」人們賦予被寵壞孩子的期待，會讓這個世界對他來說很難再平等。過度溺愛和放縱會造成孩子終生的挫折。

不論一個人的出生順序為何，你都要記得，一個人關於這些早期經驗的決定，都在潛意識層次進行。每個孩子都會根據他獨特的位置來選擇生活態度。每個出生順序都會帶來特定的優勢（長處），和較少發展或需要加強的特點（短處）。透過考慮孩子的出生順序，你可以找到擴展每個孩子體驗世界的方式。

堤瑪是家裡最小的孩子，她有三個兄姊。當堤瑪的媽媽弗蘭西帶她去附近的湖邊餵鴨子，然後喝熱巧克力和吃餅乾時，驚訝地發現堤瑪抱持了何種世界觀。在當時，堤瑪還不到三歲。在整個餵鴨子的過程中，她說要為沒有來的姊姊安潔（五歲）餵鴨子；她指出了她認為蘇菲（八歲）會最喜歡的鴨子；或是宣布哥哥約翰斯（十歲）可以「游得最像鴨子」！她甚至堅持要把吃了一半的餅乾用紙巾包起來，帶回去給安潔。堤瑪習慣視自己為許多孩子中的一個，她缺乏經驗引導，如何當那個唯一和媽媽共享時光的孩子。弗蘭西從未意識到，堤瑪每次做事時至少都會有一個哥哥或姊姊在一旁陪伴。她決定要給堤瑪更多與自己獨處的經驗，來擴展她對世界及自己獨特角色的視野。

出生順序並不會決定孩子變成什麼樣的人，但它可以針對孩子所做的決定——以及孩子為何這麼表現，或不這麼表現——提供寶貴的洞見。出生順序給予我們觀看周遭世界的第一扇窗。

跟孩子談收養

當你收養一個孩子時，一種特殊的家庭類型便產生了。收養是一件美好的事，它提供許多原本缺乏安全與溫馨的孩子一個家。不過，許多養父母仍會有這些問題：我們該告訴孩子多少關於他們親生父母的事情？我們的養子女真的會感覺自己是這個家的一分子嗎？我們什麼時候應該告訴孩子他是被收養的？

關於收養的研究，並沒有對何時該跟孩子談論收養提出一個清楚的答案。有些研究建議，在六歲或七歲前給孩子太多資訊，只會造成困惑。其他的研究者則相信，孩子越大才知道，就越難接受這個消息。大多數的人類行為都與我們的歸屬感有關。在孩子拼湊關於他們是誰的獨特拼圖時，你應該期待他們會提出關於收養的問題（「我從哪裡來？」「為什麼我的父母要把我送走？」）

一個從外表上看得出與養父母不同的孩子，大約會在四歲左右開始注意到差異。知道孩子開始意識到族群差異，可以幫助父母決定何時告訴孩子收養的事。

關於這點也牽涉到許多文化上的考量。在學齡前階段，從不同文化領養來的孩子通常喜歡參加由具有相同文化背景孩子組成的特殊班級。舉例來說，托莉、莎拉與安娜都是在韓國出生，然後被美國家庭領養的孩子。每個暑假，這三個女孩會參加一個特別的韓國文化營，在這裡她們可以學習到韓國的服飾、料理、藝術與語言。她們的父母希望她們享受自己原生文化的豐富性。這些女孩很早就知道她們是被領養的孩子，並很自豪地穿著韓國的衣服去上幼兒園。

另外，一個家庭會帶著小點心到女兒的幼兒園慶祝她的「收養日」，就像慶祝生日一般。她的父母向班上所有孩子解釋收養的概念。同學都從學習家庭形成的不同方式中受益良多。

人們面對收養的態度差異很大。上述這些家庭把收養定義為另一種「正常」的家庭。這樣的態度，鼓勵孩子對收養感到安全、信任與自在。如果你的家庭同時包括收養和親生的孩子，你要知道每個人最終都會想問問題。如果你對收養表現出困擾、躲藏或神祕的態度，只會引發不信任、恐懼和緊張的情緒。如果你尊重所有孩子，並教導他們以同樣態度對待彼此（和自己），那麼這個無法避免的問題就不會讓你感覺那麼嚇人。

所有孩子都需要有真正的歸屬感；我們鼓勵收養孩子的家庭專注於給孩子許多體驗歸屬感的機會，並知道他們擁有價值和重要性。

世界是孩子的舞台

父母經常會聽到一句話：「這只是一個階段。」這句話有很大一部分是正確的；孩子通常不是在這個時期，就是在另一個時期。同樣正確的是，沒有兩個孩子的成長與發展會一模一樣。了解自己孩子的發展將使你更有效面對他的行為、他的成功和他偶爾犯的錯誤。你可以幫助孩子學習，這世界是一個他可以愛人、被愛，並學習認識自己和他所遇見的人的地方。

第4章

神奇的大腦

——孩子的學習與發展

在學齡前兒童即將滿五或六歲時，上學和接受正規教育的階段很快就會到來。他們的世界將從家庭和家人擴展到朋友與老師，而這些人隨著時間增長，將在孩子生活中變得更重要。

羅比四歲。他姊姊和其他「大孩子」一起去上學，而羅比等不及自己能大到跟他們一起坐上那輛黃色的校車。他愛他的書，知道字母和數字，他也會寫自己和他小狗的名字——彗星。羅比非常期待下個重要人生階段，但他媽媽卻有著複雜的感受。她知道自己將很難對她的寶貝放手。在羅比享受學習，並對周遭世界展現出熱切好奇心的同時，他也很害羞，有時跟其他同年齡的孩子相處起來有困難。他在大眾場合會緊抓著媽媽不放。有時也會寫反所知有限的幾個字。羅比的媽媽擔心，他還沒真正準備好上學。

「我該怎麼做？」她問有三個孩子就讀附近小學的隔壁鄰居。

「我應該讓他參加幼兒園課程，幫他做好準備嗎？或許我應該買些字母卡來教他讀書，或者我應該讓他再等一年。我不希望羅比失敗，但也不希望他感到失望或受到挫折。」羅比的媽媽帶著困惑與擔憂的情緒搖著頭。

學習的時間和進程

對許多父母來說，孩子學齡前階段的後幾年，是很令人不安的時期——對孩子來說也是。在學齡前兒童即將滿五或六歲時，上學和接受正規教育的階段很快就會到來。他們的世界將從家庭和家人擴展到朋友與老師，而這些人隨著時間增長，將在孩子生活中變得更重要。對父母或孩子來說，這並不是一個容易的過渡期。

大部分父母意識到，成人世界已經變成一個高度競爭的世界。大多數人都讀過報紙上詳述美國孩子學術表現衰退的故事。因為父母愛孩子，希望他們成功，因此有許多想問的問題。我們應該教孩子什麼？我們應該什麼時候開始？在孩子上學前，他們應該對閱讀、寫作、算術有多少了解？他們發展社交技能應該達到什麼程度？到底孩子如何學習？在他們發展中的大腦裡發生著什麼，使他們能夠吸收和使用知識和技能？為什麼有些孩子比其他孩子發展得更好？

在過去幾年裡，我們對人腦如何成長與發展的認識，發生了巨大的變化。我們現在了解到，孩子生命最早幾年對於他們形成思維與推理能力，以及大腦本身的「連線」至為關鍵。大腦在童年和青春期會持續成長與學習；事實上，負責情緒調節、衝動控制和更多「成人」推理形式的大腦前額葉皮層，要直到至少二十五歲，才會獲得充分的發展。父母和托育人員在學齡前階段與孩子的互動，對於孩子大腦的發展與學習非常關鍵。

大腦的運作原理

不到幾年前，我們還相信寶寶一生下來，大腦就差不多發育好了；剩下要做的，只是為他們等待學習的大腦填滿一些必要的資訊。不過，現在我們知道得更多。先進的影像技術使得研究人員能夠觀察孩子大腦，了解結構並發現它如何使用能量、血流和被稱為「神經傳導質」的特殊物質來思考、感知和學習。這些研究人員的發現真是卓越非凡。

人類大腦以胚胎中的一小群細胞開始它的生命。在懷孕第四周，這些細胞已經根據將來有一天要扮演的角色進行自我排序，並「遷移」到他們在大腦內注定要占據的部分。大自然為胎兒提供比他需要更多的細胞；有些在「遷移」過程中將無法存活，但其他的則會透過稱為「突觸」的連接網絡連結在一起。人類大腦在生命的前三年處於「建設中」狀態，一個孩子在這時學習和決定的事物，以及周遭環境，將成為他大腦連線的一部分。

兒童透過感官（聽覺、視覺、嗅覺與觸覺）體驗到外部世界的刺激，將能使大腦創造或改變連結，並引發學習活動。儘管大腦非常靈活且能夠適應變化或調整傷害，但在兒童的早期生活裡，有一些重要的學習之窗（如視覺和語言發展）會出現。如果我們錯過了機會之窗，孩子要獲取這些能力可能變得更困難。大約十歲時，一個孩子的大腦開始清除未受到充分利用的突觸。到了青春期時，一半的突觸將被丟棄。因此，對於某些功能而言，大腦抱持的是「不用就丟」的主張（其他像是社交技能的發展與學習，則會一直持續到早期成年階段）。在很大程度上，什麼會被使用（保存）取決於形塑孩子世界的大人。

影響來自先天或後天？

也許你會好奇，孩子從哪裡得到特定、獨特的特徵與性格組合——尤其當你不是只有一個孩子時，每個孩子為什麼會如此不同！研究人員現在相信，基因對氣質和性格的影響，可能比我們以前認為的來得強；許多研究人員認為，基因會影響像是樂觀、抑鬱、具攻擊性等特質，以及一個人是否會尋求刺激——對於那些家有學齡前兒童的家長而言，孩子在體操上表現優異、熱愛踢足球及爬樹速度比他們念咒文「阿布拉卡達布拉」[14]的速度還快！這並不讓人意外（我們會在第六章進一步討論氣質），父母可能會好奇，到底他們對成長中的孩子影響有多大。如果基因如此強大，如何教養孩子真的重要嗎？

這問題的答案是：教養真的非常重要。在孩子透過基因繼承特定的特質與傾向後，如何培養這些特質的故事仍有待書寫。孩子可能以自己獨特的氣質來到這個星球，但你或其他托育人員如何與他互動，則塑造他將會成為怎樣的人[15]。它們是兒童天生特質與所處世界所進行錯綜複雜舞蹈的一部分。正如教育心理學家珍・希利（Jane M. Healy）在她的書《臨危心靈：為什麼孩子不思考，我們能做些什麼》（*Endangered Minds: Why Children Don't Think and What We Can Do About It*，暫譯書名）中所述：「大腦塑造行為，而行為塑造大腦。」

儘管父母和托育人員可能脆弱和不完美，但他們擔負著塑造孩子所處環境的責任，包括孩子的發展。人類大腦永遠不會停止成長，也永遠不會失去形成新突觸和連接的能力。隨著我們年齡的增長，變化可能會變得更困難，但我們在態度、行為和關係上總是有可能發生變化。

互動讓幼兒學得更好

偶爾，某家報紙會刊登一則有關早熟兒童的故事，該名兒童提早讀完小學並已經準備接受高

14 阿布拉卡達布拉（abracadabra）是著名咒文，最早見於西元三世紀的書籍，有護身或幫助魔法成功之用。

15 大腦研究人員將孩子早年的決定和回應稱為「適應性」（adaptations）。

等教育。然而也有像羅比這樣的孩子，父母因各式各樣原因而擔心，在其他孩子準備好學習時，他們的孩子可能還沒準備好。

父母應該從小就教孩子一些學術技能嗎？如果大腦還在發展，我們不應該為它盡可能灌輸多一點資訊嗎？事實是，孩子以不同的方式學習，許多方式尚未得到充分的理解。有一些研究人員認為，這可能迫使孩子學得太多，或吸收到他們大腦還無法處理的概念。如果大腦還沒有準備好學習抽象概念（例如：數學），它可能會拼湊出一條連結路徑，比原本會被使用的路徑效率來得低，但這條效率低的路徑卻會「連線」定位。

強迫孩子在準備好前學習，也可能造成心理層面的影響。孩子永遠在做與自己和周遭世界有關的決定。當充滿關愛（和善意）的父母強加概念給孩子，讓孩子覺得難以掌握時，他們可能會做出「我不夠好」的決定，但事實上，這只是因為他們的頭腦還沒準備好吸收特定概念。這個想法會跟著他們，使他們可能因恐懼而不想再學習。

我們可以說，關於這點沒有絕對：每個人類的大腦都獨特且特別，我們不可能概括出對個別孩子而言對或錯的方法，但有些學者——例如，珍．希利——相信，我們快節奏的現代文化（以及一些「教育」節目）可能影響孩子注意力、聆聽及在往後生活中的學習能力。一些幼兒教育工作者提及，現在的學齡前兒童似乎更難安靜坐著、專心上課或聽故事。與此同時，因為這些孩子從電視中獲得大量（且有時讓人不安的成人）詞彙，他們當中有很多人看起來比實際年齡成熟許多。也許不是所有學習都是「好」的；父母需要更密切關注幼兒接觸到什麼，並確保他們在學習詞彙和技能時，也學到好的個性和價值。

幼兒在**互動關係**中學得最好，他們在學齡前階段最需要學習的事物，在字彙卡（或電視）上並找不到。孩子透過積極運用五感——視覺、嗅覺、聽覺、味覺和觸覺——的活動，會獲得最好的學習。在孩子建構對世界的理解時，也需要有機會把自己已經學到的事物和新資訊進行連結。有趣的是，遊戲符合上述所有要求。遊戲對於孩子的學齡前階段相當關鍵。請記住，一個在遊戲的孩子，其實正在努力發展健康的頭腦。

孩子真正需要的是與人連結

因為學齡前兒童有這麼多要學習的事物，毫無疑問他們是一群忙碌的小人兒。如同我們提過的，孩子在互動關係中的學習效果最好。腦力發展全和與人連結有關，你孩子的頭腦從出生那一刻起，就本能地在尋求與人連結。你或托育人員如何與他互動——如何對他說話、與他遊戲和養育——是目前為止孩子發展的最重要因素（你將在第七章中學到更多關於情緒的發展）。

根據加州大學戴維斯分校心理學教授，也是國家科學委員會發展中兒童（National Scientific Council on the Developing Child）（www.developingchild.net）創始成員羅斯・湯普森（Ross A. Thompson）的說法，幼兒在沒有壓力的情況下，以及當他生活在一個提供合理刺激的環境中時，將會有最好的學習。湯普森相信，影像和其他學習工具等特殊刺激並沒有必要；事實上，孩子在成長與發展上真正需要的，是與關心他的大人——能專注於孩子，依循孩子所給暗示，不分心或不強加期望在孩子身上的大人——共度放鬆的時光（父母和托育人員都可以提供這種以孩子為中心的互動）。值得注意的是，這不代表孩子可以在家裡稱王（下面章節將就這一點進行更多的討論）。

孩子的依戀感與父母有關

當你與孩子建立良好的連結時——你認可並回應他發出的訊號，為他提供愛與歸屬感，並讓他建立一種信任感和安全感時——你便是在幫助他發展所謂「穩定的依戀感」（secure attachment）。有安全感的孩子可以與自己和他人保持良好關係，並有最好的機會發展出健康、平衡的關係。有趣的是，瑪麗・梅因（Mary Main）[16]等研究人員發現，兒童依戀感最好的預測器，是他**父母**對自己成長家庭的依戀程度。（愛利克・艾瑞克森〔Erik Erikson〕[17]還發現，嬰兒出生後第一年發展信任感時，直接與其母親的自信程度有關。）你如何認識和理解自己的歷史與經驗，會對成長中的孩子有直接影響。認識並解決你自己的掙扎、挑戰和情緒問題，可能是你能給孩子最大的禮物[18]。

神奇的鏡像神經元

你有沒有想過孩子如何學會拍手、推吸塵器或「舉手擊掌」？研究人員最近發現，人類大腦中存在著鏡像神經元，它們可以感知身體動作、面部表情和情緒，並準備讓大腦複製「看到」的內容。鏡像神經元幫助孩子理解如何模仿你。同樣地，當你生氣、興奮或焦慮時，他的鏡像神經元會「捕捉」你的情緒，並在孩子身上產生同樣的感受。鏡像神經元解釋了，為什麼當我們和其他人在一起時，會更容易哭、笑或生氣。它也解釋了，為什麼你身為父母所做的事（你所示範的行為）在教導孩子上比你所說的話更有力。

鼓勵孩子學習

記得羅比嗎？他的媽媽想知道，她該怎麼做才能幫助羅比成功適應學校生活。事實上，父母可以從寶寶出生的那一天起，就開始準備他們學習的舞台——不是透過手機、字彙卡或是「超級寶寶計畫」[19]，而是透過以能夠促進大腦健康發展、建立信任和依戀關係的方式來回應孩子，傳授孩子技巧，並鼓勵他們對學習產生熱愛。

16 瑪麗．梅因（一九四三年出生）是一名美國的心理學家，因其在兒童依戀感上的研究而知名。

17 愛利克．艾瑞克森（一九〇二至一九四四年）是一位德裔美籍的發展心理學家。他於一九五〇年出版他最知名的一本書《童年與社會》（*Childhood and Society*）。

18 欲了解更多關於依戀感、大腦發展和教養方面的內容，請參閱丹尼爾．席格（Daniel J. Siegel）、瑪麗．哈柴爾（Mary Hartzell），《不是孩子不乖，是父母不懂！：腦神經權威×兒童心理專家教你早該知道的教養大真相》（*Parenting from the Inside Out: How a Deeper Self-Understanding Can Help You Raise Children Who Thrive*）。

19 「超級寶寶計畫」指的是美國坊間以營利為目的商人或團體，針對關心孩子的父母所進行的推銷，強調透過購買特定天數的訓練課程，可以將寶寶轉化成具有非凡特質與能力的人。

☺表現關愛、興趣與接受

孩子一直都需要有歸屬感和自我價值。只是愛你的孩子並不夠，愛必須每天以健康的方式表現。請記住，拯救、過度保護和過度放縱孩子，都不是表現愛的健康方式。

研究表明，受到溫馨、一致與關懷照顧的孩子產生的壓力荷爾蒙較少，當他們真的變得不安時，能夠更快「關掉」壓力反應。另一方面，在生命早期遭受虐待或忽視的孩子，可能更容易在較少刺激下，感受到較多壓力。擁抱、微笑和大笑是美好的教養工具，從長遠來看，對你的孩子來說，它們的意義遠超過最奇妙的玩具和活動。與孩子共度特殊時光，對他的活動和想法表示好奇，並學會好好傾聽，會讓孩子每天都感受到他是被接受和喜愛的，而這將形塑和強化他的腦力發育。

☺練習談話的藝術

恰恰與流行觀念相反，即使是最具教育性質的電視節目，孩子也不會從中學到語言；電視是被動的，不需要觀眾的回應。孩子需要透過和真人對話的機會來發展語言能力。到四歲時，一個暴露在完善語言環境的兒童將可擁有多達六千字的詞彙量，並且可以造出一個包含五、六個單詞的句子。到五歲時，他們的詞彙量可能增加到八千字左右，這幾乎是一年每天平均增加五個單詞的進步，實在非常驚人。

與任何一位學齡前兒童對話確實是一門藝術，需要幽默和耐心。大多數孩子都經歷過每句話都要問「為什麼」或「怎麼會這樣」的階段。我們聽到一位疲憊的媽媽說，她受夠了每天被好奇的四歲兒子用問題轟炸，於是在有一天告訴他，她這天不想回答問題，並建議他一段時間保持安靜。

那名男孩困惑地看著媽媽，然後告訴她：「媽媽，但這就是我們小男生的學習方式啊！」他說得非常正確。

大人有時會以不給回應機會的方式與幼兒說話。許多大人的「談話」僅僅是指令：「穿上你的夾克」、「吃你的馬鈴薯」、「現在就這樣做，年輕人」，而這不會邀請孩子對話。像是「今天在幼兒園裡過得怎麼樣？」或「你贏了樂樂棒球[20]遊戲嗎？」這樣的問題，孩子可以用一個單詞或甚至嘟囔一聲來回答。一個邀請學齡前兒童對話（並在過程中發展語言技能）的有效方法，是啟發性提問（這些問題通常以「什麼」或「如何」這些字詞展開）。「你喜歡今天學校裡的什麼活動？」或者「你認為你可以如何解決這個問題？」都能引發需要更多思考的回答，讓孩子有機會練習重要的推理和語言技能。當然，他們也需要專注與專心傾聽的父母，這要求你擁有驚人的精力和耐心。請記住，關係和連結會支持大腦的發育。

20 樂樂安全棒球，簡稱樂樂棒球（Tee -Ball），於一九五〇年代起源於美國，具有器材安全、男女老少咸宜的特點。

如何發展健康的頭腦？

- 表現關愛、興趣與接受。
- 練習談話的藝術。
- 閱讀！閱讀！閱讀！
- 鼓勵好奇心、安全探索和動手學習。
- 限制電視時間。
- 教導，而不是羞辱或蔑視。
- 認可並接受孩子的獨特之處。
- 提供運用五感的學習經驗。
- 給孩子透過遊戲學習的時間。
- 仔細選擇孩子的托育服務——並持續參與。
- 照顧好自己。

閱讀！閱讀！閱讀！

在孩子準備接受正規學習時，沒有什麼能取代閱讀，而它從不會太早（或太晚）開始。書本為孩子開啟新的世界。而且，由於孩子必須在腦中創造環境和角色，書本也會刺激思考和學習。

一定要選擇適合孩子年齡閱讀的書籍，以及吸引孩子的書籍——住家當地的圖書管理員或書商可以為你推薦適合孩子年齡閱讀的書籍和系列作品。研究表明，男孩有時會不喜歡閱讀，因為他們對提供的書籍不感興趣。如果你有一個上幼兒園的男孩，請查看www.guysread.com，上面列出許多如何培養你家小孩閱讀興趣的書籍與建議。

當你閱讀時，讓故事變得活靈活現——改變聲音來扮演不同的角色，並停下來講述故事或圖片。大人通常會比孩子更早厭倦喜愛的書籍和故事，請你保持耐心：學齡前兒童會透過重複來學習。他們經常會記得自己喜歡的書，並想在所有正確的位置上翻頁，「讀」故事給你聽。伴隨著書本長大的孩子往往會對閱讀和學習產生熱愛，這是能持續一輩子的熱情，並能為孩子在學校的成功奠定好基礎。許多家庭發現，閱讀時間同時也是親子可以相互依偎和連結的時間；即使在孩子學會自行閱讀很久以後，它仍然是孩子小學階段最受歡迎的親子共享活動。

順帶一提，說故事也是刺激學習的絕佳方式。分享家人的歷史故事，或是你在孩子這個年齡時曾有過的經歷，會建立親子之間的親密感和信任感，並培養孩子傾聽和學習的技巧。重述親子共享的記憶，也可以幫助孩子延伸對事件的記憶。

☺ 鼓勵好奇心、安全探索和動手學習

父母和托育人員可以提供孩子很多安全地進行跑步、攀爬、跳躍和探索的機會。尊重孩子的興趣：幼兒很少喜歡被強迫參加（或學習）他們感到害怕的活動。沒有必要為孩子報名參加團體活動；他們可以學習繪畫、打棒球、唱歌，或者與歡迎他們的大人一起種植花草。

學齡前兒童通常想要的是動手做，而不只是觀看，所以要準備好面對一路上會出現的混亂。請記住，有些孩子在這個年齡表現的好奇心和才能很真實，這對他們接下來的人生很重要。

孩子在學齡前階段展現的興趣，並非全部是他們將會終身擁有的才能。儘管如此，為孩子提供合理的機會來嘗試各式各樣活動，將為他們建立一種自尊和自信的感覺，並幫助他們成為一個健康和積極的人。

限制電視時間

現在當我們走進許多家庭的客廳，你會注意到一件占據中心的物品。電視已經成為許多家庭的生活重心，它被擺放在娛樂中心的核心，配備著衛星或有線電視與先進的遙控器。「家庭時光」經常被螢幕閃爍的藍光所照亮——而螢幕越大越好！

很遺憾地，我們還不完全了解電視影響大腦發育的方式，但我們知道的已經讓人感到灰心喪氣。大多數幼兒在電視機前花費大量時間，觀看喜愛的節目和影片——或是大人所收看的任何節目。這會如何影響他們大腦、學習能力和注意力呢？

像珍．希利這樣的研究人員和教育心理學家認為，過多電視可能會改變大腦的功能。看電視和影像在本質上是一種被動的行為；在一個坐在電視機前的幼兒腦中，很少或根本不會出現批判性思考。甚至像「芝麻街」這種所謂的教育節目，都可能沒有幫助；它炫麗、瘋狂的表現形式並不會鼓勵孩子發展持續的注意力，有些研究還表明，孩子在上學後會期待在電視上看到的娛樂和特殊效果，因而對課堂教學感到無聊。許多老師提及，在過去十年左右，孩子的注意力長度、理解力和書面語言能力都大幅地下降。我們將在第十七章深入探討文化、電腦和其他電子媒體的影響。現在請注意，最好限制孩子坐在電視機前的時間。

☺ 教導，而不是羞辱或輕蔑

請記住，孩子會保留的突觸是最常使用的突觸，而羞愧、懲罰和污辱也會塑造幼兒大腦的連線方式。這只是我們不斷強調「最好的管教是教導」的許多原因之一。孩子對關愛、有效的管教會有良好反應，也會以更健康的態度面對。知道你學的正向教養工具可以鼓勵大腦健康地發育，是不是很棒！

☺ 認可並接受孩子的獨特之處

幼兒透過觀看和聆聽來了解自己與周遭世界；他們所做的決定有很大程度取決於從父母和托育人員那裡接收到的訊息。學會接受孩子真實的模樣，不僅可以培養他的自我價值感，還會支持大腦健康發育，並鼓勵孩子珍視自己的特質和能力，勇於嘗試新事物——這是孩子進入青春期和成年後，在面對與對抗生活出現的挑戰和壓力時，最佳的支持和後盾。

☺ 提供運用五感的學習經驗

幼兒透過感官體驗世界，而這些經歷有助於塑造他們發展中的大腦。讓孩子有很多機會去看、聽、聞、觸摸和品嘗他的世界——當然是在你細心的監督下。感官將豐富他的經驗並提高學習能力。

☺ 給孩子透過遊戲學習的時間

對於學齡前兒童來說，遊戲不僅是娛樂。遊戲是孩子體驗世界的實驗室，他們在其中嘗試新的角色和想法，並在一個移動和感官的世界中讓自己感覺自在。一般由父母安排孩子的遊戲時間，通常比較方便，而孩子需要的是非結構化的遊戲時間，他們能藉此鍛鍊想像力和身體。提供孩子原料，然後讓孩子盡情地遊戲與學習。

☺ 仔細選擇孩子的托育服務——並持續參與

幼兒照顧非常重要。為數甚多的孩子每天有全部或部分時間是由父母以外的人照顧。很重要的是，幼兒托育人員和老師也要知道幼兒的大腦如何發育，並盡全力促進孩子的健康與學習。將孩子交給其他人照顧對你來說可能很困難，但當你知道優質照顧可以支持孩子的發展後，或許有助於你放心。這也凸顯出當孩子不在你身邊時，確認他們得到真正**優質**的照顧有多麼重要（第十五章將解釋什麼是優質照顧，以及如何找到它）。

☺ 照顧好自己

你可能好奇，照顧自己與孩子大腦有什麼關係。請你想一想：養育和指導充滿活力與好奇心的學齡前兒童，不但是一件艱辛的工作，也是一份全職的工作。父母和托育人員需要保留他們的每一份精力和智慧，否則當問題發生時，往往很容易把精力耗盡。

當你有精力並相對滿意於生活時，你可以將身為父母的工作做到最好。是的，疲憊和壓力似乎是家有幼兒的部分家庭日常生活，特別當你還要面對伴侶或工作時。儘管如此，照顧自己的需求必須是優先的選項。鍛鍊身體、吃健康的食物，並盡力讓自己擁有充足的睡眠。定期花時間（不，一年一次是不夠的）去做你喜歡的事。花時間與伴侶在一起、與朋友一起喝杯咖啡、在合唱團裡唱歌、上課、讀書——任何足以讓你恢復活力的事情都會帶給孩子好處。當孩子看到你尊重自己時，他們會學習到尊重你（和他們自己）。而他們會發現，比起一個疲憊、暴躁、憤怒的人，他們更容易回應一個冷靜、有精神、快樂的大人。讓自己保持健康不是自私，這是智慧。

孩子準備好上學了嗎？

凱特發誓她不會哭。她將在妮可上幼兒園的第一天與她一起慶祝，然後在沒有任何干擾的情況下完成購物。不過，不知怎麼的，早晨並沒有按照她的計畫進行。噢，妮可很好，也許有一點緊張，但很興奮和快樂。她小心翼翼地穿上自己的新衣服，把頭髮梳得很整齊，並在印有「大孩子」身分標誌的全新書包裡，放進幾件用品。凱特和妮可在學校開學前一週去看過教室，探索操場，並遇到了老師——一位活力充沛、友善的年輕女性——她記得每個人的名字。

一切都很好——直到凱特看著突然變得很小的妮可，和其他孩子一起坐在教室裡。當她轉身走回車上時，她發現附近好像起了一些霧——她的視線模糊，並震驚地意識到自己在哭泣。一位走在附近的爸爸對她咧嘴一笑。

「這讓人很難受吧？」他說。

凱特低著頭回答：「是的，確實如此。」

孩子第一天「真正」的學校生活，具有里程碑意義。這個世界永遠不會再只由一小圈的家庭和朋友組成，它突然擴大到包括其他大人和孩子，而他們每天可能花更多時間陪伴你的小朋友。許多父母想知道，他們要如何確定孩子是否在智力和情感上，為進入更廣闊的學校世界做好準備。

重要的是，要知道所有孩子（和所有學校）都不同。在孩子準備好上學前，父母擁有好幾年的時間可以進入孩子世界，了解他思考、感受和看待世界的方式。大多數學校系統按照年齡對孩子進行分級，但年齡並非兒童真實發展程度的指標。許多孩子渴望上學，快樂地進入學術學習的世界。其他孩子則徘徊在邊緣，或似乎連最簡單的功課都感覺困難。評估學習障礙或心理問題超出本書的討論範圍，但這些都是父母可以考慮的事情，並有助於他們對送孩子上學感到安心（在第十八章將有更多關於這個主題的討論）。

了解你的孩子和學校

沒有人會比細心和充滿關愛的父母更能了解孩子，特別是那些努力了解兒童發展並取得有效教養技能的父母。大多數學區都提供了解孩子程度的訪談，以幫助父母和老師確定孩子是否已準備好上幼兒園，或最好再等一年。還記得羅比嗎？他的母親最後決定讓他再等一年，直到他的情緒發展能趕上智力發展。成功的學校生活牽涉的不只是學術能力；孩子也必須有辦法忍受和父母分離、回應老師，並與其他孩子交朋友。讓孩子延緩上學並不可恥。事實上，當孩子在情感和社會化方面準備好離家時，他們在學術能力上會學得更好。對每個人來說，讓孩子延緩上學會比讓孩子在之後受挫，較不會感到不安。考慮以下這些簡單的問題，或許可以幫助你評估孩子的準備程度。

- 你的孩子喜歡學習嗎？他對周圍的世界好奇嗎？
- 你的孩子是否能夠好好接受與你分離？
- 孩子是否渴望結交朋友，並願意建立同儕關係？
- 孩子能否對一項工作保持適齡時間的注意力？
- 孩子表現出對學校有興趣，還是看起來很害怕？

花時間拜訪學校並和老師見面，通常能解決孩子大部分的焦慮。跟孩子談論感受（在第七章中將有更多關於感受和積極傾聽的技巧），並與孩子分享大多數人在做一件新的事情時都會感到緊張，也會對孩子有幫助。對你的孩子和老師而言，你越關心，孩子在學校就可能越快樂。如果你有時間在教室裡當志工，參加學校活動和親師會，你和孩子可能會對學校生活感到更安心。學校將會在未來幾年成為你生活的一部分，因此它值得你努力創造一個好的開始。

學習是一輩子的事

有人曾說：「世事多變，學有不足」[21]及「真正的受教者永不畢業」[22]。對你和孩子來說，永遠有嶄新、有趣的事情可以學習。外面的世界並不總是友善或親切。當孩子離開你身邊時，他會經歷到痛苦和困難，而你無法總是在那裡讓一切平順。不過，在孩子的學齡前階段，你可以教導他們許多重要的學習。你可以告訴孩子，你永遠支持他，你一直願意傾聽，並相信他擁有學習、成長和茁壯的能力。無論在孩子長大的過程中，他會遇到什麼新的人、新的經驗，讓你的孩子相信，你對他永遠有信心，並永遠歡迎他回家。

21 「世事多變，學有不足」（learners inherit the earth）引用自美國作家艾力．賀佛爾（Eric Hoffer，一九〇二至一九八三年），其寫作題材以政治現象與社會心理為主。

22 「真正的受教者永不畢業」（the truly educated never graduate）引用自安娜貝爾．摩納漢（Annabel Monaghan）。她為TheWeek.com、《哈芬登郵報》（*The Huffington Post*）與《黑麥紀錄》（*The Rye Record*）撰稿，也是寫作多面向年輕讀者的小說家。

第5章

「我做得到！」

——主動學習帶來的快樂與挑戰

學齡前兒童將世界視為一個令人興奮和有趣的地方，尤其當他們正在發展更多主動性、更強的身體和智力探索能力時。

因為他們有很多想法和實現這些想法的精力，養育一個三歲孩子並不是很容易。以這個小傢伙為例：

Q

我兒子到任何地方都不用走的——他用跑的。他在海灘追逐小鳥，他跳進兒童泳池上游泳課，而今天早上，我發現他試著在狗狗身上放毯子當馬鞍，因為他想騎。我不得不向他解釋，狗狗沒有強壯到可以用背載人。他放棄了騎馬計畫，但我知道他隨時可以想出其他點子。他似乎什麼都不怕，而我擔心他會受傷。我對一直要注意他的動向而感到疲憊不堪。我該允許他做這些事嗎？

A

你聽起來很疲倦，因為努力在監督和引導你那活潑的孩子！不要害怕。大多數父母都曾想過，為什麼三歲大的孩子會比父母多那麼多精力和創意。不過，請想一想：你的兒子正在展現許多美好的特質。他勇於冒險，不怕嘗試新事物。他能夠將想法串連行動，並且興奮和好奇地在生活中勇敢前進。他今日讓你精疲力盡的特質，可能也是往後讓他成為一個成功且能幹大人的特質。

理解人類發展的先驅愛利克．艾瑞克森告訴我們，大約從兩歲到六歲，孩子會經歷一個重要的階段，他稱為「積極主動或內疚退縮」[23]。孩子需要這種主動性——那些不能培養和發展精彩主動性的人，可能會變成掙扎於生活挑戰、懷有內疚感，以及相信他們所做一切都不夠好的大人。

當我們說孩子需要一種健康的主動性時，並不是說他應該被允許去實現腦海中浮現的所有想法。我們的意思是，他需要有安全的邊界和限制，讓他可以在其中探索、實驗和學習發展他的才幹與能力。在安全（與適當的行為）、創造力與勇氣間建立平衡，是養育三到六歲兒童的真髓。父母可以創造這種平衡，並透過溫和堅定而非羞辱或懲罰的方式來設定界線，藉此避免在孩子身上灌注內疚感。溫和且堅定的說法是：「爬上書櫃會有危險，你覺得攀爬哪裡才安全呢？」羞辱的說法則是：「我真不敢相信你這麼粗心，你不知道這樣可能會受傷嗎？」

在這幾年中，父母很容易聽到「我可以做到」這句話。孩子正試圖讓你知道，他們比你想像的還要有能力。孩子在早期學齡前階段會想嘗試所有事：他們想使用吸塵器、洗碗、在花園裡挖洞。但通常會發生的情況是，父母透過告訴他們：「不，你還小。等你長大一點再做，現在讓我做會比較容易也比較快」，而壓抑孩子想幫忙的想法。由大人做這些工作通常**是**比較容易（也不那麼凌亂），但拒絕給予孩子學習和練習新技能的機會，可能會在他們身上種下內疚而非主動的種子。而在許多年後，同樣的大人可能會發現自己在想，為什麼孩子「**什麼事**都不做！」發展主動性或是內疚與羞恥感的動力，會持續整個學齡前階段。再說一次，我們談的是主動性——而不是實際的能力。父母、幼兒園老師和托育人員如果了解這個重要發展階段，可以為孩子創造一個提高主動性，而不是內疚、挫折或操控人的環境。

23 「積極主動對內疚退縮」（initiative versus guilt），出自愛利克・艾瑞克森所著《童年與社會》（*Childhood and Society*）一書。

面對孩子主動性的兩種做法與影響

邁克爾的媽媽帶他到附近公園玩。剛滿三歲的邁克爾很想爬攀登架。他很容易就爬上了下層的攀登架，但當他低頭往下看時，感到肚子一陣糾結。邁克爾嗚咽著叫媽媽救他並把他抱下來，但媽媽只是微笑著，把手放在邁克爾的背上鼓勵他。她以安慰的語氣對害怕的兒子說話，幫他找到下來的路。當他回到地面時，他的媽媽給他一個大擁抱，並恭喜他「自己」爬下來了。邁克爾驕傲地微笑著。媽媽和邁克爾經常回到同一個公園，到了第二週結束時，邁克爾已經可以輕鬆在攀登架上爬上爬下了。

瑪格麗特的媽媽面臨同樣難題，但她的回應卻大不相同。當同樣三歲的瑪格麗特一樣從攀登架的頂部大聲求救時，她的媽媽爬上去，把瑪格麗特抱在懷裡。她擁抱並堅定地告訴她，爬這麼高有多危險。瑪格麗特哭了一會兒，然後過去沙堆玩。儘管她們經常去公園，但兩個月後，瑪格麗特仍然迴避著攀登架，而當有人邀請她去爬時，她都緊抓著媽媽的大腿。

學齡前兒童將世界視為一個令人興奮和有趣的地方，尤其當他們正在發展更多主動性、更強的身體和智力探索能力時。當大人妨礙這一點時，孩子可能感到沮喪和退縮，對自己的無能帶有一種內疚感；有些孩子則會選擇放棄，讓焦慮的父母過度保護他們，妨礙他們經歷為了成長所需經歷的挫折或傷害。不管是哪一種情況，孩子發展中的主動性和能力感都可能受挫。瑪格麗特的母親想要保護女兒免於傷害，但最後卻讓她完全迴避攀爬。在以後的生活中，瑪格麗特可能仍會對冒險卻步——即使是那些可能對她有益並能豐富生活的風險。

在孩子面對挑戰時，大人可以選擇鼓勵，就像邁克爾的媽媽一樣。邁克爾的媽媽對他掌握新技能表現出信心，而他以經驗對自己說：「我有能力。」這是他媽媽永遠無法用說話的方式做到的。在他們長大的過程中，當邁克爾和瑪格麗特面對挑戰和新責任時，他們將如何應對？他們會如何相信自己的能力？

不論父母或托育人員是否覺得麻煩，孩子發展主動性的需要是與生俱來的。甚至在他們感到沮喪時，有些孩子（那些勇敢與堅定的）仍會為了發展主動性而不斷努力。大人通常稱這種行為為「不聽話」，並致力於控制、馴服或過度保護孩子。是的，孩子的安全應該被保護，他們也必須被教導適當的行為表現——但是，當大人也能為學齡前兒童提供體驗主動性的機會時，這項任務將更容易達成。

他是主動，還是在操控？

一個在發展主動性上不受鼓勵的孩子，有時可能會反過來發展出操控的技能。這是孩子從退縮變成無助，堅持要你為他做好一切。他不是發展出「我能做到」的態度，而是透過「我不能」的態度，尋求歸屬感和重要性。他「不能」走向車子，他「不能」穿上襪子，他也「不能」收拾玩具。每當孩子出現不當行為時，你可能要問自己：「這種行為是否建立在挫折感及對如何找到歸屬感的錯誤觀念上？」讓我們思考以下兩位父母面臨的困境。

Q

當我說不時，我三歲的女兒會尖叫並哭泣。她從來不吃我們給她的東西：她想要麵包加花生醬，她會舔掉花生醬，但拒絕吃麵包。然後她會堅持在麵包上放更多花生醬。如果我不照她說的做，她就會開始抱怨或哭泣。她白天待在托育中心，在那裡她就會表現得很好。

Q

我認為「不」就是「不」，但我女兒不了解這一點。我曾經把她放在一個她看不見我們的角落，直到她停止哭泣，但這只有一段時間有效。現在我丈夫會把她放在我們的小浴室，並把燈關掉。我相信這可能會讓她產生幽閉恐懼症。她確實能在自己的床上睡覺，但她幾乎每晚都尿床。睡覺是一大麻煩，因為她不會待在床上。我必須拍著她的背，直到她睡著。我討厭跟孩子不斷地戰鬥，但她不會照我說的話去做。

A

像這樣令人心痛的情況很常見。如果大人了解兒童發展與適齡行為、不當行為的錯誤目的（參見第八章、第九章和第十章），以及在鼓勵孩子合作時設定界線的非懲罰性管教方法，就可避免掉許多這類的戰鬥。

有一種方法可以避免像這樣的操控行為。在第一個例子中的母親選擇適當時刻讓步（像是讓她女兒自己在麵包上放花生醬，並教她清理乾淨）。讓孩子參與餐點的準備會增加主動性，透過教她一種生活技能，能幫她感覺自己更有能力，而這也會激勵她吃自己準備的東西。

正如你在第二章學到的那樣，你永遠不需要使用懲罰性暫停。把孩子放在角落或一個沒有燈光的房間並沒有用。這些懲罰性暫停會創造懷疑、羞愧和內疚感。相反地，母親和父親可以說不，然後允許孩子有自己的感受。當孩子哭泣時，他們可以同情：「我知道這很令人失望，而你很不高興。」如果父母不忍心孩子哭泣，他們可以離開，並說：「只要你想，你可以感覺難過。當你難過完了，請來找我。」

學齡前兒童需要知道你是認真的，而你會以溫和且堅定的行動貫徹執行（而不是說教）。孩子「聽」更多的是溫和、堅定且一致的行動，而不是話語。

鼓勵主動，抑制操控

因為父母和托育人員發現它很有挑戰性且麻煩，鼓勵發展主動性並不容易。儘管如此，家裡和學校的大人仍可藉由提供不同機會、訓練時間，以及鼓勵孩子做許多**能**做的事情，來幫助學齡前兒童發展自信和主動性。如果能以這種方式得到支持，孩子將學會相信自己並感覺自己擁有能力。

這聽起來很花時間嗎？事實上，為孩子提供發展主動性的機會，比花在處理灰心喪志孩子出現不當行為的時間少。誰說教養容易，不該花太多時間？太多父母想要孩子有自信、尊重人、機智與負責任，卻不想投入時間教導孩子學習這些特質。有太多方法可以幫助孩子發展主動性，而不是操控和不當行為。如同將在第十六章中介紹的一個最佳方法，也就是透過家庭會議或幼兒園的班級會議，幫助孩子發展主動性。其他方式包括：玩「讓我們假裝」的遊戲，說出明確期望，提供有限的選擇，貫徹執行，以及執行本書討論的其他正向教養方法。這些方法都可以讓孩子學習在家中和公共場合表現適當的行為，同時鼓勵他們發展主動性。

玩「讓我們假裝」的遊戲

孩子喜歡玩，所以玩「讓我們假裝」（大人有時稱為角色扮演）的遊戲，可以成為一種教導技能的有趣方式，並幫助他們理解有效（尊重）和無效（不尊重）行為的差異。當你把它簡化時，學齡前兒童不致於因為太小而不了解「讓我們假裝」的內容。

一種採取「讓我們假裝」的方式，是對孩子說類似這樣的話：「你當爸爸，而我會當個小男孩。我們在鬆餅屋。我應該如何表現？我該哭著跑來跑去，像這樣扔食物嗎？」然後示範哭泣和奔跑。「還是我應該安靜地坐在椅子上吃飯，或在等待的時候靜靜地著色？」然後透過假裝自己坐在餐廳裡，並讓孩子監督你的行為以進行示範。互換角色，並讓孩子同時展現不尊重與尊重的行為。一定要讓孩子參與對話，這樣他才可以學到表現尊重的好處。

說出明確的期望

教養建議中最古老卻最好的一個建議：說真正想說的，然後言出必行。你應該如何為年幼的學齡前兒童設定明確與適當的期望？讓我們看看科迪的爸爸如何嘗試。

儘管科迪只有四歲，但他很愛棒球，從小就蒐集棒球卡，喜歡和爸爸一起在後院打威浮球[24]，並且知道舊金山巨人隊的整個先發陣容。爸爸提姆計畫帶他去看他第一場真正的棒球比賽。以前的經驗告訴他，為了和好奇、活潑的學齡前兒童好好享受這一天，有些準備工作是必要的。

首先，提姆決定把科迪帶到當地公園參加一場小聯盟比賽。當他們一起坐在看台時，提姆問科迪他認為他們應該在「大球場」上如何表現。科迪仔細思考這個問題，專心到皺起他的小眉頭。「我們應該靜靜坐著？」他試探性地說，知道這是一條他很難遵循的規則。

他的爸爸笑著說：「好吧，我們有時可以站起來，一起走去買個冷飲或熱狗。」

「我們可以在第七局做伸展活動！」科迪興奮大喊，然後開始唱〈帶我去看棒球賽〉[25]。

父子倆一起探索這個大日子該遵循的原則。提姆明確表示，到時會有很多人觀賽，所以柯迪不管走到哪裡都要握住他的手。提姆和科迪達成協議，科迪可以吃一條熱狗、喝一杯冷飲、吃一塊小點心，還有買一件他選擇的紀念品——只要它在十美元或以下的價錢。而他們也同意，如果科迪跑掉，或在座位上爬上爬下，他們就必須回到車上。

提姆很了解他兒子，當科迪的好奇心占上風時，只要把一隻手堅定地放在他的肩膀上（沒有責備或說教），就能將他拉回爸爸身邊。當科迪為了想要有更好的視野往下一排爬去時（並跨過三個人），提姆只需要問他協議是什麼，科迪便會迅速地回到座位上。

因為科迪只有四歲，他的爸爸知道這一天不會完美。他也知道，科迪可能沒辦法在整個九局都遵循這些指導原則，甚至他們可能必須坐在車子裡一陣子，直到科迪準備好再試一次。但是，透過事先設定明確的期望並徹底遵循這些簡單的限制，科迪的第一場棒球賽，將成為父子多年後樂於

24 威浮球（Wiffle Ball）是一種改良過的棒球，球由塑膠做成，打不遠也不易造成傷害。

25 〈帶我去看棒球賽〉（Take Me Out to the Ball Game）是美國非官方的棒球國歌，創作於二十世紀初的美國紐約，由傑克．諾沃斯（Jack Norworth）填詞，艾伯特．馮．蒂澤（Albert Von Tilzer）作曲。傳統上，球場會在第七局的伸展活動中播放這首歌，球迷也會跟著旋律一起合唱。

回憶的場合。

☺ 提供有限的選擇並貫徹執行

父母有時會認為，給孩子想要的東西，不以規則增加他們負擔，是在對他們傳達愛。我們要強調，縱容不是幫孩子培養主動性或其他社交與生活技能的方式。較好的替代方法是提供有限選擇，並以溫和且堅定的態度貫徹執行。當有限選擇與孩子相關、尊重孩子且合理時，才會有效。

艾琳娜的家人和附近另一家人一起去動物園。艾琳娜想要棉花糖、雪糕，還有她看到其他孩子在享受的一切。她父親告訴艾琳娜，她只能選雪糕或爆米花。艾琳娜選擇了爆米花。她父親買了爆米花，然後告訴艾琳娜，如果她繼續要求其他小點心，她就需要和他一起回到車上，他們將在那裡等其他人逛完動物園。

在吃爆米花的過程中，艾琳娜看到一個拿著雪糕的孩子，於是開始要求。艾琳娜下定決心：她透過扔掉剩下的爆米花來強調她的要求，並把它灑滿整個人行道。她父親冷靜地問艾琳娜，她是想牽著他的手走回車上，或是被抱著（他決定忽視灑在地上的爆米花，因為鴿子已經在幫忙處理這個問題了）。當她拒絕移動時，她父親把她抱起來，然後往車子方向走去。他沒有責罵、打屁股，或提醒她為什麼他們要離開。他尊重地對待她，而當她開始哀求著想看猴子時，他向她保證，下次當他們再到動物園時，他有信心艾琳娜會做更好的選擇，並且能夠看到猴子。

給孩子再試一次的機會合理且具鼓勵性。跟孩子說「我永遠不會再帶你到那裡，或是任何地方！」並不合理，大部分父母不會貫徹執行這樣的威脅——而這只會教孩子可以盡情地忽視規則與父母。

是的，在你溫和且堅定地貫徹執行時，錯過家庭的出遊活動很可惜。你也可以選擇什麼更重要——一個家庭出遊活動，或者孩子透過學習適當的社交技能來培養自尊、主動性和自信？當你以溫和且堅定的態度貫徹執行時，孩子知道你言出必行，並會貫徹始終，你不會真的錯過太多出遊活動。當然，貫徹執行要求大人在說話前先思考：如果你做不到，就不要說！

正向教養的日常範例

米爾娜和拉馬爾決定，當兒子馬克三歲時，他們會教他自己穿衣服（一個在發展主動性上很棒的訓練）。他們購買了小孩子容易穿脫的衣服，像是有鬆緊帶的褲子、寬領T恤，與帶有黏扣帶的運動鞋。馬克是個學習意願高的學生，很快就掌握了自己穿衣的藝術（儘管有一半時間他把鞋穿錯腳）。

馬克上了幼兒園，他早晨的日常慣例包括，在早上自己穿好衣服、吃早餐，七點半準備好出門，他父親會在開車上班的路上順道送他上學。馬克和父親製作了一張特殊的「早晨日常慣例表」，上面有馬克做每件工作時的照片——馬克熱切地遵循了幾天。米爾娜和拉馬爾知道，馬克可能會用主動性來「測試」這個日常慣例。為了做好準備，他們事先與馬克想出一個包括「有限選擇」與「貫徹執行」的計畫。他們一起決定，如果馬克沒有在出門前穿好衣服，他們會把馬克的衣服放在一個紙袋裡，這樣他可以到學校後再穿。他們不確定馬克是否了解這些關於選擇與貫徹執行的討論，但他們有信心，如果真的需要進行這個計畫，他會學會的。

果然，在經過幾星期平順的早晨後，米爾娜注意到馬克沒有遵循他的慣例，這一天終於到了。當拉馬爾要出門上班時，馬克還穿著睡衣。米爾娜已經準備好一袋衣服，於是拉馬爾用一隻手溫和且堅定地牽起馬克，用另一隻手拿起那一袋衣服，然後在傾盆大雨中走向車子——就在一個鄰居出門撿起他的報紙時。

米爾娜嘆口氣提醒他：「呃，花時間訓練馬克比鄰居會怎麼想來得重要。」

在他們開車去學校的路上，馬克哭著抱怨很冷。拉馬爾指向躺在馬克座位旁的外套，建議他穿上去會感覺比較溫暖。拉馬爾也提醒馬克，一旦到了學校，他就可以換上衣服。馬克繼續抱怨。當他們到了學校時，幼兒園園長喬伊斯（對這種時刻很了解）在這對父子走進門時微笑著。

「噢，嗨，馬克！」她溫柔地說著。「我看到你今早沒有換衣服。沒關係。你可以把那袋衣服帶到我的辦公室，等你換好衣服後就出來。」馬克幫自己換好了衣服。

一個月過後，馬克決定再次測試這個慣例。拉馬爾就事論事地回應，將裝有衣服的袋子帶到車上。當他們到達時，馬克的老師提醒他，到外面玩之前需要換好衣服。他拒絕了，整齊地穿著他的米老鼠睡衣，開始玩積木。馬克玩得很開心，直到去戶外的時間。馬克的老師向他保證，只要他換好衣服，就可以在遊戲場上和同學一起玩。經過短暫的考慮後，馬克決定，他不該錯過休息時間，於是套上了衣服。

馬克的父母和老師沒有囉唆、說教或提醒馬克穿好衣服。他們只是做他們說要做的——幫他帶衣服到車上，在他穿好衣服前，限制他到戶外玩，並允許他在學校換衣服（值得注意的是，這個計畫可能不適用於年紀較大的孩子，穿著睡衣到校可能會讓他覺得羞愧，會造成孩子羞愧或難堪的行動，不可能鼓勵尊重或合作）。

拉馬爾本來可以透過多說幾句話讓馬克的這個經驗變得難堪。也就是，在他溫和且堅定的行動外，加上責罵或羞辱性的說教。拉馬爾並沒有說：「你活該！看你下一次還會不會拖拖拉拉。其他小朋友會笑你沒有穿好衣服。」相反地，米爾娜、拉馬爾與喬伊斯以溫和且堅定的態度對待馬克，這幫他學會，以自己的能力幫助自己，以及與其他人合作的好處。

沒有完美的父母

現在你可能認為，你必須當個完美的父母，養育出一個完美的孩子。但根本沒有這樣的事情。無論我們學到多少或是知道多少，都不重要，因為我們永遠不會停止犯錯。人類有時會忘記他們知道的東西，並陷入情緒反應中——或者，他們只是單純做錯了。一旦你了解到這點，便可以將錯誤視為重要的生命過程，它們是：有趣的學習機會。當你犯錯時，不要感到氣餒，你可以說，「太棒了！我剛剛獲得了另一個學習的機會！」

如果你也能向孩子灌輸這樣的態度，讓他們不去背負你對錯誤所抱持的全部包袱，這不是很好嗎？有多少大人在犯下單純的錯誤時，因為被羞辱和懲罰，產生更多的內疚，而非主動性？錯誤與失敗並不相同，儘管人們經常表現得好像它們一樣。就算是所謂的失敗，也可以提供學習和成長的機會。當大人可以做一點態度上的調整，培養主動性的過程將不會那麼痛苦。學齡前兒童做事當然不會完美。但是完美，或者是幫孩子發展健康的自尊心與健全的生活技能，哪一件事更重要？

如何運用啟發性提問？

當父母和老師花太多時間說教時，像是告訴孩子發生了什麼、是什麼造成的、他們應該如何感受，以及應該怎麼做，孩子就不會發展出強烈的主動性。說教可能阻止孩子將錯誤視為學習的機會。說教會灌輸內疚感或叛逆性，因為它傳達孩子沒有達到大人期望的訊息。也許最重要的是，告訴孩子是什麼、如何，以及為什麼，教導他們做**什麼樣**的思考，而非**如何**思考。

當大人對孩子提出啟發性提問時，像是「發生了什麼？你想要做什麼？你覺得為什麼會發生這種情形？你有什麼感受？你怎麼解決？如果你不想這情形再發生，你還可以做什麼？」孩子能夠發展思考技能、判斷技巧、問題解決能力及主動性。

當馬克早上不想穿衣服，抱怨車裡很冷時，他爸爸可能會提問：「為什麼你覺得冷？你可以做些什麼來讓自己感覺更溫暖？」這些問題或許可以幫助馬克將衣服與溫暖相連結。他可能發現當外面很冷時，為什麼睡衣不是一個好選擇。也許馬克不了解這個關聯，並可能回答：「因為我沒有吃完所有吐司。」這將給他爸爸一個機會，幫助馬克學習衣服在感覺溫暖上具有的影響。不管你相不相信，孩子並非總能理解對於大人來說顯而易見的道理。這是為什麼了解兒童發展與適齡行為——和鼓勵——會這麼重要的原因。

一切都與鼓勵有關

德瑞克斯一再強調：「一個孩子需要鼓勵，就像一朵花需要水一樣。」那麼什麼是鼓勵呢？

英語的「鼓勵」（encouragement）一詞源自一個意指「給予心」（to give heart to）的法語字根。鼓勵有助於孩子培養勇氣，包括學習和成長的勇氣；不受責備和羞辱，從錯誤中學習的勇氣；發展社交和生活技能的勇氣。他們要如何做到這一點？當父母和其他大人在生活中創造一個安全的環境，讓他們可以培養自主性和主動性，並且在不需要懷疑、羞愧或內疚的情況下犯錯，他們就能培養勇氣。

請記住，懊悔與內疚不一樣。孩子在犯錯和傷害別人時會感到懊悔（懊悔有時是適當的，而且是珍貴品格發展的起點，例如：同情心。但請記住，你不能強迫孩子感受真正的懊悔）。大人透過啟發性提問來鼓勵孩子，幫助他們探索選擇的後果，而不是對他們施加後果。啟發性提問也可以幫助孩子理解自己的感受，為什麼他們有這種感覺，以及他們可以如何彌補。透過這種方式，孩子會感受鼓勵，並從錯誤中學習。

正如德瑞克斯所說：「一個行為不當的孩子，是一個受挫的孩子。」這就是為什麼大人需要了解他們所做的事情對孩子可能產生長期影響。我們相信父母和老師都願意鼓勵孩子。他們只是沒有意識到，他們更常讓孩子感到挫折而非鼓勵。

空泛的讚美並非鼓勵

空泛的「你好棒」，並不是鼓勵幼兒最好的方法，你必須讓鼓勵更明確。比方說，如果一個三歲孩子從托育中心帶給你他最新的畫作，你告訴他：「喔，這是我見過最可愛的畫——我要把它框起來掛在牆上。」你對他的幫助可能不如想像多。你可能會教他，他能做到最重要的事是取悅別人，而這可能會成為危險的生活信條。告訴同一個孩子：「我看到你真的很喜歡紅色和黃色。你可以跟我說說這些形狀嗎？」這樣將打開一道對話和共學的大門。

另一種確認你是否真正在鼓勵的方法，是鼓勵只能在當時對那個人這麼說，而讚美則適用於一般的情況。你隨時可以對所有人說：「這真是一個很了不起的計畫。」但你只能在一個特定情況對一個特定孩子說：「你蓋了一個很高的積木塔。看看你必須把手伸多高，才能把這些積木放到最上面——它比你還要高呢！」這個孩子會感覺你注意到他做了什麼，而你對他說的話是唯一的。

下面的圖表將使這個區別更清楚。

讚美與鼓勵之間的差別[26]

	讚美	鼓勵
字義	1. 表達對……的好評 2. 為了褒揚，特別當有完美表現時 3. 表達批准	1. 啟發勇氣 2. 刺激動力
接受者	行為者：「好女孩！」	行為：「做得好！」

認可	只有完整、完美的成品：「你做對了。」	努力和進步：「你盡了全力」或「你對學到的有什麼感覺？」
態度	監管、操控：「我喜歡蘇西坐著的方式。」	尊重、珍惜：「誰可以告訴我，我們現在應該怎麼坐？」
「我」訊息	評斷：「我喜歡你做的方式。」	自我導向：「謝謝你的合作。」
最常用於	孩子：「妳真是一個好女孩。」	大人：「謝謝你的幫忙。」
範例	「我為你獲得A感到驕傲。」（搶奪獲得成就者的成就）	「這個A反映出你的努力。」（認可孩子的努力與責任）
邀請	孩子為他人改變：討好者	孩子為自己改變：內在導向
控制的焦點	外在：「別人怎麼想？」	內在：「我怎麼想？」
教導	要想什麼；依賴於他人的評價	如何思考：自我評估
目標	配合他人：「你做得對。」	理解力：「你認為／學習／感覺什麼？」
對自我價值感的影響	當別人認可時才感覺自己有價值	沒有別人的認可也感覺自己有價值
長期影響	依賴他人	自信、自立

26 出自簡・尼爾森的《溫和且堅定的正向教養：教出自律、負責、合作的孩子，賦予孩子解決問題的能力》（*Positive Dicipline: the Classical Guide to Helping Children Develop Self-Dicipline, Responsibility, Cooperation, and Problem-Solving Skills*）。

幫助孩子發揮全部潛能

馬克上的幼兒園園長喬伊斯相信，使用鼓勵和本章其他提供孩子機會去發展主動性方法的重要性。她的工作夥伴尋找每一個機會，讓孩子花時間接受訓練，體驗自己的能力，然後讓他們做許多通常是大人為他們做的事。

例如，當喬伊斯去購物時，她讓孩子輪流陪她一起去，幫她把物品放進購物車裡。當她回到幼兒園後，她將貨車倒退到遊戲場裡，並叫孩子一次一樣地將食品或雜貨帶到廚房。廚師則幫孩子記住放置物品的位置。

在午餐時間時，孩子自己盛裝食物。一個叫馬特的小朋友，總是拿了太多的食物。大約一個星期後，他的老師透過問問題幫他思索發生的事情：「當你拿太多的食物時，會發生什麼？」

馬特說：「我沒辦法吃完全部，必須丟掉一些。」

老師繼續說：「如果你少拿一點食物，會怎麼樣呢？」

馬特看起來好像有了一個大發現，他說：「我就可以吃完全部了。」

老師繼續說：「我很肯定你可以。」然後她問：「如果你少拿一點食物，全部吃完後，還是感覺餓，那你會怎麼做呢？」

馬特開心地說：「我可以再多拿一點？」

老師問：「你什麼時候會開始這樣做呢？」

馬特看起來好像等不及想回答：「明天！」

午餐後，每個小孩都將自己吃剩的食物刮到一個塑膠盆中，在另一個塑膠盆沖洗自己的盤子，然後將盤子放進洗碗機。這個程序肯定比在午餐後由大人清理更為費時。但是喬伊斯和她的老師對幫助孩子發揮全部的潛能，比迅速完成雜務更感興趣。他們也愛孩子、喜歡他們，並對能成為他們成長與發展的一部分感到榮幸。

再說一次，重要的是愛與樂趣。你越了解什麼是適性與適齡發展、如何能改善孩子成長的環境、學習鼓勵他們充分發揮潛能、在犯錯時原諒自己，你就越能放鬆地享受孩子的成長，知道他們在學習相信自己的能力、相信生活中大人所給予的支持，並體驗周遭生活裡發生的各種美好。

第6章

接受你的孩子

——孩子的九大氣質面向

透過理解和尊重孩子的氣質，你將能幫孩子充分發揮潛力，讓他成為一個有能力、自信和滿足的人。

大部分父母都知道，拿孩子來比較很不明智。但偶爾還是有父母會公開或私下拿在幼兒園的女孩與男孩、鄰居的孩子、姪女與外甥等和自己的孩子比較。經由比較通常會導向評斷，例如：巴比是「一個好乖的男孩子」、米蘭達是「一隻小怪獸」等。

你已經知道學齡前兒童正在經歷一些有趣的發展階段；你知道大人可能會視他們的自主性與主動性實驗為「不好」的行為。真的存在完美的孩子嗎？你真的想要這樣的孩子嗎？

完美孩子的迷思

人們經常將完美的孩子描繪成：安靜服從父母、不會和兄弟姊妹爭吵、做家事時不抱怨、自己會存錢、不必提醒就會做功課——而他會拿到好成績、很有運動神經、很受人歡迎。這是否代表著，不符合這個描述的孩子就不完美呢？

老實說，我們擔心符合這種夢幻描述的孩子，通常是安全感不夠、不敢測試權力界線、發掘自己與父母或老師有個別自我，並且害怕犯錯或冒險。我們會說「通常」，是因為有少數孩子確實符合這種夢幻描述，但仍具足夠的安全感，並且不怕犯錯。

正如第四章與第六章所討論的，大腦研究人員相信氣質是天生的，是每個孩子大腦「連線」的一部分。孩子與你和托育人員的互動方式，似乎對這些天生傾向的發展，有著強烈影響。這是一個我們尚未完全了解的複雜過程。儘管態度、行為和決定可能隨時間和經驗而改變，但氣質似乎終其一生都是我們的一部分。了解你孩子的獨特氣質，會幫助你接受他真正的樣子，並與他**一起**學習、成長與茁壯。你會了解偶爾對孩子感到沮喪的原因、培養孩子的最佳方法，以及如何透過在「適配度」（goodness of fit）上的努力，建立更強化的親子關係。

適配度的重要性

史黛拉．切斯[27]與亞歷山大．湯瑪斯[28]強調「適配度」的重要性，這是父母與老師對嬰幼兒氣質的了解深度，與他們和孩子共同努力促進孩子健康發展的意願[29]。為了尋求能力與歸屬感，孩子在生活中會感受到不少壓力，然而透過期待孩子成為自己以外的人來增加這種壓力，並不會有任何的幫助。

了解孩子的氣質，並不表示要聳聳肩然後說：「喔，好吧，這孩子就是這樣。」這是在邀請你幫助孩子發展可被接受的行為與技能。舉例來說，一個注意力不集中的孩子仍需要學習改善並保持專注。提供有限選擇是一種尊重孩子與情況需求（意指適合現況的行為）的方式。

找到同時滿足父母和孩子需求的配合點，對「適配度」來說相當重要。如果你的孩子難以適

27 史黛拉．切斯（Stella Chess，一九一四年至二〇〇七年），美國兒童精神病學家，曾任教於紐約大學。她與丈夫亞歷山大．湯瑪斯共同致力於兒童心理發展研究。

28 亞歷山大．湯瑪斯（Alexander Thomas，一九一四至二〇〇三年），美國兒童精神病學家，曾任教於紐約大學。

29 參見史黛拉．切斯、亞歷山大．湯瑪斯所著《適配度：從嬰兒期到成年生活的臨床應用》（*Goodness of Fit: Clinical Applications, from Infancy Through Adult Life*，暫譯書名）一書。

應新環境，而你卻是個善於社交的人，那你們的「適配度」便不好。好消息是藉由理解，你們可以找到平衡，創造一個好的「適配度」。你的孩子也許無法很快交到朋友，但他可以學習「找到一、兩個好朋友」的社交技能。如果你強迫他像你一樣，他可能感到挫折。你能鼓勵孩子的方式是溫和地教導他，讓他知道慢慢來沒關係，但同時也要對其他孩子的友好保持開放。在你和孩子的需求之間找到平衡，可能需要一些時間和練習，但隨著時間過去，學習接受並與孩子個別與特殊的氣質合作，將讓你們都從中受益。現在你知道為何了解孩子氣質如此重要，讓我們再進一步地認識它。

主動氣質與被動氣質

每個孩子天生都具有處理感官訊息與回應周遭世界的獨特風格。史黛拉．切斯與亞歷山大．湯瑪斯博士在六〇年代末期和七〇年代，探討九種主要氣質的「縱向研究」[30]中，調查了氣質的奧祕。「柏克萊研究」是針對主動和被動兩種基本氣質的縱向研究。這項研究表明，這兩種氣質是終身的特色。換句話說，被動的嬰兒會成長為被動的大人，而主動的嬰兒則會成長為主動的大人。事實上，活動程度可以在子宮中進行測量。

切斯和湯瑪斯發現的九種氣質——構成個性的素質和特點——被用來描述三種類型的孩子：「易養型」、「難養型」與「慢吞吞型」。所有孩子的類型都是好的，只是有些會面對更多挑戰。我們將討論這九種氣質。若需要更多資訊，我們強烈推薦史黛拉．切斯、亞歷山大．湯瑪斯合著的《認識你的孩子》（*Know Your Child*，暫譯書名）與《氣質：理論與實踐》（*Temperament: Theory and Practice*，暫譯書名）兩本書。

九種氣質面向

所有孩子都擁有不同程度由切斯和湯瑪斯提出的九種特質，以下章節將描述它們在實際生活中的樣態（在我們檢視氣質面向時，你可以想想你所認識的孩子）。

以下九種氣質面向塑造了孩子的個性和生活態度：

- 活動程度。
- 規律性。
- 趨避反應。
- 適應性。

30 史黛拉．切斯與亞歷山大．湯瑪斯博士於一九六〇年代末期開始「紐約縱向研究」（New York Longitudinal Study），對一百三十三名嬰兒進行長達三十年的追蹤，主要研究人類隨著年齡增長，在發展過程中的心理轉變。

- 感覺閾限。
- 情緒品質。
- 反應強度。
- 注意力分散程度。
- 堅持度與專注力時間。

☺活動程度

活動程度是指孩子的活動程度、活動期和非活動期比例。一個活動程度高的學齡前兒童可能喜歡精力充沛的跑步遊戲，而一個活動程度低的孩子，則會選擇安靜的活動，例如畫畫或看書。

Q 我三歲的兒子不懂「請等等」是什麼意思。他從不放慢腳步。我真的精疲力盡。我姊姊的孩子看起來冷靜許多。難道是我做錯了什麼嗎？

A 你有沒有注意到學齡前兒童的父母和老師有多頻繁使用「精疲力盡」這個詞？大多數學齡前兒童的很有活力——畢竟他們每天需要做和學習的東西太多——但是有些幼兒似乎遠遠超過他們該有的程度。如果你家中有這麼一個富活動力的小孩子，請放心，你和孩子並不是哪裡有問題。所有人天生具有不同的氣質。活潑的孩子並不「壞」。他不是為了讓你精疲力盡而四處亂竄，他只是忙著做他自己。與活潑的學齡前兒童和平共處，關鍵是找到一種滿足他需求，並不放棄自己需求的方法。這裡有一些建議：

- **事先計畫並考量孩子的需求。**提供他空間、具挑戰性的活動，以及可以消耗掉多餘能量的機會。帶他去公園、參加游泳課或體操，或者提供充分時間讓孩子進行消耗體力的遊戲。在這個階段，你選擇跳過芭蕾課、音樂演奏會、戲劇欣賞和去正式餐廳也是明智之舉。要為了你們的成功，請安排符合你期望與孩子能力的活動。
- **為自己安排時間。**找一個保姆，讓孩子參加幼兒園或其他課程，給自己休息時間，或者讓朋友或伴侶定期陪伴你的孩子。這不是自私，這是常識。你需要很多精力來冷靜與有效地面對一名活潑的學齡前兒童，而你需要時間休息並恢復精神。
- **學會愛孩子真正的樣子。**他沒有辦法選擇自己的氣質，而你要欣賞他具有的優點。他將會以自己充沛的能量，在將來的生活中獲得許多成就。

莫妮卡已經學會配合她雙胞胎不同的氣質與活動程度來安排生活。一個星期六下午在社區游泳池邊，當姊姊在參加游泳課程時，三歲的奈德和史黛西則陪著媽媽。隨著時間過去，奈德愉快地玩著媽媽帶來的一袋塑膠動物玩具。整整一個小時，奈德開心地專注在遊戲中。雙胞胎姊姊則是另外一回事。她一開始在媽媽帶來的書中著色，但在十分鐘內已經塗完了所有書頁，於是她希望媽媽念故事給她聽。故事念到一半，史黛西覺得口渴，所以莫妮卡帶她去飲水機那裡。接著史黛西開始爬上露天看台。在半個小時內，史黛西著了色、聽了一個故事、喝了水，並探索了看台。莫妮卡很了解她的女兒，並已經準備走到鞦韆那裡——她知道，他們最好也能在姊姊課程一結束時就準備好離開。

奈德的活動程度很低，而史黛西的活動程度很高。莫妮卡曾經因為雙胞胎之間的差異而感到沮喪，特別當她認為自己以同樣方式對待他們時。關於氣質的資訊幫助她更了解他們。她決定放鬆，享受每個孩子的獨特性，並為他們做好安排。

☺ 規律性

規律性是指生物功能的可預測性（或不可預測性），如飢餓、睡眠和排便。

錫爾佛頓可以根據小兒子——三歲的馬丁——的生活規律來設置時鐘。他早上六點三十分會醒來，每天都想吃同樣的午餐，總是選擇玩同樣的玩具，每天晚上在同樣的時間上床睡覺。他五歲的哥哥史坦利——和弟弟的規律性相反，是個非常不規律的孩子，馬丁為錫爾佛頓家提供了他們需要的休息。他們想知道他們對史坦利做「錯」了什麼，又對馬丁做「對」了什麼，直到了解到氣質，並明白他們無法邀功或責怪孩子的個別差異。然而，他們可以學著對史坦利更有耐心，並避免表現出對馬丁的偏愛。他們讓兩個男孩參與早上和睡前的日常慣例（儘管馬丁不需要）計畫。史坦利發現自己比較能夠遵循自己幫忙建立的慣例表。

了解規律性，可以幫助父母和托育人員計畫孩子的生活行程，減輕每個人的衝突和壓力。

弗雷德知道他四歲的女兒還很疲倦，並且每天正好在下午一點半時喜歡小睡一下。他確認她平日的托育人員了解這一點，而他在週末裡也保留了讓她休息的空間。弗雷德發現，尊重女兒的氣質和需要固定小睡的習性，有助於避免他與一個脾氣暴躁、疲憊的孩子共度無止境的午後時光。

☺ 趨避反應

這種氣質描述孩子對新情況或刺激的反應方式，例如：新食物、玩具、人或地方。「趨近反應」通常透過情緒（微笑、言語、面部表情）或活動（吞嚥新的食物、伸手拿新的玩具、加入新的玩伴）來表達。「迴避反應」看起來比較消極，並且透過情緒（哭泣、言語、面部表情）或活動（逃跑、吐出食物或扔掉新玩具）來表示。學會養育獨特的孩子，代表去認識這些暗示，並以鼓勵、培育孩子的方式加以回應。

年紀大一點的學齡前兒童以應對新經驗的方式來展現氣質，他們不是跑去參加一個新團體，就是在場外徘徊一段時間做觀察。

阿曼達四歲時來到新的托育中心。每當孩子聚在一起從事團體活動時，她會退縮並拒絕加入。老師敏銳地感知到她的氣質，儘管確信阿曼達知道自己受到歡迎，老師並沒有堅持她要加入團體。整整兩個星期，阿曼達保持著距離觀察，並逐漸靠近。到了第三個星期，她很高興地和其他人玩在一起。阿曼達最初的回應是迴避，她的老師明智地尊重她這方面氣質。

再一次地說明，氣質是天生的。研究證明，焦慮的父母很難改變孩子根深柢固的氣質特點。

邦妮很擔心五歲兒子傑洛米。她怕羞怯會使他無法幸福，或一起享受她和他爸爸喜歡的活動。邦妮發現當推他往前，敦促他與剛認識的人說話或遊戲，或是幫他報名參加運動或活動時，只會讓他更退縮，總是躲在她後面，把頭埋進她的身側。

當邦妮意識到，傑洛米可能對新環境感到不安時，她決定接受兒子的樣子——並想辦法讓他更自在、更有自信。她學會給傑洛米機會，在幫他報名之前，先讓他看看其他孩子玩樂樂棒球。她學會不要強迫他和剛認識的人說話，而是自己示範先與對方友善地對話，並溫柔地把手放在兒子肩膀上，讓他放心。

邦妮在遇到新情況時，花一段時間待在傑洛米旁邊，並接受當他們在一起時，傑洛米能更快感到自在。最重要的是，她接受他並給予鼓勵，而不是要求他「克服」羞怯。傑洛米在接受新的人和環境上可能比較慢，但他母親的耐心和關愛會幫他相信——並接受——自己。

適應性

適應性是指孩子如何隨著時間對新的情況做出反應，也就是孩子調整和改變的能力。有些孩子一開始會把新的食物吐出來，直到在嘗了幾口之後才接受。其他孩子則可能更慢才能接受新食物、新衣服，或是一間新的托育中心——如果他們願意的話。

瑪麗亞三歲半。當她父母離婚時，爸爸找到距離幾條街遠的一間公寓。任何孩子都會對父母離婚感到痛苦，但瑪麗亞「慢吞吞」的氣質增加了這個重大改變的相關壓力。儘管父母雙方同意分擔撫養責任，讓瑪麗亞每星期花幾個晚上和爸爸在一起，他們仍然決定一開始先採取漸進的方式。

當瑪麗亞的父親搬出去時，他請瑪麗亞幫忙把東西送到他的新公寓。在接下來幾個星期，他帶瑪麗亞到他的公寓幾次，並逐漸增加拜訪的時間。三星期後，瑪麗亞可以和爸爸在一起一整天，在他的新公寓吃完晚餐後回家，在她熟悉的房間裡睡覺。

接下來，她爸爸在新家安排了一間她的臥室，挑了一些傢俱，並選了衣服，讓瑪麗亞可以搬進新房間。一個月過去後，瑪麗亞和父母都對她在爸爸的新公寓過夜感到很自在。

瑪麗亞的爸爸不該馬上問她想不想在新家過夜，因為對於一個經歷動盪和分裂忠誠的幼兒來說，這會加諸太大的情緒負擔。瑪麗亞的父母將她的需求擺在第一位，給她時間適應這種變化[31]。

許多孩子將從這種溫和與漸進的方式中受益。如果你的小朋友正在努力適應快速的過渡與變化，那麼認識和允許他們展現的氣質，可避免你們雙方感覺不適和不愉快。

☺ 感覺閾限

有些孩子每次只要門打開，無論多小聲，都會從午睡中醒來，而其他孩子則可以在大雷雨聲

---

31 有關離婚和單親撫養的更多討論，請參閱簡・尼爾森、謝瑞爾・艾爾文與卡蘿爾・德爾澤爾的《給單親家庭的正向教養》（*Positive Discipline for Single Parents*，暫譯書名）。

中睡覺。有些孩子抱怨衣服太緊或床單太粗，而其他孩子就算擦傷膝蓋或撞到頭都不會慢下來。感官的敏感度因孩子而異，並影響著他們的行為和看待世界的方式。

安柏慶祝她四歲的生日。她打開一個裡面裝著一件漂亮繡花洋裝的禮物，開心地笑著。然而，當她注意到蓬鬆的裙子是由一層堅硬的尼龍網撐起時，她的笑容轉成了驚慌。「我必須穿這個部分嗎？」她警覺地問。「它會刮傷我的腿。」

這種小細節不會讓安迪不安。他喜歡赤腳走路，一有機會就把鞋子脫掉。他的父母擔心地指著礫石遊戲場，或驚叫著路面有多熱，但安迪一點都不受質感和溫度困擾。他的小腳無所畏懼地踩踏著，而小腳的主人則享受著每根腳趾自由擺動的感受。

時間和經驗會讓你了解孩子對身體感知和刺激的敏感度。孩子喜歡噪音和音樂，還是會變得煩躁不安？他會注視著明亮或閃爍的燈光，還是轉開臉？他會吃新的食物，或是吐出來？他是否喜歡被觸摸和擁抱，或者會掙扎著要離開？

如果孩子對刺激表現得很敏感，那麼在給他新玩具、新體驗和認識新的人時，你得慢慢來。柔和的燈光和輕柔的音樂可以幫助孩子平靜，他在嘈雜、擁擠的地方（如生日派對、遊樂園或繁忙的購物中心）則可能變得緊張或煩躁。一個不太敏感的孩子可能更願意嘗試新的體驗。你得觀察哪些東西能引起孩子注意，然後為他創造探索和實驗的機會。

感覺統合功能障礙（Sensory Integration Dysfunction）

有些孩子深受「感官輸入」（sensory input）的影響。事實上，在某些情況下，孩子的大腦可能難以整合感官訊息。孩子可能發現襪子使他「疼痛」或襯衫「太緊」；或者他可能堅持吃相同食物和重複同樣的生活慣例，因為其他的會讓他不舒服或「不好」。一些孩子卻對刺激沒有強烈反應，他們可能搖晃、旋轉或撞擊頭部以努力產生感官輸入，而這讓他們感到舒適。這些兒童可能具有感覺統合功能障礙，而且可以受益於許多療法，這些療法將幫助他們理解感官訊息並感覺更舒服。

如果你懷疑孩子對感官輸入的反應不同於其他同齡孩子，可以請小兒科醫生對孩子進行評估[32]。

☺ 情緒品質

你是否注意到有些孩子（和大人）可以用快樂與接納的態度面對生活，而其他的卻只會雞蛋

32 更多資訊請參閱卡羅爾・史托克・克拉諾威茨（Carol Stock Kranowitz）的優秀書籍《不同步的孩子》（*The Out-of-Sync Child*，暫譯書名）。

裡挑骨頭？一個孩子可能以燦爛的笑容照亮家庭，而另一個孩子卻只是「因為想」就不時噘嘴或皺眉。孩子性格較不開朗的父母可以放心，如果孩子比你希望的還常「皺眉頭」，記得這些生氣的臉不是針對你或你的教養技巧。對孩子的情緒保持敏感，但也要花時間在小傢伙不生氣的時候擁抱他，並和他分享你的開朗。父母和老師要面對一個總是看到黑暗面的孩子，確實令人沮喪，但有一些辦法可以讓你同時接受這種氣質，並幫助孩子更正面地生活。

史蒂芬從他上的家長課程帶回一個新想法：他會問五歲的兒子卡爾，他一天中最快樂和最悲傷的時候。史蒂芬期待讓這成為睡前慣例，並讓自己有機會進入兒子的世界。當史蒂芬問卡爾他最悲傷的時刻時，他經常有一長串的麻煩可以說，但當問到快樂的時刻時，他卻什麼都想不到。史蒂芬開始對卡爾的生活竟如此悲慘而感到沮喪。

當史蒂芬認識到氣質後，不再被卡爾負面的情緒困住。他會傾聽兒子列舉的麻煩，然後分享一些自己悲傷的時刻。然後他會再分享快樂的時刻。當史蒂芬繼續向卡爾展現，我們可以同時看到消極和積極的一面時，卡爾也開始分享快樂的時刻。他仍然會看到許多消極面，但也在學習如何看到正面的事情。

卡爾只是有消極情緒的氣質，並習慣從那個角度看世界。藉由接受他的氣質，史蒂芬能更認識自己的孩子，並知道如何幫他產生更好的感受，他們兩人都能從中受益。

☺反應強度

孩子以不同方式回應周遭的事件。有些孩子會安靜地微笑或只是看一看，然後回去做正在做的事；一些孩子則會以行動和情緒做出反應。例如，整個公寓都能聽到你高反應強度的孩子發脾氣，而鄰居的兒子在失望時卻只會沉默地退縮。

彼得斯太太正準備為他們班上藝術課。在孩子安靜玩耍時，彼得斯太太拿出紙、麥克筆、蠟筆和剪刀。在她搬運裝有水彩調色盤和畫筆箱子時，她絆到一塊忘記收好的積木，整盒的繪畫用品因此掉到地上。

這群孩子以一些有趣的方式做出反應。有些孩子吃了一驚，抬頭看了看，然後回頭繼續遊戲；小史蒂菲和亞當開始大哭；馬特起身過去用腳趾頭戳戳掉下來的東西；而愛咪則格格笑地繞著教室跑。

由於孩子的反應強度不同，他們對同樣的情況也有不同的反應。了解孩子以不同強度對刺激做出反應，可以幫父母和老師更冷靜地處理他們的行為。

☺注意力分散程度

一個媽媽說：「如果我女兒想到外面玩，而這時剛好是午餐時間，她就會一直鬧、一直鬧，不管其他事情。」另一個媽媽說：「我的小傢伙知道自己什麼時候餓，他會到廚房裡一直跟著我，直到我準備好他的午餐。」他們可能沒有意識到，但這些父母談的都是孩子注意力分散的程度，亦即外在刺激干擾孩子目前行為的方式，以及他的注意力願意（或不願意）受到轉移。

當梅麗莎發現，她不小心把特殊設計的泰迪熊留在家裡時，正是幼兒園的午睡時間。老師抱著她跟她說話，並提供一個幼兒園的玩具作為替代品，但都沒有幫助。梅麗莎在整個午睡時間坐在墊子上，為泰迪熊啜泣。

梅麗莎的注意力分散程度較低，有一天，當她被聘為航空管制員時，這將是一項真正的資產。但現在，梅麗莎是一個沒有帶泰迪熊到幼兒園的孩子。事實上，聰明的做法是準備兩隻泰迪熊，一隻放家裡，一隻放學校，這樣就能避免掉這類危機。

另一方面，亞倫非常樂意抱著任何可用的玩具睡覺。今天他忘了帶他的絨毛恐龍，但當老師給他一隻藍兔子時，亞倫笑了，並滿足地睡著。

☺ 堅持度與專注力時間

堅持度是指孩子在面對障礙或困難時，從事某項活動的意願；專注力時間則是描述孩子不間斷進行某項活動的時間長度。這兩種特徵通常相互關聯。滿足於半小時內都在撕一本舊雜誌的孩子，有相當長的專注力時間，而在十分鐘內玩十種不一樣玩具的孩子，則有較短的專注力時間。一個孩子在穿珠繩時，可能因一顆珠子沒有馬上穿進去就放棄；另一個孩子則會一試再試，直到成功。這些孩子表現出不同的堅持程度。同樣地，沒有一種氣質必然比另一種氣質更好；它們只是不同，並且為教養和教學帶來不一樣的挑戰。

> 五歲的米歇爾已經有一整個星期，每天早上都在繪製一張來自兒童地圖集裡的地圖。他小心翼翼地持續工作，增添細節，並在畫圖時滿足地哼著歌。米歇爾最好的朋友艾莉卡過來玩，她坐下來幫忙他一段時間。在半個小時內，艾莉卡已經有三張匆促完成的圖畫，然後她把注意力轉向米歇爾新的培樂多黏土[33]上。有一天，艾莉卡可能會運用她檢測與研究新事物的能力，發現新的細菌品種和藥物；而我們大多數人會放心讓未來的米歇爾醫生為我們進行六小時的心臟手術。

重要的是，我們要了解一個注意力不集中的孩子，不一定有「注意力缺失症」（ADD, Attention Deficit Disorder）。「注意力缺失症」是一種實際存在的神經系統疾病，應由小兒神經科醫生或經過訓練的小兒科醫師進行診斷，以辨識其特殊症狀。根據另一位父母或托育人員提供的「診斷」採取行動，通常不是明智之舉——儘管這些建議可能值得讓醫生為孩子進行一些檢查。

在孩子五歲或六歲之前，大多數醫生都不願意進行「注意力缺失症」的診斷；在此之前，衝動行為、高活動程度，以及短暫的專注力時間，可能是孩子的氣質或發展差異。如果你擔心，請諮詢孩子的小兒科醫生或受過訓練的兒童治療師來評估。藥物治療是一種選擇，但應該謹慎運用（第

33 培樂多（Play-Doh）是一種塑形用黏土，通常讓幼兒在家庭和學校學習工藝時使用。

十八章探討更多有關孩子的特殊需求）。在任何一種情況下，了解兒童發展和氣質，表現溫和且堅定，並使用正向教養的技巧，將有助於你和孩子在家庭及學校中取得成功的經驗。

氣質：挑戰或機會？

一旦被詢問，大多數家長和老師可能更喜歡專注力時間長和堅持度高的孩子，他們容易教導及感到開心。但是，很少有孩子符合這種理想的描述。事實上，大多數家庭中都有不同氣質的孩子，而老師在工作中更是面對種類繁多的孩子。

老師會發現向父母提供有關氣質的資訊很有幫助。對氣質的理解可以幫助父母和老師鼓勵自己接受，而不是對孩子抱持不切實際的期望。每個孩子——每一種氣質——都擁有長處和短處、優點和缺點。沒有「好」與「壞」，正如我們已經看到的那樣，比較和判斷可能導致挫折與失望。有效的教養和教學會幫助每個獨特的孩子發揮自己的優點與面對自己的缺點，並提供機會讓孩子學習可以終身使用的技能。

所有父母最終都必須認識並接受，孩子的夢想和氣質與自己不同。

伊凡的父母是藝術界人士，專門設計漂亮的壁掛和非傳統服裝。他們擔心伊凡在幼兒園上沒有獲得充分的藝術表達機會，因為伊凡回家時，衣服上從未沾有油漆，指甲下也不曾藏著黏土。事實上，伊凡有很多機會去探索藝術世界，只是不感興趣。伊凡是一個精準、有秩序的小朋友，喜歡安靜地拼拼圖或用積木蓋東西。他的感覺閾限讓他感覺油漆很滑，或是糊糊的黏土很討厭。伊凡的父母根據自己的氣質，而不是兒子的氣質在觀察。當老師向他們解釋伊凡的氣質面向時，他的父母很感激。現在他們開始接受伊凡的獨特性，並鼓勵他追求自己的夢想，而不是他們的夢想。

尊重情境需求

我們想再次強調，認識兒童氣質將幫助你理解，為什麼不同的方法對某些孩子比其他孩子更有效。有一些普遍的原則，例如，每個人都該保有尊嚴和被尊重的權利，但這不代表你可以要求孩子以尊嚴和尊重對待你——或是孩子會自動知道該怎麼做。

例如，在學校的情境需求是孩子必須學習，尊重自己和彼此。給予孩子一種以上的學習或做某種活動的有限選擇，將符合這種情境需求；考慮孩子的氣質，並仍然尊重每個與這個情境有關的人。一個專注力時間持久的孩子可能需要藉由鼓勵來擴大視野以涵蓋各種不同的興趣和活動。

每個人都必須學會為自己的尊嚴和自尊承擔個人責任。你不能要求孩子尊重你，但你可以尊重自己。如果孩子表現得不尊重，你可以選擇離開房間，或找到另一種正向教養的方法來處理這種行為。因為孩子的行為需要訓練，如果因此就撤銷給孩子的愛或包容，不但無效，也不尊重孩子。

馬蒂做任何事都全心投入。他媽媽將這個四歲的兒子形容為「充滿熱情」，在適當的情況下，這是一種令人欽佩的特質。一天下午，馬蒂的媽媽告訴他，該收拾蠟筆了，但馬蒂不想停止著色，他的臉因憤怒而緊繃。他抬起下巴，在一陣憤怒下，將蠟筆丟向媽媽。馬蒂的媽媽可以理解他的沮喪，但感受和強烈的氣質並沒有給他虐待別人的權力。馬蒂的媽媽深吸一口氣，控制自己的憤怒，然後離開房間，沒有說出任何一句評語。

馬蒂大喊大叫著。他媽媽保持冷靜，走進自己的房間。幾分鐘過去了，馬蒂開始意識到，當周圍沒人注意時，發脾氣感覺起來很愚蠢。馬蒂四處尋找著媽媽。

當他在媽媽房間找到她時，馬蒂爬到她的床上，無言地依偎在她身旁。媽媽意識到她有一個選擇：她可以對馬蒂說教，述說他的行為無法令人接受，並將他帶到隔壁房間去撿蠟筆，或者她可以回應他想要親近的願望。她最後選擇給小兒子一個擁抱。

在他們建立起一個良好連結後，媽媽告訴馬蒂，有時感到憤怒沒關係，但是他不該向她或任何人扔東西。他依偎得更近，點點頭表示他知道自己不應該扔東西。在一小段安靜的時間後，媽媽問他是否需要她幫忙撿起蠟筆，還是他可以自己做。馬蒂從床上跳起來，在又一次擁抱後，衝去收拾他的蠟筆。

馬蒂是否透過向母親扔蠟筆來「逃避」不當行為的後果？實際上，馬蒂的母親選擇以一種允許她和兒子展現各自氣質的方式來處理這個情況。如果她大喊，要求立即服從，或者懲罰馬蒂，情況可能變成雙方情緒都過於激動。相反地，她透過移除自己這個目標來尊重自己的需求，示範自我控制，並給自己冷靜的時間。她透過擁抱讓馬蒂知道，他仍被愛，然後邀請他在平靜下來後，去撿起蠟筆來彌補這個情況。

馬蒂和他媽媽都學到如何應對強烈的氣質。氣質和強烈情緒不是不當行為的藉口。考慮一個人的自然傾向，只是為了提供你觀點、指導你反應，並提醒你，孩子總是需要你的愛——特別當他努力在提升自己的生活技能時。

給父母和幼教老師的正向教養技巧

正向教養技能可以適用於所有氣質的孩子，因為這些技能邀請孩子學習合作、責任感和如何生活。然而，認識氣質有助於我們理解，為何必須根據個別孩子的氣質與需要，採用不同的方法。

例如，正確地使用積極暫停會是一種鼓勵方式，用來幫助需要時間冷靜和消除怒氣的孩子（參閱第一章）。家庭會議和班級會議在幫助孩子學習解決問題和合作的技巧上至關重要（參閱第十六章）。啟發性提問能鼓勵孩子關注個人責任，因為他們會探究發生的事情、發生原因、對此的感受，以及下次可以選擇怎麼做。當父母和老師理解並尊重每個孩子的差異、個性和創造力，他們可以幫助孩子發展出自己最好的樣子。

對老師和其他照顧孩子的人來說，了解孩子氣質的父母可以成為知識豐富的顧問。例如，如果你的孩子適應力慢，和老師開會，向老師解釋孩子適應力慢，但他能對別人的耐心和堅定溫柔的態度產生良好反應。如果孩子專注力時間短，請尋找一位珍視創造力，並能在日間提供孩子多元體驗的老師。避開會要求孩子花很多時間坐著不動，並懲罰不符合期望孩子的專制老師。確認促使你動作的是孩子的氣質，而不是你的氣質，你應該永遠做孩子最好的擁護者和支持者。

遵守規矩的孩子才是好孩子？

父母和老師可能不會意識到，當（通常是無意識地）接受完美孩子的迷思時，他們將如何壓制孩子的個性和創造力。大人很容易傾向喜歡「易養型」的孩子，或希望孩子符合社會常規。父母的自我經常涉入其中，因為我們擔心別人的想法，並害怕如果孩子在別人的眼中「不好」，我們的能力將會受到質疑。

切斯和湯瑪斯研究氣質的主要動機之一，是希望社會停止將孩子氣質特點歸咎於母親。切斯和湯瑪斯說：「孩子的氣質會主動影響父母、其他家庭成員、孩子玩伴及老師的態度和行為，並反過來塑造它們在孩子行為上的發展。」透過這種方式，孩子和父母的關係是雙向的，每個人都在持續相互影響。

認識氣質、個性和多樣化的重大價值，可以幫助父母避免因缺乏資訊和理解，而出現批評與排斥。

無條件愛你的孩子

大多數父母都有想在孩子身上實現的夢想。毫無疑問地，你希望孩子健康快樂，但更重要的是，你希望他能實現你在他身上看到的所有潛能。你可能會有孩子成為明星運動員、音樂家、獲得諾貝爾獎的科學家，甚至（是的，這是真的）美國總統的願景。

威爾十分期待兒子出生。他自豪地將新生兒抱進一個裝飾著三角旗[34]和有他獎盃的房間，他在房間的嬰兒床上，還放了一顆藍色的迷你足球。隨著小凱文逐漸成長，爸爸幫他報名每一種不同的運動。威爾從不會忙到沒時間踢足球或做擊球練習。凱文和其他五歲小孩一起玩樂樂棒球，並和青少年聯盟的球員一起踢足球。他有一個迷你的籃球架和一個保養良好的棒球手套。他父親從不會錯過任何一場練習或比賽。

問題只有一個：凱文討厭運動。他盡力而為，但他沒有天分，而他厭惡競爭。他獨自在房間時，會夢想自己成為演員或喜劇演員，站在舞台上，面對一群微笑與喝采的觀眾。他將他的絨毛動物玩偶排成一列，對它們講述最喜歡的故事和笑話，並在腦海中想像它們熱烈的反應。他用荒誕的故事來娛樂他的鄰居好友。

當威爾熱切地跟兒子討論「主修」的問題時，凱文只能嘆氣。打破他父親的夢想需要超出他所擁有的勇氣，然而他害怕失去父親的愛和認同，所以他繼續比賽。但每場比賽只是讓他變得更沮喪。他對自己永遠不會是父親真正想要的兒子感到失望。

威爾愛兒子嗎？毫無疑問。但是，表達愛最美好的方式之一，就是學會愛那個孩子——而不是你希望擁有的孩子。所有父母都對自己的孩子懷有夢想，那並非壞事。不過，如果我們想培養孩子的自尊和歸屬感，必須花時間教導和鼓勵他們的夢想——而那並非我們的夢想。

34 美國各種球賽聯盟的冠軍球隊展示用的旗幟，一般為三角形狀。

追求進步，不要追求完美

即使能夠理解並有著最好的意圖，大部分父母仍偶爾會對孩子的氣質和行為感到棘手，特別是當他們失去耐性、只關心自己的自尊，或困在只想對行為做出直覺反應，而不是三思而後行時。你和孩子都是人，你們會有情緒好的時候，也有脾氣壞的時候。察覺和理解並不代表你要變得完美，錯誤是不可避免的。但是在犯錯後，一旦有時間冷靜，你便要與孩子進行和解。孩子通常更願意擁抱與原諒，特別當他們知道你會為他們做同樣的事情時。重要的是，幫助孩子追求進步，而不是完美。你也可以把同樣的禮物送給自己。

理解與尊重孩子的氣質

德瑞克斯認為父母和老師，對孩子使用溫和且堅定的教養方式最有效。理解氣質，為我們展現出這一點有多重要。溫和能表現出尊重孩子和他的獨特性；堅定則表現出尊重情況需求。透過理解和尊重孩子的氣質，你將能幫孩子充分發揮潛力，讓他成為一個有能力、自信和滿足的人。而這還有一個附加的好處：你可能會得到更多的休息、笑得更多，並在過程中學到很多關於你和孩子的知識。

第7章

「不要用這種口氣跟我說話！」

——情緒與溝通的藝術

你現在怎麼對孩子說「我愛你」？想像一下，如果你跪在他面前，直接看著他的眼睛微笑，並用最溫暖的語氣說：「我愛你。」那會是多麼有力量。

感受有時令人困惑，而學齡前兒童的世界充滿各式各樣強烈的感受。有時候花一點時間，看看孩子如何處理沮喪或憤怒。他可能把玩具扔到房間另一頭、跺腳、提出要求、倒在地上鬧脾氣，或哭著趴倒在地。事實上，孩子可能會在幾分鐘內完成上述所有的動作。

對大人來說，處理情緒已經夠困難了，對幼兒來說，還多了另一種困難：他們還不了解情緒是什麼，或者該如何辨識與談論，更不用說如何有效處理了。當大人告訴孩子他不該那樣感覺時，不會有任何幫助。而「不要那樣做」很容易被解讀成「不要那樣感覺」。

理解並與孩子溝通，代表要破解他的非言語線索、理解他的感受，並幫助他理解那些感受。這代表著教導孩子，他可以擁有任何**感受**，但他所做的**事情**可能是不行的。換句話說，對弟弟感到生氣可以，但打他就不行。學會認識和處理孩子的感受，是了解他行為和信念相當重要的一步。

感受與情緒不同

研究人員發現一個有關人類大腦的有趣事實：情緒遠非兒童和大人偶爾湧出的狂亂衝動；情緒由邊緣系統產生，實際上是為人腦添加燃料的能量。感受是你的氣壓表，一種了解你是否安全舒適或需要某種幫助或支持的方式。感受的目的在於為你提供寶貴的訊息。事實上，其中一些感受，像是恐懼，會避免你做出愚蠢的行為。留意自己的感受，可以幫助你決定要做什麼，或讓你知道自己需要改變。當人類學會傾聽感受傳達的深層訊息，而不是抑制它們時，將獲得至關重要的資訊。

幼兒擁有與父母和老師一樣的情緒。然而，這裡有個顯著的差別。正如你在第四章學到的那樣，前額葉皮層（負責情緒調節）直到二十五歲才完全發育完成。學會辨識和處理感受是一個會花費孩子許多年的過程。和其他許多教養領域一樣，孩子需要你的耐心、理解和溫和堅定的教導。

正如他們學習生活中其他事物一樣，孩子透過觀察大人來學會應付自己的感受（請記住，你和孩子都有鏡像神經元，這讓你們容易「捕捉」彼此的感受）。父母經常透過顯露或完全壓制情緒來處理困難的情感。你可能認為自己隱藏了拒絕表達的感受，但它們仍會影響你和你周圍的人，結果通常比你提前適當地表達感受更具破壞性。

事實上，**感受本身不會引發問題。某些行動（或根本不採取行動）才可能引發問題。**有些人把感受與情緒表達放在同一類別。然而發脾氣是一種情緒表達、抑鬱表現可能是一種情緒表達，不過感受就是感受，無論年紀多大，每個人都有感受。

教導孩子分辨感受與行動

幫助孩子辨識感受並恰當地表達很重要。兒童（和大人）需要了解感受與行動的不同。許多大人對承認和表達感受感到困難。雖然這些感受經常以憤怒或抑鬱的形式宣洩，但壓抑感受通常看起來更容易（或更有禮貌）。這種否認感受的錯誤模式經常會影響孩子。想想這個熟悉的對話：一個憤怒的孩子說：「我討厭弟弟！」一位大人回答說：「不，你沒有。你知道你愛你的弟弟。」若換個說法對孩子這麼說，可能更有幫助：「我可以看出你現在感到多麼地生氣和受傷。我不能讓你踢弟弟，但也許我們可以找到一種方法，幫助你以一種不傷害任何人的方式表達感受。」

幼兒經常選擇以不適當的方式來表達感受，不是因為他們「壞」或有惡意，而是他們不知道如何處理那些沖刷他們的情緒浪潮。讓我們來看看你如何教導孩子接受和理解他的感受，並且以不僅能讓他感覺更好，還能幫助他找到解決生活問題的方法來表達情緒。

學會信任你的感受

感受是具有能量的言語。英文的「情緒」（emotion）一詞詞根是「移動」（motion），感受和情緒確實在心理、言語或生理層面都讓我們有所變動。情緒的能量可以積極，也可以消極。你無法看到或聽到（即使你能感覺它），因此有些人試圖忽略（並教導孩子忽略）。這是不明智之舉，因為當你學會信任感受時，感受的能量可以為你提供寶貴訊息。大人和孩子在他們的臉上、聲音中，以及移動或站立的方式裡表達情緒的能量（從這個意義上來說，你可以看到它）。因為學齡前兒童仍在發展他們的語言技能，他們相信這種非言語的溝通訊息遠遠超過單純的言語。

三歲的凱爾跳著跑進廚房，他母親琳達正在準備晚餐，然而已經快要趕不及聚會時間了。「看，媽媽，看——我畫了一架飛機！」凱爾嘴巴說得都冒泡了，興奮地揮舞著他的圖。

「那太好了，親愛的。你真是一個藝術家。」他匆忙的母親頭也沒抬地回答。

毫無疑問地，琳達的意圖很好，她說的話也絕對沒錯，但凱爾注意到她的手繼續在磨碎要加進燉菜鍋裡的乳酪，她的眼睛也沒有看著他的飛機。凱爾真正接收到的訊息是什麼？

五歲的溫蒂在幫爸爸做午餐。她弟弟正在發脾氣，而爸爸則一邊做著烤奶酪三明治，一邊看著電視上的足球比賽。溫蒂勇敢地幫忙倒牛奶，但厚重的牛奶盒卻從手中滑落，快兩公升的液體就這樣灑在廚房地板上。

溫蒂膽怯地抬頭看著父親的臉。「我很抱歉，爸爸，你生氣嗎？」她說。

爸爸的眉毛令人不安地下垂，他的下巴緊縮著，當他說話時，聲音聽起來又乾又扁。「不，我沒有生氣。」他說。當溫蒂忍不住大哭時，他一點也不懂為什麼。

桑托斯女士正在為她四歲孩子的班級讀一段午睡時間的故事。她還無法休息，因為替代她的老師沒有出現，也沒有代課老師有空。小艾莉看著老師問：「妳不喜歡這個故事嗎？」

桑托斯女士驚訝地看著艾莉，回答說：「我當然喜歡啊。為什麼這麼問呢？」

艾莉回答：「因為妳的臉都皺成一團了。」

非言語溝通的力量

隨著孩子成長與發展，你需要不斷地注意傳遞給他的訊息——以及你的言語和行為是否一致。孩子注意我們所做的，甚至會比所說的還更多。例如，說「我愛你」可能不是向孩子傳達訊息最有效的方式。當然，經常說出這些話語（並且真心地說）很重要，但是僅依靠言語並無法將這個關鍵訊息傳遞給你的幼兒。

☺眼神接觸

你有時可以試試這個實驗。與某人背靠背站著，試著告訴他，發生在你身上的事情，或是解釋你現在的感受。如果你像大多數人一樣，會發現自己想要抬起脖子，轉過身來看著夥伴的眼睛。

在西方文化中，眼神接觸表示注意力。一位優秀的公眾演講者會與觀眾進行目光接觸，而這樣做能讓觀眾參與演講。同樣地，與孩子進行目光接觸是在表示他很重要，抓住他的注意力，並提高訊息的效力。

遺憾的是，父母通常在某些特定場合才會進行目光接觸。你能猜出是什麼場合嗎？大人往往會在生氣或說教時與孩子進行直接的目光接觸，從而把他們最有力的溝通保留給最負面的訊息。托妮·莫里森[35]曾經在《歐普拉秀》[36]上問過一個尖銳的問題：當你的孩子走進房間時，你的眼睛會亮起來嗎？

重要的是要認識到，在某些文化中，直接的目光接觸被視為不尊重的象徵。一位老師認為一個孩子避免與她目光接觸，是因為他「偷偷摸摸」在做其他事情，但一旦她理解到這名幼兒在其文化中，以缺乏目光接觸來表示尊重後，就改變了想法。當她理解到他欠缺目光接觸所傳達的訊息後，她的態度轉變了，她與這個孩子和他的家人也變得能更有效地溝通。

☺姿勢和位置

與孩子進行目光接觸可能不像聽起來那麼簡單。如果沒有人幫忙，孩子看到的往往只是你的膝蓋。若是你想溝通，請降低到他的高度。跪在他旁邊、坐在他旁邊的沙發上，或者將他放在一個櫃檯上（只要你抓好他），讓他的眼睛可以舒服地看到你的眼睛。現在，你不僅可以在與孩子交談時保持目光接觸，而且你也消除了有時在大小和高度上壓倒性的差異。另外，要注意你的姿勢所傳達的訊息：例如，交叉的手臂或腿可能表示對抗或敵意，孩子會很快注意到。

蘇珊試圖哄她的女兒米雪兒，要她分享覺得煩心的事。

「來吧，親愛的，我真的很想幫忙。」蘇珊輕輕地說。

米雪兒猶豫著，然後說：「但妳可能會生我的氣。」

蘇珊鼓勵地笑著回答：「米雪兒，我保證不會生氣。我關心妳，希望妳能告訴我任何事情。」

米雪兒想了一會兒，然後抬頭望著母親的臉說：「我會告訴妳，如果妳答應在看著我時，不要閉緊嘴唇。」

可憐的蘇珊——她努力無條件地想要接受與愛。然而，她女兒能夠讀出背叛她真實感受的肢體語言。當蘇珊的言語和表達一致時，米雪兒將能更自在地與母親真誠對話。

---

35 托妮．莫里森（Toni Morrison）為美國非洲文學的重要作者，於一九九三年獲得諾貝爾文學獎。

36《歐普拉秀》（oprah show）全名為《歐普拉．溫芙蕾秀》（*The Oprah Winfrey Show*），是美國一個著名的脱口秀節目，以主持人歐普拉．溫芙蕾為名。自一九八六年開播，至二〇一一年停播。

☺ 語調

語調可能是所有非言語工具中最強大的一個。試著說一個簡單的句子，例如：「我幫不了你」，並且每次都強調不同的字。這句話的意義有什麼變化？如果你選擇一種特別冷淡的語調，即使像是「祝你有美好一天」這樣無傷的短句，也會變得有毒。通常傳達訊息的是你說話的方式，不是你所使用的詞語。請記住，孩子對非言語溝通的細微差別特別敏感。

☺ 臉部表情和觸摸

當你感覺特別憂鬱時，如果朋友微笑地拍拍你的肩膀，或是給你一個友善的擁抱，對你有幫助嗎？你看著孩子的方式及你使用雙手的方法，可以在不需要說出任何一個字的情況下，非常有效地進行溝通。

湯米蓋著毯子，蜷縮在沙發上，他得了流感，而且感到很不舒服。爸爸走過去，調整毯子，輕輕揉揉湯米的頭髮。

有沒有什麼訊息被傳達了？很可能在沒有說話的情況下，湯米知道父親關心他、想要幫助他，並希望他能很快感覺更好。

讓我們回到開始的地方。你現在怎麼對孩子說「我愛你」？想像一下，如果你跪在他面前，直接看著他的眼睛微笑，並用最溫暖的語氣說：「我愛你。」那會是多麼有力量。現在，言語和非言語的暗示彼此能配合了——一個大大的擁抱可能隨之而來！非言語溝通教導孩子關於連結、感受，以及最終與它們相配合的話語。

非言語溝通的要素

- 眼神接觸。
- 姿勢和位置。
- 語調。
- 臉部表情和觸摸。

積極傾聽

積極（或反映式）傾聽是另一種有效的溝通工具。在你教養孩子或孩子即將成為青少年時（比你想像的更快），這種工具會很有幫助。積極傾聽是觀察和聆聽感受，並將其反映出來的藝術。積極傾聽不要求你同意孩子的感受，但它可以讓孩子感受到連結與理解——所有人都需要——

並提供機會探索和澄清那些被稱為情緒的神祕衝動。

四歲的克莉絲穿過前門，大力地關上門，猛烈的力道讓牆上照片搖晃得嘎吱作響，然後她很快地滿臉是淚。「譚美拿了我的球，我討厭她！」她哭著說。然後，克莉絲在一陣啜泣中撲倒在沙發上。

她媽媽黛安從正在處理的帳單上抬起頭。她忍住責備克莉絲大力關門的衝動，平靜地說：「妳看起來很生氣，孩子。」

克莉絲想了一會兒，抽著鼻涕傷心地說：「媽媽，譚美比我大。她拿走我的東西不公平。」「被一個大女孩欺負，一定非常令人沮喪。」黛安說，仍然專注於反映女兒的感受。「是啊，我很生氣，我不想和她一起玩了。」小女孩堅定地說。她靜靜坐了一會兒，看著黛安在信封上蓋章。「媽媽，我可以去後院玩嗎？」

黛安給了女兒一個擁抱——和更多其他的東西。

透過簡單反映女兒的潛在感受（積極傾聽），黛安避免了說教、拯救或忽視女兒的感受。她讓克莉絲有機會探索正在發生的事情，在這個過程中，克莉絲發現了解決自己問題的方法。在其他時候，黛安或許可以和克莉絲討論如何避免未來發生問題——也許可以問她能做些什麼來表達憤怒，而不是大力關門。

黛安也表達了對女兒感受的尊重。父母經常不同意（或不能完全理解）孩子的情緒，但積極傾聽並不需要你同意或完全理解。它讓孩子感受到自己被傾聽，並讓他知道有什麼樣的感受都不會有問題。以愛和理解來確認孩子的感受，為真正的連結和問題解決打開大門，並努力建立你們終身在愛與信任上的關係。

假設孩子做出以下陳述。你會如何回應？

- 「不！我不想午睡！」
- 「我想要有一個像那個寶寶的奶瓶。」
- 「我討厭看醫生。」
- 「沒有人會讓我和他們一起玩。」

父母有時會以這樣的「成人主義」回應：「你怎麼永遠不會……？」「你什麼時候會……？」或是「我要告訴你多少次……？」父母經常試圖和孩子理論，叫他擺脫自己的感受，並希望藉此改變他的想法或幫他感覺更好。這些嘗試聽起來可能像這樣：

- 「你當然需要午睡，你六點就起床了。你什麼時候才能了解你需要休息？」
- 「別傻了。只有嬰兒要使用奶瓶，你現在是個大男孩了。」
- 「我一直告訴你，你要看醫生才會好。」
- 「為什麼？親愛的，你知道你有很多朋友。我們不如這樣……。」

以上每個例子都可能讓孩子感到被誤解和產生防衛——這可能導致你們爭吵並產生挫折感。

積極傾聽聽起來可能像這樣：

- 「因為不能再玩玩具，你看起來很失望。你剛剛玩得很開心。」
- 「聽起來你已經忘記所有對新妹妹的煩惱了。還可以告訴我更多嗎？」
- 「有時我也會怕看醫生。」
- 「對於被大孩子忽視，你似乎很難過。」

這些回應沒有下任何判斷，並為孩子打開大門，讓他們能進一步探索自己的感受。問他們「還有更多想說的嗎？」表示傾聽的意願，並可能幫助孩子發現更深層及被埋藏的感受。

像多數大人一樣，有時所有孩子真正需要的只是有人傾聽和理解。積極傾聽將幫助孩子了解自己的感受（以及表達它們的適當方式），並幫助你專注於真正重要的事情。

處理孩子的憤怒和沮喪

像大人一樣，孩子有時也會感到憤怒和沮喪。畢竟，幼兒無法理解或沒辦法做的事情很多。不幸的是，幼兒還沒有足夠的技能或成熟度，以大人可以接受的方式來表達憤怒和挫折感——這就是為什麼憤怒的孩子通常被視為行為不當。大人和小孩都需要找到可接受、積極的方式來處理感受——就算是困難的感受。

當你生氣或極端情緒化時，在大腦中會發生一件有趣的事情。前額葉皮質——負責調節情緒、控制衝動和下良好判斷的部分——基本上是「斷線」的，並只把生理感官與感受留給你（這通常稱為「失控」，是所有父母終究會體驗到的狀態）。請記住，鏡像神經元可以很容易地捕捉強烈情緒。當你失控時，孩子可能也會這樣做——反之亦然。如果沒有前額葉皮質，就不可能有效地解決問題，這就是在企圖處理問題**之前**，採取積極暫停來冷靜非常重要的原因。

當一個孩子生氣時，大人通常稱為「鬧脾氣」。給孩子一個擁抱或一次積極暫停（並且理解幼兒根本還不能以成熟方式處理強烈的情緒）是有用的第一步。有時候讓孩子感覺憤怒（不要拯救或試圖「修復」他的感受）直到憤怒消失，是最有幫助的。之後，你可以用啟發性提問來幫助孩子，了解他的感受並找出解決辦法。

父母和托育人員可以做更多來回應孩子的憤怒，而不只是覺得他們「鬧脾氣」。在孩子平靜下來後，你可以教孩子注意他為什麼生氣。你也可以讓他認識到，憤怒是一種深層的身體情緒，並幫助他發展應付憤怒的方法。

情緒素養的重要性

麥可・湯普森[37]、丹・金德倫[38]、威廉・帕列克[39]和其他研究人員發現，雖然沒有任何孩子一出生就有「情緒詞彙」，但對父母來說，與兒子一起使用描述情緒的詞彙可能特別重要。男孩經常比女孩更慢發展出情緒技能。此外，西方文化經常將諸如恐懼、悲傷或孤獨等感覺標記為「弱」，並鼓勵男孩壓抑。使用簡單、準確的言語來反映和描述情緒，可以教孩子辨識感受，並促使他——透過時間和練習——「用說的」，而不是用行為來表達。

如何幫孩子辨識感受？

這裡有一些你可以用來幫助幼兒探索與表達強烈情緒的方法。

- 請孩子畫出情緒的感受。它有顏色嗎？有聲音嗎？
- 請孩子透過說話而不是鬧脾氣來表達感受。大多數孩子無法有意識地察覺感受，因此缺乏準確的言語，你可能要嘗試對這些感受提出可以簡單回答「是」或「否」的問題。例如：「你聽起來感覺很受傷，並且想要討回公道。」「你是不是很難控制憤怒？」「當你沒有得到想要的東西時，它會讓你生氣到無法忍受嗎？」當你正確猜測孩子的感受時，他會感覺受到肯定，並對自己被理解感到放心。

- 當孩子生氣時，請他注意身體變化。因為憤怒會引發生理反應（釋放腎上腺素，心跳和呼吸加快、血管擴張等），大多數人真的會在**生理層面**感受到憤怒。如果孩子說話時，拳頭緊握、感覺肚子裡有個結，或者覺得臉很熱（全都是常見反應），你們可以一起幫助孩子認識他從什麼時候開始變得憤怒，並在憤怒失控前提供方法讓他冷靜（大人也可以從關注身體的暗示中受益）。
- 準備一張表達情緒的圖表，和孩子一起參考，問他：「在這些圖表中，是否有任何表情可以表達出你的感受？」
- 提供一種可接受的方式來處理憤怒。你可以透過讓孩子在後院跑步，打「兒童充氣沙包」，甚至假裝自己是一隻凶猛的恐龍，幫孩子透過肢體表達感受（在孩子表達出感受後，留下來和他談談）。有些幼兒園會有「憤怒箱」，它是一個差不多膝蓋高的紙板箱，可以讓憤怒的

37 麥可・湯普森（Michael Thompson）博士是傑出的兒童心理學家，專門教授關於男孩發展的問題，並在全美各地推動由父母、老師及學生一同參與的問題解決工作小組。

38 丹・金德倫（Dan Kindlon）博士任職於哈佛大學超過十五年，教授兒童心理學與行為研究，本身也從事男孩與家庭的心理治療。與麥可・湯普森博士合著《該隱的封印：揭開男孩世界的殘酷文化》（*Raising Cain: Protecting the Emotional Life of Boys*）一書。

39 威廉・帕列克（William Pollock）博士為美國臨床心理學家，是哈佛大學醫學院附屬麥克萊恩醫院（McLean Hospital）男性中心聯合主任及哈佛醫學院臨床精神病學助理教授。著有《教養新好男孩》（*Real Boys: Rescuing Our Sons from the Myths of Boyhood*）。

孩子在生氣時站上去，在上面跳躍或大喊。有時候老師也會使用。另外，對著枕頭尖叫或玩培樂多黏土，也可以幫助發洩情緒並恢復平靜的心情。

- 教導孩子緩慢呼吸的技術。緩慢且專注的呼吸是一項實用的方法，孩子（或大人）隨時隨地都可以做。練習吸氣、呼氣，每次在你吸氣和呼氣時，慢慢數到四，這樣做幾次呼吸。年齡大一點的孩子可以學著自己測量脈搏，他會發現緩慢呼吸也能讓心跳變慢，這將是一個多麼令人興奮和賦予孩子能力的發現！
- 詢問孩子，在他發洩強烈情緒前，使用積極暫停讓自己冷靜，是否有幫助（如同我們在第一章中的說明，這只有在孩子理解積極暫停的概念時才有效）。你可以和孩子一起去暫停區或自己去，藉此表達你對積極暫停的支持或需要。
- 使用書籍和圖片開啟關於憤怒和其他情緒的討論。關於憤怒和情緒，可以參閱兩本好書：芮秋・費爾的《有時我是隻爆爆龍》[40]及詹南・凱恩的《我感覺的方式》[41]。上面有不同人展現不同感受的圖片。它會教導孩子認識臉部和肢體語言的訊號，並給這些感受取名，有助於發展同理心。它還能幫助兒童辨識自我情緒和伴隨而來的身體訊號（當你和孩子都很冷靜並可以一起討論所學內容時，這是最好的技巧。）。
- 幫孩子創造一個「憤怒選擇輪」。他可以從選擇輪中選擇一樣可以幫助他以非破壞性方式表達憤怒的事物。你可以運用註[42]列出的想法或加入你的想法。
- 讓孩子擁有最後決定權。說服孩子擺脫感受或嘗試為他解決問題，對他並沒有幫助。對孩子有信心，讓他的感受持續到自然結束，在他平靜後，請你專注於教導技巧，讓他可以為問題尋找解決的辦法。

憤怒不是幼兒必須學會處理的唯一一種困難情緒。透過練習積極傾聽、花時間理解，並使用上述的一些想法，大人還可以幫助孩子誠實面對嫉妒、恐懼、悲傷，以及作為人類生存一部分的所有情緒。

當許多孩子在一起時，衝突經常急速加劇。對老師來說，可以讓孩子練習消除憤怒的方法，或是在憤怒時玩「讓我們假裝」的遊戲，藉此探索發生的事情。事先談論情緒並積極教導管理情緒的技能，可以提供孩子和老師一個在強烈情緒爆發時，可以遵循的程序。「憤怒選擇輪」是一個很有用的工具，能在課堂上示範和討論適當的行為，並提供應付強烈情緒的想法。

練習表達真實的情緒

父母（和老師）經常會好奇，應該與孩子分享多少自己的感受。就像生活中許多事情一樣，孩子透過觀察大人而學習。你管理（或無法管理）情緒的方式，會傳遞強烈訊息給孩子。如果你透過大喊大叫來處理憤怒，當幼兒也有樣學樣時，你就不該感到驚訝。另一方面，如果你能找到有助

---

40 芮秋．費爾（Rachel Vail）是獲獎經歷豐富的作者，除了撰寫過十幾本佳評如潮的小說外，也撰寫過許多深受喜愛的圖畫書。《有時候我是隻爆爆龍》（*Sometimes I'm Bombaloo*，暫譯書名）是其中之一。

41 詹南．凱恩（Janan Cain）是畫家、插畫藝術家、設計師。為了向她兩個女兒解釋情緒，開始從事繪本製作。《我感覺的方式》（*The Way I Feel*，暫譯書名）由此誕生，並獲獎無數。

42 當要製作憤怒選擇輪時，可以繪製一個分為六等分的圓餅圖，在各個等分內分別列上分享感受、畫出感受、開會議程（馬克——憤怒，莎莉——點心，荷西——午睡時間）、使用手偶來表達憤怒、搗黏土、槌木釘等。

於表達自己感受的方法，將能減少衝突，並為孩子提供一個處理情緒的美好示範。

正如你可能會發現的那樣，與幼兒分享你的世界可以激發各種有趣的情緒。在一天中，父母或老師可以感受到愛、溫暖、沮喪、憤怒、煩躁、厭倦、希望和絕望。孩子對他周圍人們的情緒非常敏感，即使你認為自己表現得很「正常」，他們的鏡像神經元及閱讀非言語訊息的能力，常常還是會讓他們感受到你的情緒。那麼，大人應該如何向孩子解釋和表達感受呢？

表達真實情緒往往是最好的方法。這不僅行得通，也可能是真正的智慧。冷靜並以尊重的方式告訴孩子：「我現在感到非常生氣。」注意到你在這句話中沒有說出的那些字。這與說「你讓我非常生氣」不同，沒有必要進行譴責或羞辱的陳述，簡單地向孩子解釋你的感受，什麼可以幫你處理自己的感受，並教導孩子行為可能導致的後果。你也要記住，幼兒在這個年紀以自我為中心，他們常常認為，無論你的感受是什麼，都與他們有關。對他們解釋你的感受和原因，可以省掉你和孩子之間產生的許多誤解和困惑。

一種有效表達感受的方式是使用「我感覺」的簡單公式，像是「關於＿＿＿＿＿＿我感覺＿＿＿＿＿＿因為＿＿＿＿＿＿，因此＿＿＿＿＿＿」（當你太情緒化而無法好好思考時，公式會派上用場），能讓你解釋感受和原因。

「我感覺」公式看起來可能像這樣：

- 「當木塊被扔進遊戲室時，我感覺很擔心，因為其他孩子可能會受傷。因此，在你平靜下來前，給你一點暫停時間是否會有幫助？還是你有另一種解決問題的方法？」
- 「當麥片被倒在地上時，我感覺很生氣，因為我很累，而且不想清理這堆髒亂。因此，如果麥片再被倒在地上，我就知道你決定不吃東西，你可以放下你的碗，或是讓我為你這麼做。」

- 「我感覺沮喪和挫折，因為汽車輪胎漏氣，我現在上班要遲到了。」
- 「我現在感覺很生氣，需要一點時間，直到冷靜下來為止，因為我不想做或說我之後會後悔的事。」

父母和老師也可以練習區分孩子與他有時會出現的不當行為。你可以向孩子保證他在你心中的地位，並鼓勵他努力了解他的世界，與此同時，仍然要教導他哪些行為或行動是不能被接受的。例如：

- 「我愛你，但當你生氣時，不能踢我。」
- 「我很高興你想在廚房幫忙，但你不能在爐子上融化你的蠟筆。」
- 「謝謝你的幫忙，但你還不夠大，因此不能幫忙修理吸塵器。」

（請記住，比起言語，行動是一種對幼兒更有效的教學工具。如果孩子有受傷或被傷害的危險，先溫和堅定的行動，然後再說。）

讓孩子悲傷或擔憂，沒問題嗎？

大人有時會覺得要保護孩子不受悲傷、失落和其他令人不愉快的生活現實影響，但最好的做法是盡可能對孩子誠實。正如我們提過的，家裡有什麼不對勁時，孩子通常會知道；而在沒有充分資訊的情況下，他們會以為自己做錯了。由於他們會以自我為中心，很容易相信是他們使壞事發生。我們不該要求孩子承擔過重的負擔，或對父母的問題負責任，但他們可以了解並分享正在發生的事情。這會讓孩子進入家庭，並幫助他們建立歸屬感和連結。

如果有家庭成員或心愛的寵物死亡，最好提供孩子資訊，幫助他理解發生的事情。我們很想告訴幼兒，爺爺在「睡覺」或「離開」了，但這可能會讓孩子害怕上床睡覺，或懷疑媽媽或爸爸是否也會沒預期地「離開」。死亡可以用簡單誠實的詞語解釋，我們可以幫助孩子悲傷和療癒（是的，孩子會感到悲傷，雖然他們的悲傷有時更像是煩躁，而不是難過）。沒有必要告訴孩子他們理解範圍以外的東西。或許你可以解釋，然而有許多大人也很難理解死亡，很多人對於死亡代表著什麼及之後會發生什麼事，有著不同的看法。讓孩子參與和死亡有關的儀式，如喪禮，對他們來說，可能比被排除在外來得不可怕。死亡是生命循環的一部分，若能如此看待，父母和孩子將能更容易面對死亡。

同樣地，如果家庭正在經歷經濟或其他壓力，父母可以給孩子簡單的事實，幫助他們理解，然後使用積極傾聽來探索和處理他們的感受。請注意，孩子會對家中的創傷事件產生強烈的感受和反應，例如離婚。單純假設他們會「好好的」並不明智。不要指責或評斷，花時間解釋發生的事情及它會如何影響孩子。讓孩子確實知道這不是他的錯，他是被愛和珍惜的。保持關注，使用積極傾聽來了解孩子的看法，讓他坦率表達自己的恐懼和感受[43]。

透過讓幼兒參與家庭生活，父母幫助他們了解什麼是感受及作為人的意義。經由探索和尊重孩子的感受，並誠實面對自己的感受，除了會培養孩子解決問題的技能外，你將與孩子建立起可以持續一生的信任關係和連結感。

花時間和所愛的人在一起

父母傳達愛和關懷的另一種方式在於他們怎麼花時間。孩子需要知道，你認為他們夠重要，值得你花時間在他們身上——這不需要花費大量時間。與孩子進行定期且一對一的聚會——我們稱為「特殊時光」——是你可以為孩子做的重要事情之一。很少有事情能像獨處和參與其中那樣，讓他們感覺到「我愛你」。

因為「特殊時光」的力量如此強大，我們不需要再更強調它的必要性。沒有人——大人或孩子——會不需要花時間和所愛的人在一起。

43 有關幫助兒童面對死亡或離婚的更多資訊，可參考簡·尼爾森、謝瑞爾·艾爾文、卡蘿爾·德爾澤爾，《給單親家庭的正向教養》（*Positive Discipline for Single Parents*，暫譯書名）；簡·尼爾森、琳·洛特、史蒂芬·格倫《正向教養A–Z：1001種解決日常教養問題的方案》（*Positive Discipline A-Z: 1001 Solutions to Everyday Parenting Problems*，暫譯書名）；羅思琳·安·達菲在《十大學前教養問題：如何處理它們》（*The Top Ten Preschool Parenting Problems: What to Do About Them*，暫譯書名）一書中的〈笑的時候，哭的時候：悲傷的過程〉（*A Time to Laugh, A Time to Cry: A Grieving Process*，暫譯）。

開始永遠不會太早

「我的父母就是不了解我。」

「我想和孩子談論性和毒品，但我不知道該怎麼做。」

「我擔心我家的青少年會惹上麻煩，但他們似乎不信任我……我就是不明白。」

「我永遠不會告訴父母我朋友和我做了什麼——他們只會生氣。我們根本就不說話。」

許多青少年——以及青少年的父母——希望事情會有所不同。他們希望彼此能夠有足夠的理解和信任，可以坦誠談論所面臨的問題和選擇。但很多時候是，不管他們多愛彼此，就是做不到。他們不能信任彼此、不能了解彼此，雖然改變永遠不會太晚，但等得越久，肯定就會變得越困難。

如果你有幸成為幼兒的父母，你就有一個千載難逢的機會。與孩子開始建立信任和坦誠關係的最佳時機，並不是在孩子成為青少年後，你突然意識到問題的嚴重性時；而是**現在**，當他還年幼時。花時間與孩子說話，傾聽他的白日夢、想法和感受，教他關於生活的事，而兩人一塊相處本身，就是你在未來永遠不會後悔的投資。

如果你是幼兒園老師，請記住幼兒學生與你一起度過的時光，將塑造他們看待自己世界的方式——在進行幼兒教育時，你真正能碰觸到未來。對於父母和老師來說，花時間了解情緒，並以積極的方式表達，將有助於建立讓愛與信任蓬勃成長的關係。

第8章

「為什麼孩子會那樣做？」

——不當行為傳達的訊息

行為實際上是一種訊息密碼，揭露出孩子對自己和生活的基本信念。當孩子行為不當時，他是在用唯一知道的方式（至少目前）告訴你，他感到沮喪或沒有歸屬感。

了解學齡前兒童的發展，並在工具箱裡裝滿正向教養工具，將有助於解決你與幼兒之間的衝突。了解孩子氣質、出生次序、大腦發育、生理與智識能力及技能學習等，也很有幫助。這些都是孩子早期多數行為的基礎。儘管如此，即使是最可愛的學齡前兒童也不完美，不當行為可能令人沮喪。為什麼孩子會行為不當？父母又應該怎麼做？

當卡莉的媽媽在處理帳單時，她正開心地在地板上玩耍。電話響了，媽媽接起電話——卡莉突然黏著媽媽的大腿，吵著要喝果汁。不管媽媽低聲催促多少次都無法讓她回去玩遊戲。為什麼？

阿爾伯托知道刷牙是他睡前日常慣例的一部分。他也知道這個步驟對爸爸來說非常重要。當阿爾伯托的爸爸拿著放好牙膏的牙刷接近他時，阿爾伯托雙臂交叉，皺起眉頭，緊緊地閉著嘴巴。阿爾伯托的爸爸威脅著、懇求著，並刷刷阿爾伯托的嘴唇，但阿爾伯托就是緊閉著嘴。為什麼？

這些孩子行為不當嗎？看起來確實如此。大多數父母都經歷過這樣的時刻，並努力想找出解決的辦法。正如你即將學到的，在你可以幫助孩子選擇不同的行為前，你必須了解孩子為什麼這麼做，以及他想要透過行為實現的目的。

行為實際上是一種訊息密碼，揭露出孩子對自己和生活的基本信念。當孩子行為不當時，他是在用唯一知道的方式（至少目前）告訴你，他感到沮喪或沒有歸屬感。當你學會破解密碼時，你會發現你的回應（以及孩子最終的行為）會發生變化。

有一則寓言鼓勵我們在譴責或批評別人行為前，先穿著對方的鞋子走上一英里路。當你能夠進入孩子的世界（並穿上他的小鞋子）時，他的行為可能會開始變得有意義。

何謂不當行為？

父母有時會將任何非典型的行為都視為不當行為。請你站在孩子的立場上想一下，努力進入他的世界。

四歲的理察和媽媽一起待在家，他的水痘正在痊癒。媽媽不得不休幾天假，並且需要花一點時間在電話上，才能跟上生意的進度。一天下午，在一通特別長的電話後，她走進理察的房間，發現他正全神貫注地在使用永久性麥克筆。這位富有想像力的小男孩看著水痘斑點，想到他著色書裡的點到點連線。理察已經脫掉衣服，忙著用麥克筆從一個斑點畫到另一個斑點。他全身覆蓋著連接紅色水痘斑點的顯著線條。

理察的媽媽聰明地意識到這不是不當行為。他沒有試圖引起注意或弄得一團糟，事實上他非常有創意。理察發現他的身體看起來像一幅大型的點到點圖畫，他只是在連接這些點。他媽媽做了什麼呢？她讓她的幽默感接管這個情況。她去拿了可擦洗的麥克筆，並與他一起完成了點的連結。

對媽媽來說，她大可責備和羞辱理察。整件事可能惡化到交織著淚水和痛苦。然而，媽媽為理察珍貴的童年時刻保留了空間。當理察當了爸爸，和孩子一起坐在奶奶桌邊，講「記得當時……」的故事時，理察和媽媽都會大笑，因為他們會想起理察那幅點到點的水痘圖，一起重溫很久以前共享的那個充滿趣味和愛的時刻。

> 某天傍晚，當三歲半愛爾希的爸爸從幼兒園接到她後，立刻注意到愛爾希前面的頭髮明顯比早上短。「今天有人剪了愛爾希的頭髮嗎？」這位困惑的父親問老師。
>
> 老師回答：「不，是她自己剪的，愛爾希最近一直在練習怎麼使用安全剪刀。」

愛爾希的行為不當嗎？當她爸爸進入愛爾希的世界後，他了解愛爾希正在積極探索剪刀的奧祕。她今天發現了剪刀可以剪頭髮。爸爸可能不喜歡女兒的新髮型，而他肯定會向愛爾希解釋，他寧願她沒有剪自己（或任何其他人）的頭髮。他也可能告訴他勇敢的女兒：「讓我們找一些妳可以剪的東西。」這位爸爸知道愛爾希的實驗是一種學習。頭髮還會再長。愛爾希犯了一個錯誤，而她的父親會幫助她從中學習。

這兩個孩子的行為表現都符合適性發展，而且很有創意。然而，我們很容易將這兩種情況都解釋為不當行為。

那麼你怎麼知道什麼時候發生的行為是不當行為呢？關鍵是挫折感。對自己能力感到挫折的孩子，很可能會出現不當行為。理察和愛爾希都沒有挫折感；相反地，他們正在探索周圍的世界（他們的父母和老師可能應該監督永久性麥克筆和剪刀的使用）。

理察的行為有可能變成不當行為，如果他不讓媽媽講電話，而是要她陪他玩；也有可能是為了獲得注意力或權力，這是尋求歸屬感的錯誤方式。如同你已經學到的，人類的主要需求是有感、價值感和重要性。當一個孩子認為他沒有歸屬感時，會感到挫折。出於這種挫折，孩子會選擇德瑞克斯——《孩子的挑戰》一書作者——所說「不當行為的錯誤目標」。孩子錯誤地相信這種行為會幫他重新獲得歸屬感。當你認識到當孩子有不當行為，或許只是一個孩子因為受到挫折而想要歸屬感，並對實現這個目標有著錯誤想法時，你看待不當行為的方式，可能會變得不一樣。

行為不當或是訊息密碼？

三歲的瑪姬在感恩節時，和家人、姑姑及表兄弟姊妹一起去爺爺、奶奶家拜訪。當奶奶察看瑪姬為什麼在浴室待那麼久時，發現瑪姬把一筒衛生紙都撕成了碎片。

瑪姬行為不當嗎？如果奶奶的第一個反應是憤怒，很容易理解。

進入孩子的世界，有點像透過萬花筒來看世界。假設你是瑪姬的奶奶，透過萬花筒你看到了什麼？你可能看到地板全是成堆的碎紙，上面還帶著一點你憤怒的紅光。現在稍微轉動萬花筒再看一遍。看看瑪姬，因為大人覺得她礙事，剛剛被趕出廚房；看看瑪姬，她的大姊瓊安告訴她，她還太小，不能和瓊安及表兄弟一起玩大富翁；看看瑪姬，她想表演唱〈小小蜘蛛兒〉[44]給爺爺看，但

44 〈小小蜘蛛兒〉（Itsy Bitsy Spider）是一首美國兒童常唱的手指歌謠，可以讓孩子隨著音樂練習手指的靈活度，並學到太陽與下雨，上與下的方位概念。

是當爺爺不得不去幫忙搬椅子到飯廳時，她就被丟下了。瑪姬用撕衛生紙的行為，究竟想說些什麼？她真正的感覺是什麼？有什麼可以阻止瑪姬做出進一步的破壞？

你覺得大部分大人會對瑪姬有什麼反應？你會怎麼做？在了解瑪姬世界的感覺後，會影響你的反應嗎？

理解瑪姬的世界，不代表她可以故意把東西弄得一團糟。但了解瑪姬正在經歷的感受，可能影響她奶奶的反應。瑪姬仍需要撿起所有小紙片。但有了愛與理解，奶奶有可能會幫忙瑪姬撿碎片，然後在之後邀請她一起來揉麵團。

錯誤行為目的表

孩子的目的	父母師長的感受
過度尋求關注（讓別人為他忙得團團轉，或是得到特別待遇）	煩躁 困擾 擔憂 內疚
爭奪權力（想要主導）	被挑戰 被威脅 被打敗
報復（以牙還牙）	受傷 失望 難以置信 厭惡
自暴自棄（放棄，不想別人理會他）	沮喪 絕望 無助 無能為力

父母師長的回應	孩子的回應	孩子行為背後的潛在信念	訊息密碼
提醒 哄騙 幫孩子做他原本可以自己完成的事	暫時停止錯誤的行為，但不久之後又出現一樣或其他令人煩惱的行為	只有在我被注意，或得到特殊待遇時，才覺得自己很重要（有歸屬感） 只有在讓你們為我忙碌時，我才重要	注意我 讓我參與 讓我做個有用的人
爭吵 退讓 想著：「我會讓你付出代價」或「我會讓你屈服。」 想證明自己是對的	變本加厲 不滿地服從 只要能讓父母師長生氣，就覺得自己贏了 消極反抗	我只有在當老大、有控制權、證明沒人可以指使我時，才有歸屬感 你沒辦法讓我屈服	讓我幫忙 給我選擇
反擊 要扯平 想著：「你怎麼能這樣對我？」	反擊 行為更變本加厲，或選擇另一種武器	我不認為自己屬於這裡，我要傷害他人，因為我感覺受傷 我無法受人喜歡或被愛	我很受傷 請認同我的感受
放棄 幫孩子做得太多，過度幫忙	更退縮 變得消極 沒有任何進步 沒有反應	我不完美，所以我不屬於這裡，我要說服其他人不要對我抱有期望 我覺得很無助、沒有能力，試了也沒有用，因為我不可能做對	不要放棄我，教我怎麼一次踏出一小步

父母師長積極賦能的回應
讓孩子參與某項有用的工作 「我愛你，而且____。」（像是「我關心你，我晚一點會花時間陪你。」） 給孩子做某項工作，藉此獲得對他有幫助的注意力 避免給孩子特別待遇 計畫特殊時光 建立日常慣例 使用解決問題技巧 鼓勵 召開家庭或班級會議 與孩子肢體觸碰而不說話 忽視，設定非言語的溝通訊息
透過請他們幫忙，引導孩子產生積極正向的力量 提供有限的選擇 不要爭吵也不要退讓 從衝突中抽身 要堅定、也要溫和 做就對了，不多說 決定自己想怎麼做 讓日常慣例表決定 離開，到一旁冷靜 養成彼此尊重的習慣 設定一些合理的限制 練習「貫徹執行」 鼓勵 召開家庭或班級會議
認同孩子受傷的情緒 避免自己感覺受傷 避免懲罰和報復 建立互信 使用反映式傾聽 分享感受 進行彌補 表示關心 做就對了，不多說 鼓勵孩子的強項 對孩子一視同仁（不要偏心） 召開家庭或班級會議
將工作分成幾個小步驟 停止批評 鼓勵任何正向的企圖 對孩子的能力具有信心 聚焦在孩子的才能上 不要憐憫 不要放棄 製造成功的機會 傳授技能或示範做法，但不要替孩子做 珍惜孩子原本的模樣 以他的興趣為基礎 鼓勵、鼓勵、再鼓勵 召開家庭或班級會議 同理孩子的行為

行為不當的孩子，是受挫的孩子，鼓勵就像是給他們焦渴靈魂的一場即時雨。重要的是製造機會，幫助孩子感覺受到鼓勵和擁有價值，讓他們知道他們有所歸屬。

讓我們一起轉動萬花筒，仔細看看這四種挫折孩子的訊息密碼。

破解孩子的訊息密碼

如果你可以學會解讀在不同情況下，孩子行為背後的密碼，就可以有效處理他們的**信念**，而不僅是行為本身。有三種特定的線索可以幫你破解密碼。讓我們來檢視這些可以幫你破解孩子不當行為潛在訊息的線索——以及最後，要怎麼鼓勵孩子並改變他的行為。

☺ 你對孩子行為的感受

你對孩子不當行為如何感受，是了解孩子錯誤行為目的第一個重要線索。例如，當孩子的目的是過度尋求關注時，他的行為會讓大人感到煩躁、困擾、擔憂或內疚。當孩子想要爭奪權力時，大人通常感覺被挑戰、被威脅或被打敗。當孩子的錯誤行為目的是報復時，他的行為會讓大人感到受傷、失望、無法置信或厭惡。當孩子的挫折感重到讓他完全放棄時（自暴自棄的錯誤行為目的），大人也會感到自己沒有能力、沮喪、絕望或無助。

當你參考「錯誤行為目的表」時，通常可以在第二欄中找到一組最能描述你在面對行為不當孩子時的感受。請注意，你不需要對自己的感受**做**任何事，只需要察覺並使用它們來幫助你了解孩子。另外也請你注意，孩子的行為不會「造成」你特定的感受。你的感受源自於對孩子行為的理解。當你的理解發生變化（而且你理解孩子行為的訊息密碼），你的感受也會發生變化。

☺ 通常你企圖怎麼阻止這些行為（無效干預）

另一條線索是你對孩子行為的慣常反應。大人通常以可預期的方式回應每個錯誤目的行為。例如，爸爸和萊恩會一直為某件事爭吵，無論穿什麼、吃多少，或萊恩可以在電腦上玩多久。他們的爭吵呈現出一場持續不斷的權力爭奪：爸爸發令，萊恩抗拒，爸爸以與萊恩爭吵作為回應，並想著：「你一定要嘗到後果，我會**讓你**乖乖聽話。」有些大人則選擇放棄。無論如何，這都是權力爭奪——有贏家、有輸家，或是處在雙方聚集火力和彈藥持續戰鬥時的一小段停戰時期。「錯誤行為目的表」的第三個欄，列出大人對每個錯誤目的行為做出的常見反應。

☺ 孩子對你無效行為的回應

解讀孩子錯誤行為目的的下一個線索是，當大人試圖用懲罰性或縱容的方法（而不是正向教養）來阻止不當行為時，孩子如何回應。

當托育中心老師告訴五歲的馬修「要乖乖聽話」時，馬修通常會以破壞玩具或打翻其他孩子的積木作為回應。有時他甚至會喊：「我討厭你！」馬修的錯誤行為目的是報復。當孩子透過傷害他人、破壞財物或其他方式進行報復（例如使用侮辱性詞語）來回應大人的行動時，他的行為目的就是報復。

「錯誤行為目的表」第四欄，列出孩子對大人每個無效干預所做出的典型反應。

堅守鼓勵原則

有時我們很難確定孩子的錯誤行為目的。不要過分執著於想要得到「正確」的答案，也不要困於「過度的分析」。仔細觀察，並盡力做到最好。要記住，沒有人完美。試著把錯誤視為學習和成長的機會。

行為永遠不會發生在真空狀態中（無論你是小孩或大人）。行為背後隱藏著訊息，而這訊息涉及某種形式的挫折。無論目的是什麼，給孩子鼓勵總是明智之舉——透過給予他們無條件的愛、擁抱、耐心，並讓孩子知道你對他們有信心。

改變行為前，要先改變信念

無論怎麼努力，你永遠無法強迫一個人改變行為——就算勉強也只是表相。當行為與信念緊緊連繫在一起時，這些信念必須在行為改變前先有變化。你可以透過拿走杯子來制止孩子用湯匙敲杯子，但如果這個孩子相信他只有在得到注意時才顯得重要，肯定會在接下來五分鐘內，用他的腿撞椅子。

制止症狀只能暫時緩解情況。當孩子滿足於深刻的歸屬感需求時，將不再需要使用錯誤的方法。創造歸屬感最有效的方法，就是一起共度「特殊時光」。

親子的特殊時光

既然行為不當的孩子是因為受挫，對於不當行為最顯著的解決方法就是鼓勵。你通常不需要處理不當行為。相反地，幫助孩子感受鼓勵，不當行為自然會消失。

我們每個人都需要花時間與所愛的人在一起。共度有品質的時間，會使家庭關係更健康[45]。我們說的「特殊時光」是指什麼呢？而又是什麼讓在一起的時間變得特殊呢？這三個A開頭的元素，將幫助你與孩子一起創造有意義的「特殊時光」。

三個A開頭的元素是：

- 態度（Attitude）
- 注意力（Attention）
- 一對一（Alone）

第一個A是**態度**。如果你用寶貴且有價值的態度看待「特殊時光」，並花時間與孩子（或其他家庭成員）進行真正的連結，你們在一起的時光就會擁有特殊品質。這種特殊品質將為你創造長久且值得珍惜的回憶。你和孩子的態度將使「特殊時光」成為強化孩子歸屬感——這種感覺來自於與他人有意義的連結——的有力工具。「特殊時光」告訴孩子他被重視、被愛且被珍惜。

第二個A是**注意力**。當你完全專注於陪伴孩子，「特殊時光」將變得更有效果。「特殊時光」是在沒有其他事讓你分心的狀況下，與孩子一起參與活動的時間：沒有其他家庭成員、電話鈴響或排定的工作。想像孩子和自己藉由這種特殊的分享，讓彼此心靈和精神充滿關注和愛。當你全神貫注和孩子在一起，即使是一起去超市，這段時光也會變得特別。

最後的A是**一對一**，它強調「特殊時光」是遠離其他家庭成員的時間，是一個孩子和一個大人共享的時間。無論一個家庭多大或多小，孩子與父母（或姑姑、叔叔、爺爺、奶奶）單獨相處，這樣的時間都是一種享受。

五歲的金和爸爸將他們一起共度的特殊日子稱為「我和爸爸的約會日」。每月有兩次，當媽媽和弟弟留在家裡時，金可以單獨和爸爸共度一整天。金和爸爸會到圖書館，一起挑選和閱讀書籍；然後金會陪爸爸前往五金行或木材廠買東西。他們會在最喜歡的糖果店以冰淇淋甜筒結束這一天。雖然活動不是只關於金，但他們對共享這段特殊時光的態度、爸爸的專注度，以及金有機會與爸爸單獨相處，都讓他們很期待。

與此同時，媽媽則和金的弟弟法蘭基在家一起烤餅乾。沒有姊姊在旁邊推開他或叫他做還做不到的事情，法蘭基有機會學習技能，並單獨享受和媽媽一起在廚房裡度過的特殊時光。如同金和她家人所展示的精彩經驗一般，特殊時光可以既簡單又美好。

45 請參考《家庭優勢：經常被忽視，但很真實》（*Family Strengths: often overlooked, but Real*，暫譯書名），克莉絲汀・安德森・摩爾（Kristin Anderson Moore）、蘿絲瑪莉・查克（Rosemary Chalk）、茱麗葉・斯卡帕（Juliet Scarpa）、莎朗・范迪弗（Sharon Vandiver）著。

「特殊時光」的另一部分是時間。對於忙碌的父母來說，這可能是最困難的部分。儘管如此，一位智者曾說過，**愛**的寫法是時間[46]。我們從哪裡得到它？需要很多或很少？如果某件事對你來說很重要，那麼你絕對有機會能為它找出時間。即使在最繁忙的生活中，也要有時間留給重要的事情。

一位媽媽有五個孩子，她每晚都會給每個孩子念十分鐘故事，這是不到一小時的閱讀時間。她和每個孩子依偎著坐在她臥室角落的搖椅上，而其他孩子則幫忙做晚餐後的家事。每個孩子都知道自己的十分鐘即將到來，並願意尊重媽媽與其他人共度的時光。很少會被人干擾——媽媽可以和她的孩子以親密的連結度過傍晚時光，而不是獨自一人在廚房裡刷洗水槽。

一起期待「特殊時光」

「特殊時光」不需要很多時間，但重要的是，你們雙方都認為它很特別。你可以讓孩子知道你對「特殊時光」和他一樣期待：「我很高興我們可以在一起共度這個特殊時光」或「能夠和你一起去游泳，對我來說是一件特別享受的事。」你可以認可孩子獨特的技能：「你現在長大了，可以做很多還是寶寶時不能做的事，這不是很棒嗎？」（對於一個還在適應新生兒到來的年長孩子來說，這樣的話會給他極大的安慰。）

當孩子想要一些注意力，但你真的很忙，如果你說「我現在不行，但我真的很期待七點的特殊時光」時，孩子會感到安慰。

進入孩子的世界

不當行為會消耗孩子和大人大量的精力，並產生一些非常強烈的感受。在操場上被追著跑，或是踢腳尖叫著被帶到床上睡覺，對於一個受挫的孩子來說，似乎都比感覺自己不重要、不被注意和無能為力來得好。根據孩子的行為目的，有許多方法可以幫他形成新的信念。每個錯誤行為目的可能解決辦法，都顯示在「錯誤行為目的表」最後一欄中（你可能會發現，把這張表貼在冰箱門上很有幫助）。

進入孩子的世界，將有助於你解讀孩子行為的意義，特別是如果你能記得，並非所有令人不悅的行為都是**不當**行為。當一個受挫的孩子行為不當時，你可以用同理心對待他，並使用更有效的回應方式。在接下來兩章中，我們將檢視在家裡和托育環境中，每一個錯誤行為目的實際展現的樣子。當你理解孩子不當行為背後的訊息時，就能以關懷和真正有效的方式更好地處理。

46 這句話源自馬克·安德森（Mac Anderson）、蘭斯·沃布爾斯（Lance Wubbels）著，《對孩子來說，愛的寫法是時間：孩子從你身上真正需要的東西》（*For a Child, Love is Spelled T-I-M-E: What a Child Needs From You*，暫譯書名）一書。

第9章

孩子的錯誤行為目的

——家庭篇

當孩子有機會把事情做好時，他們對自己的感覺會好很多。如果這是以愛，而不是憤怒的態度進行，孩子將可以在過程中，重新獲得一定程度的自尊。

我們已經探討了一些孩子偶爾出現不當行為的原因。要了解孩子行為背後的訊息密碼，並達成有效的合作，學會辨識他們在生活中的錯誤行為目的將很有幫助。孩子在家的錯誤行為目的如何具體展現？拿出你的萬花筒，以嶄新眼光來觀察，當從錯誤行為目的的角度來看孩子時，究竟會發生什麼事（如你所知，請參閱上一章的「錯誤行為目的表」）。

過度尋求關注或「我會讓你為我忙得團團轉！」

因為凱瑟琳發燒且咳嗽，媽媽、凱瑟琳（七歲）和安（五歲）都來到診所。媽媽將凱瑟琳安頓在候診室，輕柔地把外套圍在她身上，並用手感受她前額的溫度，盡可能讓她感覺舒服。接著媽媽坐下來看雜誌。安帶了一本找到的童畫書，過來請媽媽念給她聽。媽媽說：「現在不要。」她提醒安，她大半夜都醒著在陪凱瑟琳，現在只想看看雜誌。

安閒晃著離開了，但幾分鐘後，她開始在沙發跳上跳下。「安，不要跳來跳去，安靜地坐著。」媽媽喊道。安停止彈跳，但幾分鐘後，她問是否可以坐在媽媽大腿上。媽媽說：「當然不行，妳已經是大到不適合這麼做的女孩了！」媽媽站起來走向凱瑟琳，再次檢查她發燒的情況。

然後她們被叫進問診室。在等待醫生時，安開始抱怨自己肚子痛。媽媽焦急地看著她，用手感覺她額頭的溫度。當醫生抵達並開始為凱瑟琳檢查時，安開始拉扯媽媽的袖子，說她必須去洗手間。媽媽大聲地嘆氣，站起身，帶安走過大廳去上廁所。

安的行為當然讓媽媽感到很煩躁。是什麼想法促使安這麼做呢？嗯，安已經注意到凱瑟琳受到很多關注，並認為媽媽更愛凱瑟琳。從她的角度看起來確實如此。

你覺得媽媽現在有什麼感受？煩躁？氣惱？內疚？她可能希望把安留在家裡。如果她進入安的世界會有什麼感受？她可以有什麼不同的做法？

安的行為在說：「我也想受到關注。我希望被注意，並成為這個過程的一部分。」安認為，只有當她被注意或媽媽為她忙得團團轉時，她才有歸屬感或重要。這是四種訊息（或錯誤行為目的）中的第一種：過度尋求關注。

辨識過度尋求關注

安的媽媽感到煩躁和抱歉，這是「錯誤行為目的表」第二欄列出的感受。這些感受很重要，因為它們是了解狀況的第一線索。媽媽和女兒在診所時發生了什麼事？媽媽的反應如何（見表格第三欄）？媽媽叫安靜靜地坐著，不要在沙發上跳，並透過提醒她是一個「大女孩」，哄騙安不要坐在她的膝蓋上。最後，她帶安到洗手間，雖然安或許可以自己去。這些都是媽媽對安行為的反應。過度尋求關注的孩子，成功讓大人在大多數時間裡為他們忙得團團轉。所有孩子都需要父母關注，但他們可能不是以積極、鼓勵的方式獲得。

看看表格的下一欄。安對媽媽的行為怎麼回應呢？當媽媽告誡時，安聽話地停下每一種行為，但她很快開始另一種行為。媽媽的感受與反應，以及安對媽媽的反應，都是揭露尋求過度關注錯誤行為目的的線索。

透過尋求過度關注來發送訊息密碼的孩子認為，使自己感覺重要或有歸屬感的唯一方式，是讓其他人為他忙碌或受到某種特殊的待遇。他願意接受任何關注，甚至是負面關注，以實現這個目標。透過你的萬花筒觀察，想像孩子頭上戴著一頂覆蓋著羽毛、水果、鮮花或飛行恐龍的大型遮陽帽。這頂帽子上有一條彩色的橫幅寫著：「注意我，讓我參與和感覺有用。」

「但是，等一下。」當父母知道孩子行為聚焦在尋求關注時，經常說：「我們給孩子很多關注，所有空閒時間都用來陪他、讀書給他聽、和他一起玩，他怎麼可能需要**更多的關注**？」事實上，給孩子過度關注（即使以愛為名）也可能是問題。有特殊需求的孩子或得到很多愛的孩子，可能受到大人大量的關注。這很好——只要它能持續。但當某些事情發生，即使大人只是暫時轉移注意力（講電話、醫生預約或與朋友談話），孩子都會視為一種損失，並盡其所能地想重新獲得平時的關注量。換句話說，過度尋求關注的孩子，並非沒有受到足夠的重視。事實上，他可能受到太多關注，導致總是需要特殊的待遇。

安得出的結論是：比起她，媽媽更愛凱瑟琳，因為凱瑟琳正受到媽媽大量關注。不意外的是，安的行為反映出這種信念。在安的世界裡，關注成為衡量愛的量杯。

如何鼓勵過度尋求關注的孩子

- 使用積極傾聽來處理信念，而不是行為。
- 關注和折衷。
- 透過合作，使孩子獲取有效的關注。
- 給孩子安心的擁抱。
- 鼓勵孩子學習娛樂與撫慰自己的能力。

如何回應過度尋求關注？

你如何給孩子需要的關注和歸屬感，但又不屈服於一長串無止盡的麻煩？既然你現在理解引發孩子錯誤行為目的的信念，就可以採取鼓勵孩子的方式來回應，而不是強化他的錯誤信念。以下是你可以做的一些事。

☺ 使用積極傾聽來處理信念，而不是行為

讓我們回到問診室。媽媽可以選擇處理安的**信念**，亦即「媽媽更愛姊姊」，而不是試圖控制

安的行為。可能的處理方式，是與安一起練習積極傾聽。

積極傾聽代表著進入孩子的世界，並猜測他可能有什麼感受。重要的是，確認你的猜測。媽媽可以說：「看到我關心凱瑟琳，妳一定有點難受。妳可能覺得我已經沒有任何愛可以留給妳了。」如果媽媽猜對了，安會覺得她的感受受到認可。在她承認媽媽的猜測正確時，甚至可能因為釋懷而哭泣。她或許會因此放棄錯誤的信念，亦即「她不重要」，以及「她必須表現不當的行為」。

☺關注和折衷

媽媽可以告訴安，一旦安同意先安靜讀書，讓她好好看雜誌，她會為安念一本書。這種有限形式的特殊時光，提供孩子適當的關注，同時設定一個尋求過度關注的界限。透過要求安尊重她需要一段安靜的時間，媽媽不僅沒有屈服於安對關注的要求，還了解安的需要，以尊重的語氣陳述自己的需求，然後達成了協議。

☺透過合作，使孩子獲取有效的關注

媽媽可以邀請安幫忙照顧生病的姊姊。（還記得帽子上那個「讓我參與」的訊號嗎？）她可以問安要如何讓凱瑟琳感覺更舒服。在讓安參與照顧凱瑟琳的過程中，媽媽會賦予她一個有意義的角色，滿足她感覺自己的必要和價值。媽媽接著可以透過解釋自己的疲倦來尋求安支持，而安可能會幫她按摩脖子，甚至為媽媽讀一個故事。當大人要求孩子提供幫助和合作時，孩子可以做得非常周全。這些選擇會創造一種關懷和連結，而不是進一步引發不當的行為。

☺給孩子安心的擁抱

另一種選擇可能是擁抱安並告訴她，媽媽非常愛她。給予安心的擁抱對忘記孩子的行為非常有效，並且像是在對孩子說：「你是有歸屬感的，你在我的生活中很重要。」這通常足以制止不當行為。對每個人來說，擁抱都比嘮叨和說教來得好。

☺鼓勵孩子學習娛樂與撫慰自己的能力

沒有人天生知道如何娛樂自己。父母和托育人員需要花時間鼓勵孩子學習這項技能。孩子通常期待大人提供持續的娛樂和消遣，但如果大人一直這麼做，孩子可能永遠學不會運用安靜的時間或對付無聊。

鼓勵孩子學會娛樂自己——並認識這是一個需要時間和耐心的過程。提供故事錄音檔並教導孩子操作播放器；讓他探索拼圖、藝術作品和安靜遊戲的世界。然後，當孩子過度尋求關注時，對他說：「我愛你，我相信這段時間你能自己照顧自己。」這確實需要時間，但是已經找到方法填補空虛時間的孩子，不太可能要求大人這麼做。娛樂自己是孩子能終生受用的能力。

爭奪權力或「你管不了我！」

四歲的貝弗莉站在電腦旁邊，好奇地盯著鍵盤，有趣的圖片和圖形在彩色螢幕上移動著。貝弗莉看過媽媽、爸爸這樣做，並決心嘗試看看。她曾被警告不要碰電腦，所以小心翼翼地環顧四周，在沒有看到媽媽後，她動手敲了好幾下鍵盤。

媽媽及時轉過身，看到這個場景。她急速穿過房間，牢牢抓起貝弗莉的手肘，完全被小女兒的不當行為困擾住。「我告訴過妳不要碰電腦！妳現在把我的工作搞得一團糟了。」她氣憤地說，然後輕輕打了貝弗莉的手。貝弗莉則以扭開媽媽的手，並用小拳頭砸鍵盤作為回應。

生氣到無法自己的媽媽抱起貝弗莉，把她帶到房間進行懲罰性暫停。貝弗莉大鬧脾氣，媽媽則氣沖沖地回去修復受損檔案。現在，媽媽感到憤怒和受到挑釁——她被一個四歲的孩子打敗了！

貝弗莉的行為一開始可能只是無法控制衝動。她知道不該碰電腦——但這條規則無法壓抑她探索、觸摸和學習的衝動。媽媽的直覺反應立刻改變了狀況，並引發激烈的權力爭奪。貝弗莉的挫折訊息轉變成不當行為，她在說：「我不相信自己很重要，除非我有權力——或至少不會讓你指使我。」

辨識爭奪權力的目的

當貝弗莉和媽媽在電腦上爭奪權力時，媽媽首先感覺受到挑釁，然後是被打敗。貝弗莉的媽媽以一些充滿權力意味的陳述來反應：「我告訴過妳……」和「妳把我的工作搞得一團糟！」貝弗莉針對媽媽無效的干預手段，則以強化自己的行為做出回應，爭戰繼續延燒。

關於爭奪權力的錯誤行為目的，一個重要的面向是雙邊參與者——注意到這需要兩個人——都決心要贏。沒有人願意讓步。當父母和孩子以這種方式困在戰鬥中時，結果就是權力爭奪。爭奪權力的問題在於，如果有勝利者，就必須有失敗者。當失敗者是你所愛的孩子時，勝利可能就不值得付出這個代價。

這裡還發生另一件有趣的事情。一個參與爭奪權力的大人經常會驚訝地發現，當他變得越來越憤怒時，孩子可能會認為這所有的喧鬧——**很好玩**。沒錯，就是很好玩。爭奪權力會產生大量的能量，大人越努力，孩子所擁有的力量就越明顯。對於剛剛體驗到自主性的孩子來說，這是一個令人興奮的發現。

如果你聽到孩子激烈地喊著「你管不了我」時，可以合理懷疑他的行為目的牽涉到權力。這時可以想像孩子戴了一頂明亮的橙色安全帽，這頂帽子上用粗體字印的是：「讓我幫忙，給我選擇。」

如何鼓勵爭奪權力的孩子？

- 提供有限選擇。
- 透過請孩子幫忙，將爭奪權力轉換成有用的力量。
- 閉上嘴，行動——溫和且堅定。

- 詢問積極暫停對他是否有幫助。
- 訂個解決問題的日期。

如何回應爭奪權力？

當四歲的貝弗莉和媽媽為了電腦爭吵時，她們便進入一種爭奪權力的狀況，而這可能為她們未來的關係奠定基調。幸運的是，貝弗莉的媽媽了解到自己在這場權力爭奪中負有煽動的責任。她先改變**自己**的行為，從而改變了貝弗莉的信念和行為。

☺ 提供有限選擇

貝弗莉的媽媽找到一個家長課程，最終學會透過適當給予貝弗莉權力，來使她擁有能力。她學會給貝弗莉有限的選擇，並提出啟發性問題：「媽媽的工作是給媽媽做的，妳想讀一本書或玩樂高積木呢？」或者「在我工作時，妳想做什麼？」而不是要求她服從。

☺透過請孩子幫忙，將爭奪權力轉換成有用的力量

一場權力爭奪，通常可以透過請孩子幫忙來化解。可以讓貝弗莉知道媽媽有多需要她：「親愛的，我們是一家人，妳對我那麼地重要。我知道妳真的很想碰電腦，但電腦很容易壞掉。只有媽媽和爸爸可以碰。但我敢說，一定有方法可以讓妳幫我的忙。看看我們能找到什麼！」請孩子幫忙或讓孩子一起尋找解決辦法，能將孩子和父母從權力爭奪導向合作。只有命令會引發抵抗，啟發性提問通常可以促進合作。

☺閉上嘴，行動——溫和且堅定

擺脫權力爭奪的另一種方式，是**同時**保持堅定和溫和。當貝弗莉敲打電腦鍵盤時，她是在下戰帖向媽媽挑戰。媽媽可以停止說話並採取行動，而不是接受挑戰。她可以溫和且堅定地抱起貝弗莉，將她帶到另一個房間。在冷靜期過後，不需要再提到電腦，而這在給孩子有限的選擇或請他們幫忙之前，通常都有必要。

透過不說教或羞辱女兒，媽媽不會引發女兒更多的反抗。即使貝弗莉選擇發脾氣，媽媽還是可以透過拒絕參與（或自己發脾氣）來消弭這場權力的爭奪戰。當孩子感受到伴隨堅定的溫和能量時，就會降低發脾氣的可能性。這不代表可以完全避免孩子發脾氣，但避免孩子發脾氣本來就不是主要目標，我們的目標是溫和且堅定地按照所說的去做。這樣一來，當強烈情緒爆發時，你還可以幫助孩子找到冷靜的方法。

☺ 詢問積極暫停對他是否有幫助

當大人和孩子陷入權力爭奪時，都會停止理性思考，並做出不理性的反應。當大腦被強烈的情緒淹沒時，邏輯思維和客觀所需的神經元連接會變得無法使用。在每個人冷靜之前，需要推遲有效解決問題的時機；在你們找到雙贏的解決辦法之前，可能需要進行積極暫停。請孩子幫忙創造一個冷靜區域（參閱第一章）。然後，當權力爭奪發生時，你可以問：「待在你的冷靜區域直到你冷靜下來，這樣會有幫助嗎？」如果孩子幫忙創造這個冷靜區域，並理解到這種暫停不是懲罰性的，他通常會選擇這個項目。如果孩子拒絕，你可以說：「好吧，那麼我想**我會**待在我的房間，直到感覺好一點。」這將是一個多有力的行為模範！請記住，權力爭奪需要兩個人。當你選擇冷靜時，孩子也會這樣做。

在積極暫停後，接著適當地與孩子一起擬訂解決的辦法。貝弗莉和她媽媽可能會同意，當媽媽在旁邊工作時，貝弗莉可以玩電動遊戲，媽媽則能有一些不被打斷的工作時間，而貝弗莉如果想要玩電腦，她必須先問過媽媽。

☺ 訂個解決問題的日期

與學齡前兒童一起解決問題時，你可以透過啟發性提問幫助他探究發生的事情、導致事情發生的原因，以及有什麼解決問題的想法。四歲和五歲的孩子也非常善於參加家庭會議（參閱第十六章）。在冷靜期後（甚至在衝突時），這麼問或許可以化解權力衝突：「你想自己把這個問題放在家庭會議的議程上，還是要我幫忙？」把問題放到家庭會議的議程上，除了能夠給每個人一段冷靜期，你們也可以在會議上一起討論解決的辦法。

報復或「我要讓你的感覺和我一樣糟！」

到了睡覺時間，爸爸正在幫忙三歲的愛麗絲做準備。爸爸說現在是時候穿上睡衣了，但愛麗絲在水槽裡玩泡泡玩得很開心，不想停下來。就在爸爸開始不耐煩時，愛麗絲在地板上灑了一杯水。爸爸立刻生氣了，以為愛麗絲是故意的。他把愛麗絲抓起來打屁股。愛麗絲開始大哭，爸爸必須在她踢腿和掙扎時，和她角力似地幫她穿上睡衣。

當愛麗絲終於穿好睡衣時，爸爸煩躁地拿起一本睡前故事書。愛麗絲噘起下嘴唇說：「我討厭那本書，我不要你讀！我想要媽媽！」這真是一個打擊！自己的女兒不愛他，讓他覺得很難過。他受傷且難以置信。

愛麗絲可能是在說：「爸爸傷害了我，所以我也要傷害他。」並以她唯一知道的方式做，這是四個錯誤行為目的中的第三個：報復。

辨識報復

爸爸感到震驚的是，愛麗絲故意把水灑得滿地都是。在太太要加班到很晚的情況下，他正盡力想讓愛麗絲上床睡覺，而現在除了這些事情，他還覺得受傷了。他後悔打了愛麗絲，他不喜歡那樣做，卻不知道該如何回應她的行為。

首先，愛麗絲是故意灑水嗎？幼兒會灑出很多東西，他們的肌肉控制仍在發展中。如果爸爸能夠理解愛麗絲關於動作的發育特性，可能會了解愛麗絲只是因為不小心，他大可幫她拿一塊海綿一起清理。擦乾灑出來的水，甚至可能讓愛麗絲分心，使得替她穿上睡衣變得更容易。

即使愛麗絲**確實是**故意灑水的，打屁股對這個情況也不可能有幫助。體罰教導孩子「強權就是公理」，它可以引起許多種反應，而這些反應很少是父母想要的。在這種情況下，打屁股引發的是報復。愛麗絲和爸爸最終都會感到很受傷。

每當大人因孩子的行為感到受傷時，孩子也可能感到受傷。在你體會爸爸的感受和反應及愛麗絲的反應後，會看到指向報復的線索。當你在描繪一個行為目的是報復的孩子時，請想像一頂戴反的黑色棒球帽，而球帽背面寫著請求：「幫助我，我受傷了，請認同我的感受。」

給報復的孩子鼓勵

- 處理受傷的感受。
- 如果是你造成痛苦，向孩子道歉。
- 傾聽孩子的感受。
- 確實傳達愛的訊息。
- 彌補，而不是找藉口。

如何回應報復？

當大人可以看到一個傷害人的孩子其實是受了傷時，會開始有以不同方式回應孩子的動力。他們可以選擇提供關懷和支持，而不是屈服於報復和懲罰的本能慾望。如果孩子已經感覺受了傷，那麼讓孩子感覺更糟糕，真的有意義嗎？

☺ 處理受傷的感受

首先，爸爸可以透過處理愛麗絲受傷的感受來進入問題核心。爸爸可以說：「看起來，妳現在感覺很受傷。我敢說，當我打妳時，妳心裡感受到的傷害就如同傷害妳的屁股一樣。」進入她的世界並認同她的感受，是對孩子的認可，她很有可能會感受到被理解、歸屬感和重要性。

如果是你造成痛苦，向孩子道歉

愛麗絲的爸爸確實愛他的女兒，因此隨即後悔打了她。當他透過道歉對行為負責時，將邀請愛麗絲改變信念。爸爸可以告訴愛麗絲，自己打她並不對，並向她保證，即使生氣或受傷，人們互相傷害都是錯誤的。

回應孩子行為**背後**的信念（而不是透過懲罰或說教來對行為做出反應），將使你放棄能夠或應該控制孩子的觀念，並認同教導和鼓勵比懲罰更有效。做出這樣的改變將需要一些時間，尤其如果你被傳統教養觀念養大。對自己保持耐心，承認錯誤，並從錯誤中學習。

如果你從未向孩子道過歉，請嚥下這口氣，承認大人並非總是正確，並在下次犯錯時向孩子道歉。孩子會愉快並迅速地原諒你，你可能會發現，道歉後的擁抱讓你們變得更親近。

傾聽孩子的感受

爸爸可能需要花時間觀察他的小女兒。這時，他會注意到愛麗絲噘起的嘴唇、顫抖的下巴，以及溢滿眼眶的淚水。他可以問愛麗絲——以感興趣的態度——她有什麼感受。如果她還太小，無法表達自己的感受，可以問她是否認為爸爸不愛她。愛麗絲可能會以一個言語（或非言語）訊號來回覆，讓爸爸知道他的理解正確。他原本一開始就可以問愛麗絲，為什麼要把水灑在地板上。她可能曾解釋「是它自己灑出來的」或「這是一個意外」，爸爸的煩躁很可能在聽到這樣的答案後消失。當爸爸和愛麗絲進行這種對話時，會培養出一種新的信任感。

當孩子感到受傷時，很難放下情緒去解決問題。因此，重要的是先處理這些感受。

☺確實傳達愛的訊息

爸爸有機會告訴愛麗絲他有多愛她，以及她對他有多重要。當孩子感到受傷時，這個訊息可以幫助療傷。爸爸也可以分享感受，當他能傾聽且尊重愛麗絲的感受，並解釋自己的感受時，就會對另一個人有更多的了解。愛的連結也能再次恢復。

如果爸爸能嘗試這些新想法，會發現他們一起讀睡前故事時，自己與寶貝女兒互相依偎。當愛和關懷的訊息得以確實傳達時，即使是痛苦和具破壞性的經歷，也可以治癒。

☺彌補，而不是找藉口

不論愛麗絲是否故意灑水，一旦她和爸爸處理好感受後，就需要面對這團混亂。爸爸可以自行擦拭灑在地上的水，或是給愛麗絲拖把或海綿，讓她可以自己做。如果愛麗絲再次淚流滿面或陷入受傷的感受中，爸爸可以溫和堅定地幫愛麗絲清理地面，讓這次情況成為教導的機會（而不是報復的循環），然後他們可以不再評論此事，繼續進行睡前的日常慣例。

自暴自棄

小琴和爺爺、奶奶住在一起，今天是她五歲的生日。當她進入廚房，爺爺、奶奶正熱切地注意她對廚房中全新自行車的反應。小琴焦急地環顧四周，沒有對自行車做出任何評論。奶奶耐不住性子地問：「妳覺得怎麼樣？喜歡嗎？」小琴沒有回應。奶奶繼續用哄騙的聲音說：「小琴，看看這台很棒的新自行車吧。」小琴搖搖頭，喃喃地說：「我不會騎自行車。」爺爺衝過來向小琴保證：「沒問題，親愛的，妳馬上就能學會了。」小琴什麼也沒說，也沒有靠近自行車。爺爺、奶奶以驚愕的眼神互望，然後聳了聳肩。「這麼做有什麼用？」他們想，然後爺爺沮喪地為小琴倒了麥片和牛奶。

爺爺、奶奶已經相信他們必須放棄小琴，並對自己和小琴感到絕望。不知為何，小琴相信她「不夠好」，以至於變得很無助。她透過說服別人她沒有能力來展現信念。小琴的爺爺、奶奶很愛她，但他們錯誤地認為，表現愛的最佳方式是為她做事。例如，替小琴倒麥片和牛奶，這是她可以輕易做好的事。

在所有四個行為目的或訊息中，表現自暴自棄的孩子往往最容易被忽視——也最具挫折感。他們通常不會製造出其他三種孩子的破壞性。傳達出這種訊息的孩子，可能會讓人看不見。

這種行為目的很少出現在五歲以下孩子的身上，除非他們很少或根本沒機會培養自主性。當高效率和目標導向的父母在孩子身上看到這種行為時，會特別困惑。父母所重視的個人動力和決心可能會讓孩子感覺壓力，並相信自己真的無能為力——他們永遠無法滿足期望。這會造成第四個錯誤的行為目的：自暴自棄或放棄。

「幫我把事情做好」

Q 當我告訴四歲的孩子該午睡了，他把一杯果汁砸到地上，杯子破掉了。我想他覺得很受傷，因為今天早上沒有去公園玩。我想回應他受傷的感受，但也認為他的行為應該受到懲罰。

A 有時大人採取的做法是，如果孩子因錯誤目的而行為不當時，就不必對自己的行為負責。忽視不當行為並不能教導生活技能，但懲罰也不能——懲罰的另一種涵義通常是「你必須受苦」。真正有幫助的是給孩子機會彌補。

如果物品壞了，適當的做法是為孩子找到更換或修理的方法。這可能代表他必須做一些有用的工作來賺錢——即使孩子年紀很小，也可以做一些小型的工作——也可以請他從存錢筒裡拿錢出來，或者幫忙提出修復的計畫，例如修補書中被撕破的地方。這些解決辦法都注重教導責任。打屁股、羞辱、大喊大叫，或一週不給孩子看電視，都無法教導孩子同樣的人生課程；透過這些懲罰，孩子可能感受到報復所給予的恐懼，並做出更傷害人的行為，或者認定他就是一個「壞」人。這些結果都不包括學會對自己的行為負責。

當孩子有機會把事情做好時，他們對自己的感覺會好很多。如果這是以愛，而不是憤怒的態度進行，孩子將可以在過程中，重新獲得一定程度的自尊。當無法控制自己行為時，很少有孩子會對自己滿意。他們需要從錯誤中學習，且需要工具來修復損壞。父母也需要將羞辱和責備孩子的態度，轉變成給予孩子支持和真正的紀律。

辨識自暴自棄

小琴的爺爺、奶奶盡量不感到絕望，但小琴看起來很沮喪。他們盡最大的努力保護她，並彌補父母不在身邊的事實。奶奶和爺爺透過為她做事來回應小琴無助的行為，包括爺爺倒牛奶和麥片、奶奶每天早上為她穿衣。他們滿足小琴的所有需求，為她買東西，進行她沒有任何參與的計畫和選擇。小琴的反應是退縮得更厲害，消極地行動，並拒絕嘗試任何新事物。這些感受、反應和回應都提供了自暴自棄的線索。

相信自己能力不足的孩子可能認為，因為他們做事不能完美，應該乾脆放棄。當孩子明白錯誤是每個人學習的一部分時，就能打破完美神話的魔咒。

我們很容易理解，一個經常受到批評的孩子，可能發展出無法做好任何事的信念。批評並非顯而易見。作為一個小孩，小琴總是穿著仔細熨燙過的褶邊連衣裙。她被告誡要「保持乾淨」，而每次小琴在衣服上沾到油漆或食物時，奶奶就會變得很生氣。小琴的觀點是，凌亂是「不對的」。因為小琴經常把自己搞得很凌亂，最後開始相信她不好。每當她試圖畫一幅畫或倒果汁時，就會弄得一團糟，最後小琴認為自己什麼事都做不好。

追求這種錯誤行為目的的孩子，可以想像成他戴著一頂拉得很低、蓋住大部分臉的灰褐色滑雪帽。你會發現帽子前面縫著（如果你仔細觀察）：「不要放棄我——教我怎麼踏出一小步。」

如何鼓勵自暴自棄的孩子

- 對孩子有信心，讓他為自己做事。
- 花時間練習，就算是最小的步驟也要鼓勵。
- 教導他犯錯是學習的絕佳機會。

如何回應自暴自棄？

感覺自己不夠好和自我放棄，會讓自己處於非常寂寞的處境。由於孩子的目的是不要人理他，他們很少造成別人的麻煩，因此也往往被忽視。父母可以做很多事情來滿足這種孩子的需求。

☺ 對孩子有信心，讓他為自己做事

父母沒有意識到為孩子做太多（通常以愛之名）會讓他感到挫折。當大人堅持為他做原本自己可以做的事情時，孩子可能產生「我沒有能力」的信念，另一種可能的信念是「只有當別人為我做事時，我才被愛」。

認知到自尊來自於掌握技能，將有助於你理解，對孩子嬌生慣養其實是在給予他挫折。停止做孩子可以自己做的事，並給他練習的空間——甚至在他處理得不完美時。當孩子說「我不能」時，要有耐心。你可以說：「我相信你可以處理這件事。」鼓勵認為自己不夠好的孩子，需要很大的耐心、溫和堅持及對孩子能力的信心。

☺ 花時間練習，就算是最小的步驟也要鼓勵

小琴不知道如何騎自行車，一點都不讓人意外，沒有人能在沒有教導和練習的情況下學習。奶奶可以分享自己學騎自行車的經歷給她聽，而不是感到沮喪。也許她可以告訴小琴她第一次摔倒時的感覺，還有她的兄弟姊妹怎麼取笑她。當奶奶分享自己的故事時，也在告訴小琴，感覺尷尬沒問題，每個人都必須學習做新的事情。保持完美對你的形象或許有好處，但它可能會嚴重削弱親密

感和信任的增長。

你如何回應犯錯和掙扎很重要。孩子正在看，並相信你總是很容易成功（而且因為他不像你這樣，而覺得自己不夠好）。或者他可以看到你嘗試一些事，但遭遇到反覆的失敗。此時你如何反應——是否可以自嘲並繼續嘗試，或者你是沮喪地放棄——將為他提供發展自身經驗的線索，永遠不要低估行為示範的力量。

已經發展出「我不夠好」信念的孩子，可能會抗拒嘗試，這就是小步驟很重要的原因。爺爺可以先讓小琴坐在家中的自行車上。他可能要確定這輛自行車有訓練輪，並向小琴展示這些輪子如何運作。在讓她騎上街道前，他可以向她保證，直到她準備好為止，他都不會放手。他也可以教她如何倒牛奶（從一個小牛奶罐開始）。請記住，在教導新技能時，特別是針對沮喪的小朋友，盡力預知各種可能是很有幫助的——並能確保孩子成功。

☺ 教導犯錯是學習的絕佳機會

你對犯錯抱持什麼態度？大多數人透過觀察，比透過聽學到更多東西。人們很難接受批評（就算是「建設性批評」）。對於認為自己不夠好的孩子來說，批評只會強化他認為自己不夠好的信念。幫助受挫孩子的一個方法，就是停止所有的批評。

如果小琴老是被油漆或泥巴弄髒衣服，奶奶可以考慮讓她穿更耐髒的衣服。如果奶奶可以學著說：「哇，妳全身都是油漆，今天一定畫畫得很開心。」這將會傳送多棒的訊息。

家庭成員也可以定期分享錯誤經驗。在晚餐時間，每個人可以輪流分享錯誤經驗及他們從中學到的東西。這可以創造出樂趣和學習的感覺，並能對犯錯抱持更好的態度。

注意隱藏的訊息

你可能會說：「哇，我不知道這麼做時，孩子腦中正在發生這麼多事。」重要的是，你要理解孩子不會**有意識地**追求錯誤行為目的；他們很少意識到自己的信念，也不是故意以「猜猜我的目的」為遊戲來阻礙父母。你需要時間，將對孩子錯誤行為目的的理解，轉化成善良、堅定和鼓勵的行動。

當父母能夠意識到隱藏在孩子行為背後的訊息，且能夠觀察到自己的感受和反應時，就可以採取步驟鼓勵受挫的孩子，使他願意承擔風險和錯誤。透過這樣的做法，將能培養出相信自己有能力、可愛且具有價值的孩子。

第 10 章

孩子的錯誤行為目的

——幼兒園篇

當父母和老師共同努力了解孩子的行為並能有效處理時，將在孩子身上產生奇蹟一般的成果！

不當行為——孩子向我們傳送關於他們信念的訊息密碼——不會只發生在家中或父母身上。不當行為會出現在幼兒去的任何地方。老師和托育人員也可以學習破解孩子的錯誤行為目的，並以教導和鼓勵的方式回應[47]。

在幼兒園過度尋求關注

只要是孩子聚集的地方，自然有人會出現過度尋求關注的渴望，這應該不令人意外。

今天早上，在小寶貝幼兒園瑪西亞老師的班級裡，來了十二個五歲的孩子。大約十點時，因為鞋帶鬆開了，所以賈邁爾來找瑪西亞幫忙繫鞋帶。瑪西亞幫了他，接著賈邁爾跑去玩。不到五分鐘，他又來要她幫忙削鉛筆，瑪西亞照做了之後，兩分鐘後，卻看到賈邁爾開始弄亂小斑的積木。瑪西亞提醒他，這些是小斑的積木，他需要選別的玩具玩。沒想到十點十五分時，賈邁爾的鞋帶又鬆開了。

到了這時，瑪西亞實在很想休息一會兒。除了對賈邁爾接連不斷的請求感到惱火，她也內疚於自己的厭惡感受。正如你在「錯誤行為目的表」第二欄看到的那樣，這些都是賈邁爾受到「過度尋求關注」錯誤行為目的所驅使的第一條線索。

瑪西亞對賈邁爾行為的反應很典型，這是解讀錯誤信念的另一條線索。她做的幾乎都是賈邁爾可以自己做的事——或者他可以學著自己做。她也花了很多時間提醒賈邁爾停止某些行為。「過度尋求關注」的第三條線索，是賈邁爾會暫時停止被制止的行為，但很快就找到讓瑪西亞繼續為他忙碌的方法。每位老師都能在賈邁爾身上看到自己學生的影子。

那些孩子透過行為真正想說的是什麼？請記住，賈邁爾也戴著一頂色彩鮮豔的大帽子，說著：「注意我，讓我參與、讓我有用。」當孩子過度尋求關注時，他是因為一個深信不疑的信念，亦即只有透過被注意或讓大人為他忙碌，他才有歸屬感或重要。當你學會解讀他們的錯誤行為目的，會明白行為不當孩子真正想說的是：「我是個孩子，我只是想要歸屬感。」

如何鼓勵在幼兒園過度尋求關注的孩子？

- 幫助孩子透過有意義的參與，獲得有益的關注。
- 教導非言語溝通訊息。
- 在孩子過度尋求關注前，先給予特別關注。
- 花時間訓練孩子。

47 欲了解更多資訊，請參閱簡・尼爾森、謝瑞爾・艾爾文所著的《給托育人員的正向教養》（*Positive Discipline for Childcare Providers*，暫譯書名）一書。

如何回應在幼兒園的過度尋求關注？

即使老師能理解賈邁爾的行為是因為迫切需要關注，但要在小班環境中給予一對一的關注並不容易。儘管如此，你仍可透過與所有孩子一起完成例行性工作，大幅減少不斷索求關注的情況。

幫助孩子透過有意義的參與，獲得有益的關注

正如你在第八章和第九章所了解的，「過度尋求關注」傳達的訊息是「注意我，讓我參與、讓我有用」。在將孩子重新導向以有用的方式獲取注意力時，最有效的方法是先忽略那些不當行為。瑪西亞可以邀請賈邁爾幫她做些什麼——洗油漆刷、擦黑板，或是吹哨子讓所有人知道是時候進來吃午餐了等。

教導非言語溝通訊息

你可以教導孩子用非言語溝通訊息，讓你知道他們何時需要你挪出時間與注意力。瑪西亞可以教班上孩子，只要輕輕將手放在她的手臂上，她就知道他們需要她。瑪西亞的訊息是，當她注意到孩子需要幫助時，會與那個孩子目光接觸或對他眨眼，然後說：「我有空就來。」這會以合理方式給予關注，同時讓孩子感到被認可及自己很重要。

☺在孩子過度尋求關注前，先給予特別關注

瑪西亞可以談論讓孩子感到特別的事情。她可以向賈邁爾打招呼，告訴他她找到一個蜘蛛蛋囊，並且會把它帶到科學課的桌上。她知道賈邁爾對蜘蛛著迷。特別關注和認可賈邁爾的興趣，將使他感受到包容和關心。

另外一種給予「我注意到你」訊息的方式，是單獨問候孩子。有些老師在孩子進入幼兒園或托育中心時，會花時間給每個孩子一個擁抱或跟他們握手。這像是在說：「我關心你，很高興你在這裡。」你可以想辦法將有效劑量的「特殊時光」注入到一個滿是孩子的班級中。當孩子有歸屬感並感覺自己重要時，就不太可能過度尋求關注。大型的托育中心可能需要指定一名老師負責在早晨迎接與問候孩子。

☺花時間訓練孩子

賈邁爾的鞋子該怎麼辦——那雙有著奇特能力，每隔十分鐘會自己鬆開的鞋子？瑪西亞可以擬訂一個培訓計畫，讓賈邁爾學會自己綁鞋帶。在經過充分示範和練習後，瑪西亞就有理由告訴賈邁爾，她想看他自己綁鞋帶。賈邁爾最終會有勇氣自己綁鞋帶，並在成功時回來展示給瑪西亞看。賈邁爾是以幫助自己感覺有能力的方式受到關注，而不是以不斷出現的小困擾或要求不適當特殊待遇的方式。

就像孩子經常過度尋求關注一樣，大人常被困住，而不是找到一種方法，將孩子導向以有用方式感受歸屬感和重要性。請記住，受到鼓勵的孩子不需要使用錯誤方法尋找歸屬感和重要性——至少，不是那麼經常！

在幼兒園的爭奪權力

一個陽光燦爛的日子，在銀港幼兒園的蘋果樹旁，三歲的莎瑪和老師茱莉正互瞪著彼此。茱莉說該進教室了，莎瑪則拒絕進去。茱莉強調遊戲時間結束了：其他人都進去了，莎瑪也必須立刻行動。莎瑪用手緊抓攀登架的一側。茱莉的臉漲紅了，她開始威脅她：「如果妳現在不進來，今天就不准再出來玩。」

莎瑪伸出舌頭，嘲笑著：「妳管不了我！」茱莉試圖抓住莎瑪並帶她到裡面，但在這之前，她必須先追到莎瑪。

茱莉很生氣（還有點尷尬——畢竟，這是一個三歲的孩子），覺得自己的權威受到挑戰。在帶著扭動、尖叫的孩子進入教室時，茱莉咬牙切齒地說：「當我說是時候進來時，妳就要照我說的做！」

你覺得呢？莎瑪下次會溫順地服從茱莉嗎？莎瑪行為背後的訊息是什麼？她可能在說：「我想當老大，在生活中擁有一些力量！」她看不見的安全帽上說：「讓我幫忙，給我選擇。」莎瑪獲取權力的方式是證明：「你管不了我！」

辨識在幼兒園的爭奪權力

茱莉很生氣，並覺得她的合法權威受到挑戰。這是大人參與權力爭奪時的典型感受——這些感受提供辨識爭奪權力時的第一條線索。

正如之前提到的，爭奪權力需要兩個人。莎瑪需要茱莉的反應才能加入戰鬥。茱莉的回應是，運用能力優勢制服莎瑪，並將她帶到教室裡。她讓莎瑪照她的話做，然而莎瑪放棄戰鬥了嗎？回想一下莎瑪抓住遊樂設備來加強防守的方式。爭奪權力的另一條線索是孩子行為變本加厲。莎瑪的反應表現出爭奪權力的特徵。

根據爭奪權力錯誤行為目的採取行動的孩子，會花費大量精力抗拒合作。莎瑪不得不用力緊抓遊樂設備，好讓老師無法帶她回教室。在激烈的戰鬥中，這種狂暴的行為可能會被描述為「頑固」（然而，當同一個孩子學習做一道複雜的數學問題，或者跑馬拉松最後幾公里時，同樣的特質可能被視為積極的「毅力」）。爭奪權力的錯誤行為目的，潛在信念是「只有可以掌控時，我才有歸屬感。沒有人能迫使我做事。」

如何鼓勵在幼兒園爭奪權力的孩子

- 請孩子幫忙。
- 提供有限的選擇。
- 做讓孩子意想不到的事。
- 尋求雙贏的解決之道。

如何回應在幼兒園的爭奪權力？

莎瑪的老師如何以適當方式賦予她權力？她有幾種可能的做法。

請孩子幫忙

如果茱莉和莎瑪之間存在爭奪權力的情況，茱莉可以透過請莎瑪幫忙，來打破這個惡性循環——這會讓莎瑪以建設性方式運用權力。茱莉可以說：「莎瑪，我需要妳的幫忙。妳能告訴那些在遠方角落裡的男孩，該進教室了嗎？」有機會幫忙會吸引一個正在爭奪權力的孩子，讓她有機會以有用的方式獲得權力。

請記住，很少有人——包括小孩子——喜歡無力感或當受害者。我們都需要擁有體驗自我控制的機會，並了解如何以有用方式運用個人力量。尋求權力並沒有錯，爭奪權力才會造成問題。

☺ 提供有限的選擇

賦予孩子權力的一個好方法，是給他有限的選擇，而那必須是大人可以接受的選擇。如果你問孩子是否準備好現在進來，就表示若他還沒有準備好，可以不必進來。假如這是一個不被接受的選擇，就不要將它包括在你的選項中，不論是說的，還是暗示的。

老師可以問莎瑪，她是否願意在遊戲時間結束時，帶領班上同學回教室，或是握著老師的手跟其他人一起進來。這些都是有限的選擇，兩者都可以被接受，待在外面不是選項。如果一個孩子提出一個不被接受的選擇，例如待在外面，那麼你可以簡單地回應：「這不在選項中。」

另一個方式，是讓莎瑪在進入教室前，就選好她要玩的東西，並跟她說鐘聲會在兩分鐘內響起。這需要提前規畫——尤其當爭奪權力已經成為你與某個孩子的互動模式時，這樣的規畫將是明智之舉。

給予選擇表現出對孩子的尊重，它不是設計來欺騙孩子聽話的手法（請記住，你的態度會對孩子如何看待你的行為產生巨大影響）。有所選擇將會賦予孩子權力，並以可接受的方式滿足他對權力和歸屬感的需求。滿足孩子的潛在需求，將能解決不當行為的根源，而不僅僅是症狀。

☺ 做讓孩子意想不到的事

大人和學齡前兒童有時會發現自己的行為變得可以預期。茱莉和莎瑪可能在之前已經上演過多次這樣的場景（或類似的狀況）。如果茱莉不以平常的方式回應莎瑪，取而代之做些意想不到的事情。例如：當莎瑪拒絕進來時，茱莉可以說：「我打賭妳抓不到我。」然後從莎瑪身邊跑走。對於那個緊緊抓住欄杆的人來說，將是多大的驚喜！莎瑪可能會放手去追老師，而當她抓到時，茱莉可以給她一個大大的擁抱，和她一起平和地走進教室。這場對峙將會煙消雲散，兩者都是贏家。

尋求雙贏的解決之道

正如你從莎瑪身上學到的，處理權力爭奪的另一個祕訣，是尋求雙贏的解決之道。當涉身其中的兩人一心一意想成為唯一贏家時，權力爭奪就會加劇。當堅持自己的權力代表必然使孩子成為輸家時，為什麼你還要那樣做呢？

在幼兒園的報復

這是一個星期二的早晨，四歲的艾瑞克正在教室裡亂扔玩具恐龍。他的老師約翰走過來沒收了玩具恐龍。他告訴艾瑞克，這一天接下來的時間，他都不能玩這個玩具。艾瑞克很生氣，他記得昨天當查克里把積木扔到角落時就沒事。這不公平！艾瑞克憤怒地走開。

不久之後，約翰有了一個「愉快」的發現：艾瑞克將馬桶塞滿衛生紙，使它堵塞了。約翰給艾瑞克看他製造的一團混亂，問道：「你怎麼可以對學校做這樣的事情？」艾瑞克毫不猶豫地說：「我討厭這個地方，很高興馬桶壞掉了。」約翰告訴艾瑞克，他會寫一張紙條給艾瑞克的父母說明這個情況，而艾瑞克必須在休息時間留在教室裡。

在這天結束前，艾瑞克還設法撕掉幾本書的一些頁面。

就在此時，約翰決定明天要請病假。他無法再多忍受這個孩子一天。艾瑞克的訊息是：「我受傷了，所以我要傷害別人，人生是不公平的！」毫無疑問地，約翰也感到非常沮喪和受傷。他投入這麼多時間和精力成為一名老師，有什麼用？而且他也感到厭惡和無法置信，並對艾瑞克破壞學校公物的行為感到困惑。

辨識在幼兒園的報復

大人（和孩子）經常用憤怒來掩飾受傷的感受。約翰是透過譴責和懲罰來傷害艾瑞克，這製造了一個報復的循環。

艾瑞克的回應是，藉由生氣地用衛生紙塞滿馬桶、宣告他對學校的仇恨，以及撕毀書籍，來加劇他的不當行為。孩子非常擅長於製造報復的惡性循環。他們有許多武器可以傷害無法看到他們行為背後的訊息，也不知道如何擺脫報復循環的大人。艾瑞克前後反戴的帽子寫著：「幫助我，我受傷了，請認可我的感受。」

一個選擇以報復為目的的孩子相信，如果他沒有歸屬感（這必定讓他很受傷），至少他可以和別人扯平。遺憾的是，大多數大人很難喜歡和欣賞會傷害人及破壞財物的孩子。透過沒有歸屬感的信念，這個孩子用行動證明了自己的觀點。

如何鼓勵在幼兒園採取報復行為的孩子？

- 透過認可與表達，處理受傷的感受。
- 教導孩子感受與行為之間的差異。
- 詢問積極暫停對他是否有幫助。
- 讓孩子分享觀點。
- （衝突後）安排時間尋求解決之道。
- 修復損害，進行彌補。
- 努力幫助孩子感受歸屬感。

如何回應在幼兒園的報復？

處理像艾瑞克這樣的孩子可能很困難，不過，一旦老師意識到，艾瑞克覺得自己受到不公平待遇並感到受傷時，就能回應艾瑞克真正的需求。艾瑞克想要感受歸屬感，並成為團體真正的一員。我們該如何實現這個目標？

☺透過認可與表達，處理受傷的感受

在艾瑞克改變行為前，需要別人認可他受傷的感受，並以可接受的方式幫助他表達。約翰可以花時間陪艾瑞克，協助他找到表達感受更有效的方法。

幼兒無法有意識地認知不當行為是出於自己感覺受了傷。然而，當大人猜測到他們的感受時，孩子會感到被理解和認可。開啟學習過程的最佳方式是大人實際的示範。約翰可以說：「艾瑞克，當你這樣做時，我覺得受傷了。我猜你可能也有同樣的感受。當你準備好談論受傷的感受時，能讓我知道嗎？」在準備好討論感受前，艾瑞克可能需要一點時間冷靜。如果艾瑞克仍然不想說，那麼老師可以講述一個自己曾經感覺很受傷的故事。聽到約翰的故事後，艾瑞克可能更願意與約翰討論自己的感受。透過與艾瑞克一起度過這段時間，老師可以藉由認同艾瑞克來獲得信任——即使艾瑞克不覺得自己討人喜歡。而在艾瑞克的感受獲得認可和接受後，他會開始有更好的感覺（和表現）。

當感到受傷的孩子傷害另一個孩子時

了解孩子的錯誤行為目的可能是因自己受傷而報復時，並不能因此合理化他傷害其他人的行為。針對肢體暴力的彌補辦法牽涉到三個步驟：

1. **進行損害控制**。將涉及其中的孩子分開，或讓另一個孩子遠離發動攻擊的孩子。通常這代表讓兩個孩子分別待在冷靜區，直到他們平靜到能夠做出更好的選擇。
2. **處理受傷的感受**。花時間找出可能導致孩子感到受傷的原因，並允許這些感受浮現。當你接受並認可孩子的感受時，藉由發送這樣的訊息，亦即他可以放心擁有各式各樣的感受，就可以提升他的歸屬感。這是一種無條件的關愛形式。有時你無法消除孩子痛苦的源頭。父母吵架、家人生病或其他的事件，通常都超過你的控制範圍。但只是讓孩子有一個安全的地方表達感受，並讓他得到支持和傾聽，就可以幫助他療傷。
3. **彌補**。彌補是學會對自己行為負責的一部分——是所有人都需要培養和練習的能力。你可以問攻擊人的孩子，他是否需要解決方案，幫助另一個被傷害的孩子感覺變得更好。你和他可以一起想出一些點子，例如提供服務（清理另一個孩子的座位、為他說故事，或為他畫張畫）。孩子也可以選擇道歉，但你不能強迫他說「我很抱歉」——這會教孩子說話不真心。如果孩子能發自內心真誠道歉，這樣的影響力會更大。

☺教導孩子感受與行為之間的差異

學會為內心的感受命名，將提供孩子一種新工具。透過學習暫停、認同和為感受命名，艾瑞克可以放慢速度，在行動前花點時間思考。艾瑞克需要學會「感到受傷」和「針對受傷感受採取行動」之間存在著差異。

約翰可以向艾瑞克解釋：「你有什麼感受都可以，但並非**做什麼**都可以。等一下讓我們一起腦力激盪，想一些在受傷時我們可以做的事，而且這些事不會傷害別人或損壞學校的物品。」對約翰來說，明智之舉是延後腦力激盪的會議，因為艾瑞克需要一些時間恢復。

☺詢問積極暫停對他是否有幫助

如果約翰教過他的班級積極暫停，他可以問艾瑞克積極暫停是否能幫助他冷靜，直到他感覺好一點。約翰甚至可以問艾瑞克，他想要人陪或自己一個人去。如果艾瑞克希望有同伴，而約翰剛好有幾分鐘的話，他可以提出：「你想要我和你一起去，還是想和你的好朋友一起去？」那些沒有歸屬感的孩子，通常會抓住有人陪他們一起去的機會——他們可以同時冷靜並感受到歸屬感。

☺讓孩子分享觀點

在艾瑞克冷靜並感覺好一點後，約翰可以和他討論為什麼他會感覺到受傷，並尋找方法幫助他再次感覺好起來。艾瑞克可以告訴約翰，他對約翰在扔積木事件上的反應有什麼感受。也許約翰可以提醒他，在早上的班級會議上，已經決定好一個扔積木的解決辦法。這可以解釋為什麼前一天另一個孩子受到不同的待遇。或者，約翰可以請艾瑞克提出一個讓他覺得公平的解決辦法。透過先處理受傷的感受，約翰和艾瑞克可以一起解決問題。

☺（衝突後）安排時間尋求解決之道

當難熬的情緒出現時，艾瑞克可以學習以不同方式表達。那天早上稍晚，約翰請艾瑞克和他一起參加腦力激盪會議。這種後續行動可以鼓勵他正向地成長，也有助於防止未來出現問題。約翰建議當艾瑞克下次感覺受傷時，可以來找他，並練習為這些感受命名。約翰親切地告訴艾瑞克，他會努力當一名好的傾聽者。約翰接著問艾瑞克有什麼想法。艾瑞克一直在學習怎麼「用說的」，於是他說：「當有人傷害我的感受時，我可以告訴他我不喜歡。」約翰說：「這聽起來不錯。還有別的嗎？」艾瑞克想不出什麼，於是約翰提醒他：「我們要不要把這個問題放到班級會議的議程上？」艾瑞克說：「可以。」

約翰結束討論時說：「你有三個好想法。我相信在下次感到受傷時，你會選擇最適合的那個。」重點是要記住，在艾瑞克學會認識他的感受，接受它們是好的，並找到可被接受的方式來處理感受前，這個過程可能需要重複好幾次。

☺修復損害，進行彌補

要如何處理艾瑞克的破壞行為？請記住，讓孩子感覺更糟糕，不太可能鼓勵孩子有更好的表現。報復和懲罰是大人對破壞行為的典型反應，但它們往往會刺激孩子以更多的報復回應。另一方面，當孩子破壞某些東西時，期待他負責更換被損害的物品或處理他造成的損害，是很合理的。

當艾瑞克把衛生紙塞滿馬桶並造成堵塞時，他可以預期到自己需要幫忙清理。當他的感受和行為背後的信念獲得處理後，更可能在清理工作上合作，之後，艾瑞克和約翰可以討論艾瑞克可以如何幫忙清理廁所。請注意，重點在於廁所的髒亂，而不是艾瑞克製造的混亂。現在不是指責的時候，而是應該共同努力尋找解決辦法。這需要時間，但用尊重和關懷的方式，更能夠改善艾瑞克的行為。

艾瑞克並沒有逃脫任何事。終究，他將和約翰就修復他造成的損害達成一致的計畫，而約翰將看到計畫被執行。當重點放在解決問題時，結果很可能是孩子的行為改變了。這樣報復的循環就可以被打破。

☺ 努力幫助孩子感受歸屬感

我們已經討論了幾種約翰可以幫助艾瑞克處理行為的辦法，但為了長久改變艾瑞克看待自己的方式，約翰必須專注於讓艾瑞克對課堂產生歸屬感。在班級會議或大圈圈活動[48]時，約翰可以發起討論：當別人想和我們一起做事時，我們的感覺會有多好。然後約翰可以說，他已經選擇艾瑞克來分送早餐的小點心，並問有誰願意和艾瑞克一起做這個工作。有幾隻手會舉起來，他們會選出一個幫手。相對於只是問「還有誰想發送小點心」，約翰將藉由集中焦點在和艾瑞克一起工作，對他發出不同的訊息。

48 在美國的幼兒園中，每天下午都會安排大約半小時的「大圈圈活動」（circle time），每次活動的內容不盡相同。讓小朋友分享生活見聞的「展示與講述」（show and tell）、邀請家長來分享各國文化，都是可能的內容之一。

之後，約翰可以花一點時間和艾瑞克討論，有多少孩子舉手想和他一起工作。當有那麼多孩子舉手想和他一起分送小點心時，艾瑞克是不是感覺很好？透過這種方式，約翰將幫助艾瑞克成為有貢獻的成員，且將自己視為可愛、是其他人會想與他一起工作的人。這種處理是幫助艾瑞克形成不同信念的關鍵。

在幼兒園的自暴自棄

對於戴爾來說，這只是另一個上游泳課的日子。戴爾五歲，但他仍然在三歲的小組中。游泳課老師湯姆試圖讓每個人在水中吹泡泡。戴爾討厭弄濕自己的臉，所以只在水面上方吹一點點氣。湯姆游過來建議戴爾假裝在吹生日蠟燭。戴爾仍只用手臂抱著自己，把下巴放低到胸前，輕輕地搖晃著頭。一、兩分鐘後，湯姆放棄了，繼續到下個孩子那裡。

不久之後，其他孩子都緊抓著泳池邊緣，練習在水中踢腿。戴爾坐在一旁，拒絕進入游泳池。湯姆提議要在戴爾踢腿時抓著他，但戴爾拒絕了，並轉身離開泳池。最終湯姆放棄了，獨自留下了戴爾一個人。

戴爾成功地說服游泳老師不要理會他。他認為由於他「不夠好」，因此必定毫無希望。他根據這個信念來說服別人放棄他，充分顯示自暴自棄（或放棄）的錯誤行為目的。戴爾那頂想像的滑雪帽，低垂著覆蓋住他的臉，上面寫著：「教我怎麼踏出一小步，慶祝我的成功。」

辨識在幼兒園的自暴自棄

湯姆必須隨時注意游泳課所有孩子的需求——他不能把時間都花在戴爾身上。湯姆感到絕望，當他甚至無法說服戴爾嘗試不同活動時。他不能強迫戴爾進入水中或吹泡泡，唯一的選擇似乎就是放棄戴爾，讓他獨自一個人。湯姆還能做什麼？戴爾沒有爭吵或咄咄逼人，只是更加退縮。事實上，戴爾相當容易讓人忽視或不理會他。

如果戴爾試著做看看，可能會證明自己是一個了不起的游泳運動員。他在哪裡獲得自己不夠好的信念？事實上，戴爾的父母運動神經非常好，他們在大多數運動，包括跑步、溜直排輪及騎腳踏車中都表現出色。然而當戴爾試圖加入，他們卻難以掩飾對戴爾拖慢速度的不耐煩。他們非常愛戴爾，只是不知道如何將活動調整到適合戴爾的程度。

如何鼓勵在幼兒園自暴自棄的孩子？

- 就算最小的步驟也要鼓勵。
- 專注在孩子能做的事情上。
- 將工作分成小步驟並慶祝成功。

如何回應在幼兒園的自暴自棄？

戴爾認為，因為他不像父母那樣擅長運動，所以乾脆連試都不要試。他似乎無法做好任何事。他的父母是「完美的」，而戴爾顯然不是。感覺無助會更安全。如果戴爾可以說服別人不對他產生期待，那麼他就能獨自一個人了。除了忽視戴爾，湯姆還能做些什麼？

☺就算是最小的步驟也要鼓勵

當戴爾從游泳池退開時，湯姆如何鼓勵他？湯姆可以說：「戴爾，我知道要你在水裡吹泡泡需要很大的勇氣，但我想讓你知道，我很感激你的那份努力。」一句簡單的話，卻是強而有力的訊息！湯姆沒有認定學游泳很容易。事實上，他承認這對戴爾非常困難。湯姆花時間注意到戴爾願意採取的一小步。隨著時間進展，這種溫和的鼓勵可能使戴爾願意冒更多險。

☺專注在孩子能做的事情上

大人可以學會專注在孩子可以做的事情上，幫他透過別人的眼睛，最終透過自己的眼睛，看到自己的能力。很多時候，老師的時間都被尋求注意力的孩子所占據，或者忙著與挑釁的孩子進行權力爭奪。然而，有著自暴自棄或放棄錯誤行為目的的孩子，是最容易被忽視的人。

☺將工作分成小步驟並慶祝成功

與幼兒一起生活或工作的大人，可以學習認知與鼓勵孩子進行那些往成功邁進的小步驟，並保持符合實際的期望。德瑞克斯說過：「努力改進，但不追求完美。」重要的是，將工作分成許多小步驟，並使這些小步驟對受挫的孩子來說，不再那麼令人生畏。這讓戴爾的老師在協助他建立自信上會很有幫助。對於有自暴自棄錯誤行為目的的孩子來說，關鍵詞是「相信我」和「鼓勵、鼓勵、再鼓勵」。儘管有時看似困難，試著相信受挫的孩子。他會看到你眼中映照出的自己。你信念所產生的能量，對他是有感染力的。

孩子的改變，你看得到

老師和托育人員有時會對每天面臨的艱鉅任務感到沮喪。教導和管理數十個活潑的小孩，並不容易——尤其當他們有很多對自己和世界的信念都在家裡形成，而非老師所能控制時。

儘管如此，我們每個人能做的就是盡力做到最好。許多孩子每天與托育人員在一起的時間，可能是最能感受歸屬感和重要性的時間——每個小時都值得付出努力。更好的是，當父母和老師共同努力了解孩子的行為並能有效處理時，將在孩子身上產生奇蹟一般的成果！

第11章

「你不能來我的生日派對！」

——學齡前兒童的社交技能

關於學齡前兒童的友誼，沒有比「你能來我的生日派對」更重要的聲明了。孩子在說：「我夠喜歡你，所以願意跟你分享在我世界最重要的一天。」

「你會當我的朋友嗎？」每個幼兒園老師都聽過這樣的請求。它可以讓你感到窩心——或厭煩，因為它聽起來像在尋求過度的關注。事實上，孩子對友誼與社交技能的需求，是正常發展的一部分。

孩子在學齡前階段的成長很驚人，這種成長可以從友誼方面看出來。孩子獲得社交技能會發生在可預期的階段，當大人了解孩子的發展能力後，發生這種情況就不會造成太大的痛苦。在這段發展社交技能的期間，關心孩子的大人可以提供訓練、耐心和鼓勵，這是一段有時會有淚水縱橫臉龐、丟在地上的玩具，以及嚴酷意志拉鋸戰的時期。

對幼兒來說，友誼是什麼？

兩歲或兩歲以下的孩子，並沒有真正的朋友，即使他們可能發現自己身邊圍繞著托育中心的同學、父母熟人的孩子，或當大人在社交時，被放在一塊「玩」的鄰居小孩。在兩到三歲之間，孩子開始與同齡的小孩互動，把他們當做好奇或探索的對象，然而這些包括戳人、咬人、搶玩具或丟沙子的互動，都不是建構友誼的有效成分。此外，他們也可能以在另一個孩子身旁自己玩遊戲的方式彼此參與。

在三歲時，友誼開始出現。通常由大人幫忙組織，時間可能很短，但真正的關係種子已經被種下，有些孩子確實開始與同齡的人建立真正的連結。四歲時，孩子將建立更持久的友誼，並通常有著兩個或三個喜歡的玩伴。

學齡前兒童的學習似乎經常涉及對立面——他們會同時學習一項技能的正反兩面。在友誼的例子裡，代表透過友誼展開連結，並伴隨著排斥。關於學齡前兒童的友誼，沒有比「你能來我的生日派對」更重要的聲明了。孩子在說：「我夠喜歡你，所以願意跟你分享在我世界最重要的一天。」遺憾的是，學齡前兒童也學到了排擠另一個小孩，會有感受到力量或報復的機會。

珍娜已經四歲半了。現在是六月，十二月她的生日才會到來。即使如此，她沒有一天不在邀請或聲明不邀請人來參加生日派對。當某位家長帶著女兒走進來報名班級時，珍娜立刻走向那名女孩說：「我快要五歲了。妳可以來參加我的生日派對。」然而不久後，當珍娜的朋友伊爾莎不願意與她分享裝扮的衣服時，她噘起嘴唇，以宣布噩耗的聲音說：「妳不能來參加我的生日派對！」伊爾莎在這樣的威脅下顫抖著，迅速遞給她一條圍巾。

生日邀請（或撤回邀請的威脅）是孩子早期的社交工具。它們代表著相互陪伴和接納的提議——以及相反的——短暫的拒絕。由於這個年齡的孩子在辨識和表達感受上還不成熟，所以這種生日派對和其他類似的威脅有兩種目的。它在說：「我在某種程度上生氣、難過或沮喪。」它也可以作為操控人、使別人聽命於己的工具：「如果你不讓我玩鞦韆，你就不能來我的生日派對。」隨著孩子日漸成熟並學習到社交和情緒技能，他們將會以更合作的方式進行人際互動。

到五歲時，孩子會發展出更堅強的友誼。這階段的友誼恰好碰上幼兒正經歷日益增強的情緒。當這些強大的發展面向同時發生時，衝突可能由此產生。這個時期，孩子可能會專注在一個與他有特殊情誼的玩伴身上，或者他可能會有一個特殊的朋友圈。

塞爾吉奧和肯尼斯是最好的朋友。他們早上總是互望著抵達托育中心；玩模擬實戰時，他們會透過在地板上滾來滾去跟彼此打招呼；或者他們會很快地跑去一起用樂高積木蓋一座高塔。在小組活動時，他們希望能坐在一起；老師有時必須提醒，如果他們不能安靜，就必須分開坐。塞爾吉奧和肯尼斯整天都在一起，他們擁有一段美好且重要的早期友誼。

當三個孩子是朋友，而其中一人被排斥時，會演變出一個常見的問題。當羅倫告訴父母，艾琳和梅一起去游泳時，他們聽得出她聲音裡的難過——被排斥很痛苦（到了第二天，受傷的感受通常會消失，而友誼也將繼續成長）。拒絕可以是一種令人痛苦的社交工具，在孩子學齡前階段的後面幾年，大人需要示範與指導他們，如何使用解決問題的技巧來化解友誼中出現的分歧，並鼓勵他們進行健康的社交互動。有趣的是，性別似乎也會影響社交互動。一些研究表示，女孩更可能將關係和拒絕作為一種攻擊形式，而男孩則可能會打架、爭吵及迅速和好。

哈爾、艾倫和雪萊是好朋友。他們在操場上互相追逐，是無法分開的團體。雪萊明顯是三人中的領導者，經常是那個決定要玩什麼遊戲並制訂規則的人。聰明的老師知道，如果想讓三個孩子對一項新活動感興趣，要說服的人就是雪萊。

特殊友誼是許多生活關係的重要基礎，它也為孩子提供一種嘗試不同角色的機會。舉例來說，雖然艾倫現在選擇跟隨雪萊的領導，並不代表他未來不會成為領導者。這只是他嘗試扮演的角色之一。

培養社交技能不能缺少練習，同時也少不了許多大聲抱怨和泫然欲泣的臉龐。如果大人不是專注在扮演拯救者或裁判，而是在培養能夠感覺自我影響力和能力的健康兒童時，將可以幫助孩子在關係世界中，得到取得歸屬感所需的社交技能。

遊戲是一個社會化過程

兒童的遊戲其實是一個實驗室，大量關於角色和關係的研究在這裡進行。遊戲是一種會成為未來孩子與他人互動基礎的活動——絕對不是沒有意義或浪費時間。儘管如此，孩子在遊戲中還是會出現爭執，多數父母和托育人員都能說出像下面這樣的故事。

一天下午，四歲的莎朗帶著擦傷的膝蓋回家。她最好的朋友潔米把她從鞦韆上推下來。莎朗的媽媽第一個直覺是要打電話向幼兒園老師抱怨，畢竟，他們不是應該看著孩子嗎？

幸運的是，莎朗的媽媽對幫她學習生活技能更有興趣，而不是因為社交衝突而責怪他人。她坐在莎朗旁邊問：「親愛的，妳能告訴我發生了什麼事嗎？」

「潔米下了鞦韆，然後我上去了。」莎朗說道，然後防衛性地補充：「她沒在用了。」

媽媽壓抑住笑意，突然明白了故事的走向。「妳知道為什麼潔米下鞦韆嗎？」

「為了拿她的外套。」莎朗冷靜地回答。

正如媽媽懷疑的那樣，當潔米穿著外套回來，發現莎朗坐在「她的」鞦韆上時，就把她推了下來。媽媽花了一點時間證實女兒的感受：「我敢說當潔米推妳時，妳一定覺得很可怕，或許覺得她不再是妳的朋友了。」

「嗯！」莎朗的嘴唇顫抖著說，並且哭了起來。當她哭完並感覺好一些後，她們一起探討發生了什麼事。媽媽問，當潔米從鞦韆上下來後，除了坐上鞦韆外，莎朗還可以做些什麼事。莎朗想了一會兒，覺得她可以為潔米保留鞦韆，直到她回來。

「如果妳為潔米保留鞦韆，會發生什麼事呢？」媽媽問。

「潔米會重新開始玩鞦韆。」莎朗說。

「潔米會把妳推下來嗎？」

莎朗搖了搖頭，她可以看出如果她有不同表現，結果就會不同。媽媽同意潔米推莎朗不對，她還幫女兒了解，她可以清楚地告訴潔米：「不能推人。」媽媽幫莎朗明白她可以選擇，而這選擇會影響事態的發展。換句話說，莎朗擁有個人的力量和影響力。藉由與莎朗討論而不是急於拯救她，莎朗的媽媽讓她感覺自己擁有能力。

重要的是，父母應避免訓練孩子把自己當成受害者，認為自己無力改變或影響整個狀況。莎朗的母親原本可以衝去打電話給幼兒園老師（並責備），在過程中鼓勵女兒養成受害者心態。莎朗或許需要一點幫助，但不是同情、指責他人或被拯救。她正學習在社交情境裡與人互動，父母和老師應該協助她自行探索發生的事情、對事件的感受、從中學到什麼，以及有什麼解決問題的想法。大人可以幫孩子從這些早期的友誼實驗中，學習到自己並非無能為力，而是可以透過生活中的選擇影響經驗。

受害者與霸凌者

然而，早在學齡前階段，孩子就可能學會使用排斥和肢體威脅來控制他人。這些行為種下霸凌最早的種子。孩子需要父母和老師幫忙，才能學會他們確實有選擇權和個人力量，這會使他們不容易成為被霸凌的對象。如果大人拯救孩子，而不是教導他們技能及認識自己擁有的力量，可能會在無意中鼓勵孩子成為受害者。畢竟，霸凌者需要有受害者才能進行欺凌。

當瑪西向媽媽抱怨另一個孩子打她時，她學到這樣可以得到許多關注。媽媽會抱她，叫她：「我可憐的孩子。」然後打電話給幼兒園老師或鄰居（如果事件發生在朋友家裡），氣憤於他們沒有提供足夠的監督來保護瑪西。老師或鄰居會保證未來將更加小心。

瑪西的老師喬在某個星期看到幼兒園操場上，發生了一件很不一樣的事情。當喬從操場的角落望過去時，他看到瑪西自己絆倒了。當喬過去幫她時，瑪西說：「布魯斯推我。」喬很驚訝。布魯斯根本不在附近。瑪西喜歡作為受害者所得到的憐憫和關注，並打算利用說謊來獲得。

當然，孩子確實需要大人保護和監督。在某些時候，瑪西可能真的被另一個孩子打。父母關切並與其他大人談論這類問題是適當的。但在這個年紀，賦予孩子解決問題的能力也同樣重要。

瑪西可以學著說：「停！不要打我。」她可以向大人求助，大人可以教導瑪西表達感受：「那傷害了我，我很生氣。」並幫瑪西說出她想要的東西：「我想玩，但不要被打或受傷。」透過專注在解決問題的方法上，以及教導孩子理解和表達感受，你可以藉由不強化霸凌來避免孩子遭受欺負。其他解決問題的技巧包括：透過「用說的」命名和表達感受，並學會對他人表達同情等。孩子也可以學習專注於解決問題（而不是責備）的重要技能。同理和同情將在整個童年和青春期持續發展，一旦孩子進入同儕和友誼的世界後，它們還可繼續因受到鼓勵而成長。這些技能有許多都能透過家庭和班級會議來強化（請參閱第十六章）。

學齡前階段是公開談論霸凌的好時機。在家庭或班級會議期間，你可以邀請孩子討論，其他人對被霸凌有什麼感受，他們認為為什麼有人會霸凌，以及該如何解決這個問題。

在一間幼兒園裡，孩子經常對約書亞表達憤怒，因為他會撞倒他們的積木塔，並踩壞沙堡。有一天約書亞缺席，老師決定利用機會幫助學生練習同理心和解決問題。在一次課堂討論中，她問：「你們認為約書亞為什麼會做出一些傷害別人感受的事情？」

一個敏銳的小女孩說：「也許他沒有朋友。」（約書亞是新來的學生，其他孩子因為他的攻擊行為而迴避他。）

另一個人說：「也許他還沒學會怎麼用說的。」

老師隨後問：「你們當中有多少人願意幫約書亞？」每個孩子都舉起手（孩子喜歡可以幫忙的機會）。

老師說：「我會和約書亞談談，問他是否願意和我們一起腦力激盪來解決這個問題。這個同時，你們會做些什麼幫助約書亞呢？」

有幾個孩子提議當他的朋友，並邀請約書亞與他們一起玩。還決定告訴他，當他破壞東西時他們的感受，並請他停下來——或者如果為時已晚，就請他幫忙重建。

老師決定在與約書亞談話前，先看看學生的計畫進行得如何。她發現問題大幅減少，讓她根本不需要提起。約書亞的攻擊性發展為領導力，他對班級會議議程上的其他問題，提供許多解決的建議。透過其他孩子在建立友誼上的努力，他學會感受歸屬感，並以有用的方式運用力量。

「但是沒有人喜歡我！」

正如我們提到的，孩子的友誼是社交技能的實驗室——並非所有實驗結果都是好的。膝蓋擦傷和受傷的感受是難免的。當你可以避免扮演「超級父母」或「超級老師」，並幫助孩子從錯誤中學習時，你就是在教他們感受自己的能力與對事物的勝任感。

卡拉五歲。有一天，當媽媽正在為卡拉去幼兒園做準備時，卡拉抗拒著說她不想去，因為她沒有朋友，也沒有人喜歡她。

卡拉的父母和老師必須找出到底發生了什麼事。如果卡拉確實沒有玩伴，那麼她生命中的大人可以幫助她了解原因。一個傷害他人或拒絕在遊戲中合作的孩子，不會是受歡迎的玩伴，但我們可以教導這樣的孩子，用更有效的方式與同儕互動。

有成功社交關係的孩子，經常會學著先觀察一個進行中的遊戲，然後為自己創造一個角色來參與。例如，安琪拉花了一些時間看她的玩伴玩扮家家酒，然後提議自己可以為其他人烘焙餅乾，順利融入正在進行的遊戲中。

艾瑪在這方面便不太熟練。她跳著走過去跟一群孩子說：「我可以一起玩嗎？」她經常被拒絕，因為其他孩子不想為了替艾瑪創造角色而打斷遊戲。幫助孩子發展社交技能將有助於他在同儕團體中找到歸屬感，這種需求如果沒有獲得滿足，可能導致孩子出現尋求過度關注、爭奪權力、報復和自暴自棄等錯誤行為為目的的行為。

像卡拉這樣的孩子，其實可能是一個受歡迎的玩伴，但她根本不這麼看待自己。班級會議或許有助於幼兒園處理這種情況，但面對這類難題的父母則需要採取不同做法。比方說，卡拉的爸爸可以問她：「是什麼讓妳覺得其他孩子不喜歡妳？」或是「妳認為當某個人的朋友是什麼意思？」他們可以一起探索卡拉對友誼的看法，然後檢視自己的經驗。「我注意到今天阿德里安請妳和他一起玩。妳覺得為什麼他要這麼做呢？」卡拉現在有機會比較她的看法與實際發生的事情。老師也可以提供父母孩子在白天正面經驗的相關資訊。

玩伴日活動

玩伴日[49]活動已成為現代生活的一部分。現在的孩子可能沒有很多兄弟姊妹或住在附近的孩子，邀請孩子一起玩是幫助他們建立友誼和練習社交技巧的方式。當孩子在不同環境中共度時光時，會產生更強烈的親密感。卡拉父母可以邀請她的同學和他們一起去動物園，或是在週六下午和卡拉一起玩她新的玩具小屋[50]。由此所增強的親密感通常也會在幼兒園轉化成更多兩個人一起遊戲的時間。當一個孩子發起玩伴日活動時，便是其在社交發展上的一個里程碑。

六歲的萊拉衝進門宣布：「我的朋友要來這裡參加玩伴日活動！」她興奮得喘不過氣來，而她的朋友卓婭也是。她們在房子裡穿梭，萊拉急切地向卓婭展示每個房間，甚至連萊拉的媽媽法茲雅也很興奮，但同時也有點擔憂。卓婭是萊拉在新幼兒班的同學。法茲雅通常認識萊拉的朋友，從他們的清真寺、萊拉以前的幼兒班，或者家人的朋友。這是萊拉第一次獨力建立的友誼。萊拉和卓婭的玩伴日活動，帶給母女兩人一種勝利感，這是萊拉社交發展的一個重要指標。

孩子的朋友有行為問題

孩子有時會選擇父母覺得有問題的朋友。有時候孩子會不喜歡另一個孩子或經常與另一個孩子吵架——或者，你可能不在意孩子與特定玩伴在一起時的行為表現。如果友誼導致孩子出現特別粗暴的行為或攻擊性，為孩子設定明確的期望將有所幫助。

---

49 玩伴日（playdate）是美國父母為孩子（通常為五歲到十一歲左右）安排聚會，讓不同的孩子在一起玩幾個小時的活動。
50 玩具小屋（playhouse）是一種迷你的房屋模型，可以讓孩童自己建造並在裡面遊戲。

迦勒喜歡和住在同一條街的德瑞克一起玩。德瑞克是一個非常粗暴又狂野的小傢伙。兩個四歲的孩子，最後總是沒命地在屋裡四處亂跑，或是在草坪上摔角，玩具不只一次被破壞，而迦勒回來時總是帶著刮傷、撞傷和瘀青。迦勒的媽媽不是很喜歡這個朋友，尤其德瑞克是唯一會和迦勒玩這類遊戲的孩子。媽媽決定不阻止迦勒，而是為兩名男孩在她家裡能玩的遊戲制訂明確的準則。

在一個安靜的早晨，媽媽和迦勒一起坐下來，向他解釋她的感受及她對他們安全的顧慮。然後她清楚地向迦勒說明她的期待，並溫和地請他複述一遍給她聽，以確定他真的理解。

她制訂了三條規定：不罵人、不取笑人、不玩粗暴的遊戲。媽媽和迦勒同意，當迦勒或德瑞克不守規定時，德瑞克就必須回家。在德瑞克的媽媽來接他之前，德瑞克必須待在客廳，迦勒則待在自己的房間。

她與德瑞克和德瑞克的媽媽討論了這個計畫，他們也同意了這些規定。現在，兩位媽媽必須擬訂必要時得貫徹執行的辦法。迦勒和德瑞克會想知道這個計畫是否將認真被執行，這是學習的本質。他們可能會乖乖地玩個一次、甚至兩次，但這些規定最終將受到測試。

果不其然，當迦勒跟著德瑞克爬上櫃檯時，這一天到來了。在媽媽請他下來時，迦勒拒絕了，讓媽媽忍不住說：「你這個固執的小傢伙。」

迦勒的選擇是走到房間或被帶到那裡。媽媽溫和但堅定地指著沙發，德瑞克可以在那裡等他媽媽。沒有必要提醒或警告，因為兩名男孩都知道期望和後果。德瑞克的媽媽迅速抵達，並把德瑞克帶回家。現在兩名男孩都知道他們的父母說到做到，而他們的行為必須改變。如果不改變，迦勒和德瑞克將失去到對方家裡玩的機會。

賣弄本事的孩子

有些孩子似乎繼承了「孔雀基因」，表現得好似賣弄本事才是與人交往的最佳方式。

Q 我四歲的兒子和同齡孩子在一起時，似乎完全忘記我們教他的一切。他和他們在一起時太過興奮，因此試圖刻意賣弄本事。他對所有大人的話充耳不聞，只有在我們很大聲說話時才停止搗蛋。我們可以採取什麼行動來阻止這種行為？

A 比起注意大人，你兒子對與同齡孩子互動變得越來越感興趣，這是一種適性與適齡發展的表現。了解這個事實將有助於你決定如何應付孩子喜愛賣弄本事的行為。

停止大聲說話會是一個好的開始。當你想要兒子注意時，請你親切且溫和地將他帶到一旁，蹲下與他目光接觸。向他說明問題、你希望他做什麼，以及**你**會做什麼。換句話說，向他解釋他必須停止在室內大吼大叫。如果他繼續這樣，你就必須帶他回家（如果你不願意真的離開，或許你可以和他一起到另一個房間，他可以在重新加入遊戲前，在那裡讓自己冷靜）。這個計畫只有在你能夠尊重並私下與他談話時才有用，這樣他才不會因出於尷尬而忍不住繼續搗蛋——而且你要能貫徹執行。

出生順序的社會意義

家庭通常是孩子首次嘗試社交技能的實驗室——兄弟姊妹則是白老鼠。孩子在家中所處的位置，是一個影響他們處理彼此關係及家庭以外更廣闊世界關係的因素。

在學齡前階段，孩子正在做許多關於自己和其他會影響他們後續生活的決定。他們在問自己：「我必須做些什麼才能找到在這個家——以及在我的朋友之間的歸屬感和意義？我可愛又討人喜歡，還是不怎麼可愛？我夠好嗎？還是我必須繼續努力——或者應該直接放棄？」學齡前兒童將會把這些問題的答案帶入周遭世界，並在探索社會關係時實踐他們學到的東西（有關出生順序的更多資訊，請參閱第三章）。

兄弟姊妹的爭吵

擁有兄弟姊妹是一種福分還是詛咒？大多數孩子偶爾會這麼懷疑。兄弟姊妹是永遠的，他們大多數活得比父母更久，孩子通常會透過與兄弟姊妹的關係，學習到關於友誼的第一課。

看到十八個月大的提米走到四歲的姊姊面前說：「哇唉泥，貝貝」（我愛妳，貝絲）會讓人感到窩心；但當看到貝絲試圖從他手中拯救最愛的書，並被提米拉扯頭髮時，就不那麼令人感到窩心了。在孩子三到六歲時，兄弟姊妹間的爭吵多源自於不成熟的社交技巧、在家庭中尋找自身地位的錯誤方式，以及相關大人的反應。

社交技能的訓練對手足關係很重要，尤其分享（和爭奪）父母的愛和關注，是引發衝突的獨特面向（請記住，兄弟姊妹之間的爭吵與兄弟姊妹之間的競爭並不相同。兄弟姊妹之間的競爭，是家庭中每個孩子根據出生順序，以及家庭生活中角色所做出的決定——並且可以成為兄弟姊妹之間爭吵的隱性基礎）。

父母學會觀察手足之間通常為了什麼事爭吵，可以產生很大的效用。幼兒有時在探索彼此關係時也會爭吵，這時父母只要離開房間，就能夠避免成為救援角色。而到別處安靜一下，將可以避免成為孩子的觀眾——有時甚至能避免衝突。

如果你對噪音和混亂的恐懼太大，以致無法忽視時，試著給孩子一個大擁抱。「什麼？」你可能會說：「鼓勵他們爭吵？」不完全是這樣。如果孩子正在爭奪你的注意力，試著以意想不到的方式給予關注。在擁抱他們的同時，說：「我敢說你們兩個現在都想要我關心。下一次，試著用說話的方式告訴我，而不是互相傷害。」以一種意想不到的方式行動，可能讓孩子更注意聽你說話——擁抱總是很棒的！

由於有兩個孩子牽涉其中，一定要一視同仁。邀請兩個孩子使用積極暫停讓自己冷靜。不要試著當法官和陪審團。當你在閱讀懸疑小說時，再去關心「兇手是誰」，而不要在你撫養一個學齡前兒童時。當孩子準備和好後，他們可以出來。你已經把教養訊息從「誰被愛更多」轉移到「不可以傷害彼此」了。

家有愛爭吵的孩子時，父母可使用的三個選項

- **走開。**你可以選擇離開那個區域。令人驚訝的是，有許多孩子在失去觀眾後就會停止爭吵。如果他們跟著你，不要感到意外。這就是為什麼德瑞克斯建議，浴室是房子裡最重要的房間——它有時是唯一一個帶鎖的房間。如果孩子敲門，你可以進去淋浴間，或是閱讀小說並用面紙塞住耳朵（如果你選擇這些方法，最好事先告訴孩子，這是你在他們爭吵時會做的事情）。然後你可以在家庭會議上，針對爭吵進行討論並解決問題。
- **忍受。**這是最困難的選擇，因為它代表停留在同一個房間，不跳出來制止爭執或解決問題。當孩子在車裡打架時，「忍受」可能代表把車停到路邊，並讀一會兒書，告訴你的孩子：「一旦你準備好停止爭吵，我就會開車。」困難的部分是要閉上嘴巴，直到他們說準備好為止。
- **結束回合或讓他們離場。**如果事態演變得太火爆，你擔心他們（或你的房子）的安全，可以讓兩個孩子到某個地方冷靜，或是如果他們想繼續爭吵，可以去外面。還是他們可以「結束回合」，這是他們隨時擁有的選擇[51]。

「相互分享」的社交技能

相互分享並不容易，我們大多數人都認識無法分享的大人。對學齡前兒童來說，分享是在發展社交技能過程中持續的挑戰。正如我們指出的那樣，分享也受到社會和文化影響。在西方文化中，我們期待小朋友輪流、歡迎新的弟弟或妹妹，或者願意放棄最喜歡的玩具。這些技能與「我的」態度及對個人主義的高度重視互相抗衡。在學齡前階段後期，大人通常會提升對孩子相互分享的期待。年齡大一點的學齡前兒童，會開始意識到自己不是宇宙的中心——這個想法並不完全受到歡迎。

許多大人對於不能掌握分享社交技能的孩子沒有太大耐心。在許多文化中，這種自私更是無法想像。儘管如此，學習分享是一個持續的發展過程，它需要培養技能、大量練習和大人的耐心。

Q 我三歲的孩子最近一直在托育中心胡鬧，並和其他孩子吵架。他沒有打他們，但不願意分享玩具、不聽老師的話。有一天他似乎沒事，但第二天卻拒絕任何孩子接近「他的」玩具。我怎麼樣才能讓他明白所做的事是不被接受的行為？

51 參見雷蒙德．科西尼（Raymond Corsini）、吉納維芙．波因特（Genevieve Pointer）著作的《實事求是的父母：孩子教養ＡＢＣ》（*The Practical Parent: ABCs of Child Discipline*，書名暫譯）。

A 聽起來你有一個非常正常的小男孩。三歲孩子正在學習如何分享，而分享是一項難以掌握的技能。當我們想要卻無法得到東西時，大多數人都會不高興。

孩子需要明確且堅定的指導，他需要教導而不是說教或懲罰。請記住，他還不知道如何談判、妥協和討論問題。當孩子為了玩具爭吵時，大人通常會將玩具從兩個孩子身邊拿走。然而，父母和托育人員可以做更多來幫助孩子學習這項重要的技能。

孩子需要學習如何「用說的」來提出需要什麼。大人可以在兩個孩子爭吵結束後，將他們帶到一旁。當每個人都平靜時，試著練習提出玩玩具的要求。例如，一個孩子問：「我可以玩積木嗎？」回應玩伴要求的一種可能是：「我還沒有玩完。」然後你可以傳授談判技巧：「你可以在五分鐘後來玩」或「你願意和我一起玩嗎？」這種訓練對學習相互分享非常重要。

更多製造和平的可能性

- 邀請孩子在家庭會議或班級會議的議程上提出問題。
- 在冷靜期後，使用啟發性提問（通常以「什麼」、「為什麼」或「如何」展開）幫助孩子探索發生的事情、他們有何感受、從經驗中學到什麼，以及現在如何解決問題。
- 教導孩子「用說的」。這表示大人要表現得像個教練，而不是演講者或裁判。

爭吵

你有沒有看過一窩小狗摔角、互咬和打架呢？你可能會對小狗微笑，將他們的攻擊行為視作正常，甚至覺得可愛。然而，當孩子辯論和爭吵時，父母就不那麼著迷了。但是，幼兒測試限制和反對，反應與幼犬一樣正常。

當三歲半到六歲的孩子爭吵時，一個有效的辦法是，詢問讓他們到感覺好的地方，或是將問題放在家庭會議的議程上，是否有幫助——不是作為懲罰，而是讓他們消氣和冷靜的機會。之後，你可以請他們探索和為感受命名，然後邀請他們提出下次處理同樣情況的方法。對於大人來說，情緒失控、指責、懲罰、說教，或是加入爭吵都毫無助益。

以給予其他技能同樣的關注來教導社交技能，將培養出可以與人一起好好遊戲的孩子——至少在大多數時候。當孩子歷經連續的示範和訓練後，將學會與周遭其他人好好相處。

當康納斯先生看到兩個五歲孩子在幼兒園互相扭打時，他發現了另一種處理爭吵的創意方法。他抓起一個玩具麥克風，衝向男孩說：「對不起。我是六點鐘新聞的記者。你們是否願意各花三十秒鐘告訴正在收看的觀眾，打架的原因是什麼？」他把麥克風交給一個男孩，讓他看著想像的攝影機。

這個男孩了解到這個遊戲的精神，於是開始講述他的故事。三十秒後，康納斯先生拿起麥克風，把它遞給下一個男孩。當三十秒鐘結束時，康納斯先生看著想像中的攝影機說：「好的，觀眾朋友，請大家明天繼續收看，看看這些男孩將如何解決問題。」

然後康納斯先生轉向兩個男孩說：「你們願意稍後回來告訴觀眾，你們如何解決這個問題嗎？」他們臉上露出燦爛的笑容，兩個男孩都同意，並一起去思考解決的辦法——然後對著想像的攝影機進行報告。康納斯先生將爭吵轉化為學習社交技能的機會。

辨識並為感受命名

對學齡前兒童來說，學習社交技能有很大一部分涉及到對感受的理解。它有助於了解孩子打人，往往因為他們在發洩沮喪和憤怒的感受。畢竟，有這麼多人在阻礙孩子的衝動和渴望。重要的是，要教導孩子感受和行為之間存在差異，以及該如何辨識和處理（有關感受和溝通的更多資訊，請參閱第七章）。

三歲的傑克正在大吵大鬧。他一直在幼兒園裡打其他孩子，推掉他們用積木蓋的高塔，並在操場上踢沙礫。一天下午，當另一個孩子跑到他面前時，傑克生氣了，把她推倒在地，造成她膝蓋擦傷。

泰芮老師溫柔地將憤怒的傑克從其他孩子身邊帶到圖書區。當傑克冷靜下來後，泰芮老師為他帶來一本書，封面上有一張男孩看起來很難過的照片。

「為什麼他看起來那樣？」傑克問泰芮老師。

老師坐下來看著照片回答：「嗯，他看起來很難過。你認為他為什麼難過呢？」這個問題植入第一顆同情的小種子，邀請傑克透過另一人的觀點來體驗這個世界。傑克開始解釋照片中那個男孩很傷心，因為他最喜歡的保姆離開，他不會再看到她了——因為他對世界的經驗是他唯一的參考點，他將感受投射到照片中的孩子身上。了解到這一點，泰芮老師問傑克是否想要一個擁抱，他感激地爬到她腿上。「那個小男孩一定感到非常孤獨和悲傷。」她說。傑克開始在老師懷裡哭泣。

當傑克的哭泣轉為啜泣時，泰芮老師問他是否能想出一種方法，幫助那個被他推倒的孩子感覺好起來。傑克說：「我猜她也很難過，也許我可以和她一起玩一個特別的遊戲，並幫她收拾午餐。」

泰芮老師給傑克的父母寫了一張紙條，解釋發生了什麼事，並提到傑克對失去保姆所感到的悲傷。傑克幫忙在紙條下方畫個記號作為簽名。

傑克有機會安全地探索感受。他還了解到要對自己的行為負責。辨識和接受感受，可以幫助孩子學習有效的社交技能。

打人和攻擊

年齡較大的學齡前兒童如果會打人或拉扯頭髮，需要被隔離。父母或老師可以說：「我不能讓你傷害其他人。」並幫助打人的孩子探索憤怒或沮喪時，可以表現的其他行為。重要的是，要理解行為本身通常包含孩子如何感受的訊息密碼。雖然有些行為不恰當或傷害人，但感受本身並沒有錯。解讀一個孩子對自己擁有的信念，將提供父母和老師回應的線索。

要教會孩子以合作精神一起遊戲，需要不只一次這樣的場合。耐心地重複、示範和指導，將幫助孩子更快學習相處的樂趣。請記住，這不會把他們變成天使，然而社交技能的錯誤，總可以轉化為學習的機會。

當孩子傷害大人

有時候孩子的攻擊和憤怒不只針對其他孩子，在他們得不到想要的東西時，一些學齡前兒童學會了打人、踢人、咬人，或是拉扯父母和托育人員的頭髮。即使是小拳頭和小腳也會傷人。父母通常不知道該如何處理具有攻擊性的孩子，反而可能在無意中強化他們試圖改變的行為。

Q 我是一個三歲半男孩的母親。當我兒子沒有得到想要的東西時，會一直罵我和打我。我想他在幼兒園學到了這一招。我們一直試圖用最人性化的管教方法，不打他、不罵他或用任何方式羞辱他，總是試著和他講理。對於這種情況，我真的不知道該怎麼辦。請告訴我處理這類行為的最佳方法。

A 孩子不太可能在幼兒園學到這種行為。幼兒園只是讓他接觸到更多必須學習分享的孩子和大人，他有時必須聽他們的話，並努力建立自己在他們當中的地位。因此，他在家裡只是加倍努力想得到自己要的東西，在這裡他成功的機會會更大一些。

父母可以嘗試做幾件事，幫助孩子改變攻擊行為。以下內容提供幾種建議，你可以從中選擇適合的方法。

當孩子不尊重大人時

- 決定你會怎麼做。
- 溫和且堅定地抱著孩子。
- 分享你的感受。
- 使用積極暫停。
- 啟發性提問。
- 提供有限選擇。
- 把問題放在家庭會議或班級會議的議程上。

☺ 決定你會怎麼做

讓你兒子知道，在他準備好尊重你之前，只要打你或罵你，你就會離開房間。在你告訴他一次之後，不要說話、貫徹執行，並馬上離開。

☺溫和且堅定地抱著孩子

如果你擔心孩子會毀壞家具、打破東西或傷害自己，請試著坐下來牢牢抱緊他，讓他沒辦法打人或踢人。不要對他說教或大喊大叫，直到孩子平靜。輕輕搖晃孩子可以幫助他更快平靜。

☺分享你的感受

告訴他：「這真的很痛（**或**這傷害了我的感覺）。當你準備好，一聲抱歉會讓我感覺更好。」不要強求或逼迫孩子道歉。這個建議主要目的是示範如何分享感受，並提出你想要的東西。人們並不總是會給我們想要的東西，但我們可以藉由不苛求的方式分享感受和願望，來表達對自己的尊重。

☺使用積極暫停

正如你在第一章中學到的那樣，和孩子一起創造一個「積極暫停區」並為之命名，將會是一個好主意——一個有泰迪熊、書本或柔軟坐墊的地方。當孩子打人或傷害人時，問他：「到你的冷靜區待一會兒，會幫助你感覺更好嗎？」這一點非常重要：告訴你的孩子，當人們感覺好時，他們會做得更好，有時候每個人都需要時間冷靜和放鬆。如果你的孩子不想去，你可以這麼說來示範：「我現在非常生氣。我想我會待在一個安靜的地方，直到感覺更好一些。」

☺ 啟發性提問

啟發性提問有助於孩子探索行為的後果。「當你打人或罵人時會發生什麼事？這讓你有什麼感覺？這讓別人有什麼感覺？你能做什麼來幫助他們感覺更好？你要怎麼得到想要的東西？」你一定要以溫和且堅定的方式提出這些問題，並真心渴望孩子回答。不要把對話變成說教。

☺ 提供有限選擇

你可以藉由提供有限選擇，冷靜地讓孩子知道他**能**做什麼。你可以說：「打人和傷害別人是不對的。你可以停止打我並留在這裡，或者回房間，並在那裡發洩情緒。你自己決定。」確認你提供的選擇，都是尊重孩子並且自己可以接受的。

☺ 把問題放在家庭會議或班級會議的議程上

把打人和罵人的問題放在家庭會議或班級會議的議程上，這樣可以在每個人都平靜時，透過常態性家庭會議或班級會議討論問題。每個人都可以一起合作，尋求解決的辦法（欲了解更多有關家庭或班級會議的資訊，請參閱第十六章）。

停止暴力行為

Q 如何處理認為暴力是唯一解決方法的孩子？

A 這個問題會引發出更多的問題：這個孩子在過什麼樣的生活？在哪裡學到暴力？是看太多電視、玩太多電動遊戲或常被懲罰？孩子的環境和行為模範將提供許多關於孩子暴力行為的線索。

正如一名智者曾說過的，如果你想了解果子，看看它所生長的樹[52]。孩子確實會從生活方式中學習。你可以溫和且堅定地教導孩子尊重、解決問題的非暴力方式，以及讓他們看到大人會說到做到，以改變他們憤怒與具攻擊性的行為。

課堂上的滋擾行為

以小組方式提供孩子學習社交技能的機會，特別重要。老師每天都在面對行為的連鎖反應。

例如，每個人坐下來進行分組活動，一個孩子開始做出吐舌頭吹氣聲。不一會兒，整群孩子都在嗡嗡作響和吐舌頭。

靜靜坐著，直到課堂安靜。示範你想要的行為。另外也有一些老師決定加入製造噪音的行列，這通常會讓每個人都笑起來，也這可能是幫孩子安靜下來最簡單的方法。當滋擾行為導致重複的問題出現時，請向孩子尋求協助。

使用班級會議向孩子解釋，在小組活動開始後，孩子如果持續製造噪音，對你會造成問題。討論會發生什麼事，邀請孩子評論他們注意到的事情，然後提出解決的建議。你們可以決定用手勢、拍手或把燈熄掉，來表示教室裡的噪音應該停止。

班級會議可用於探索許多可能發生的問題。問孩子：「如果……你會怎麼做？」或描述一種情況並詢問孩子，他們認為出了什麼問題。說故事、絨布板[53]和書本，則是其他介紹社交技巧的方式。幫助孩子辨識你正在教授的技能，並花時間討論發生的事情和原因。

社會情懷

阿德勒將「社會情懷」描述為對他人真正的關心，以及為社會做出貢獻的真誠願望。當孩子

52 這句話應源自《聖經》。例如在馬太福音 7:17-20 中提到：「凡好樹都結好果子，唯獨壞樹結壞果子。」

53 絨布板是將一張厚薄程度不同的絨布黏貼在板子上，利用絨布上的絨毛，附著各種絨布圖片，來達到教學效果。

進入家庭和學校生活時，他們非常渴望擁有歸屬感。獲得歸屬感最有力的方法之一，是為家庭或群體中其他人的福祉做出有意義的貢獻。當大人可以幫助學齡前兒童關心和參與他們的社群時，每個人都能受益。在家庭或幼兒園裡，鼓勵社會情懷的好方法，是分擔家事或讓全家一起完成工作。對於幼兒來說，遊戲和工作沒有區別，因此大人可將日常工作當成教導社會情懷的機會。

當夏琳煎好漢堡肉餅時，三歲的紹恩高興地打開起司片，將它們放在漢堡上。想像一下，當家人坐下來吃晚飯，提到起司漢堡味道有多好，而這都要歸功於紹恩的努力時，紹恩會有多開心。

每次奶奶來訪時，五歲的貝琪都會提醒她，晚上要記得點眼藥水。當奶奶回到家後，貝琪每天晚上都會打電話給她，這樣她可以繼續提醒奶奶。

這些例子顯示孩子所展現的社會情懷，他們有意義的參與將有益於他人。學齡前兒童可以做很多簡單的工作，這不僅可以培養他們的能力與合作力，還提供他們練習與他人相處的機會。邀請孩子幫助你完成二六七到二六八頁表格中的某項工作，那是一些可以幫助你開始的想法[54]。

關係：連結的紐帶

無論你喜歡與否，關係形成了我們生活的結構。我們生活在家庭中，和同齡人一起上學，最終將與其他人一起工作、生活、相愛和遊戲。幫助小孩懂得相處，為他做好充分體驗生活的準備——與朋友和家人連結，並從中獲得滿足感。意見分歧和衝突不可避免，但他也可以學會以有尊嚴和相互尊重的方式處理這些問題。現在花時間教導和鼓勵社交技能，將能在孩子成長與成熟的過程中，為他以後的幸福生活鋪路。

適齡工作

年齡	自我照顧	食物	家事
三歲	自己脱衣服 洗手 脱鞋	準備餐桌（放好餐巾紙與餐具，刀子除外） 自己吃（用手和湯匙） 穿兒童圍裙（需要一些幫助） 用小罐子倒牛奶 分送水果 在烘烤前為馬鈴薯上油 剝香蕉 攪拌麵糊（做鬆餅等） 清洗生菜或其他農產品 切全熟的蛋（以特別的切蛋器）	收拾玩具 把自己的衣服放到洗衣籃裡 在花園裡挖土 採集莓果和其他花園裡的農產品

54 有關適齡工作的更多資訊，請參閱琳·洛特和瑞姬·茵特勒所著《沒有戰爭的家務》（*Chores Without Wars*，書名暫譯）。

四歲	選衣服 自行穿脫衣服（需要一些幫助） 穿鞋	擠果汁 磨碎起司 為吐司塗奶油 洗蘑菇 切香蕉、醃黃瓜等（以奶油刀） 揉生麵團 加水調製濃縮果汁 為杯形蛋糕上糖霜	把床罩拉平 整理插花 堆報紙 壓平要回收的鋁罐 準備餐桌 分類待洗衣物
五歲	幫忙打包午餐 梳頭髮 洗頭髮 綁鞋帶（需要一些幫助）	切軟的水果或蔬菜（在監督下使用鋒利的刀子） 揉麵團 混合做蛋糕的材料 在薄脆餅乾或麵包上塗花生醬和果醬 幫忙計畫菜單 用搗碎棒「搗碎」煮熟的馬鈴薯	摺疊毛巾 照顧寵物 收拾待洗衣物（需要一些幫助） 洗窗戶 幫忙購物 擦鞋 洗車（需要幫助）

第12章

終結睡前戰爭

——學齡前兒童的睡眠

讓孩子參與日常慣例表的建立，是能夠幫助他們保持自我意識和合作意願的好方法。

現在是幼兒園的午睡時間，所有孩子都睡著了——除了安妮塔。老師已經讀了一個故事並為他們按摩了背部，但儘管她盡了最大努力，安妮塔仍然醒著。

塔莎則是完全不同的狀況。塔莎的母親擔心她午睡時睡太久，會讓她晚上很難睡著。老師答應讓塔莎保持清醒久一點或早點叫醒她，但儘管盡了最大努力，塔莎通常是第一個入睡，也是最後一個醒來的人。

最重要的是，你不能強迫孩子睡覺，你也無法控制他什麼時候醒來。有時父母會覺得自己需要時間，因此試圖建立一個與孩子需求不符的就寢或午睡時間。

在學齡前階段，大多數孩子已經不再進行長時間、常態性的午睡——如果他們曾經有過！父母經常會想念那些平靜的午後時光，讓他們可以完成一些事情或自己可以休息一下。我們很想試著強迫孩子午睡——但不幸的是，讓他們入睡（無論是晚上還是午睡時間）都不是大人可以控制的。

大多數父母都體驗過這種沮喪：孩子在過了睡覺時間很久後還很清醒，在奇怪的時間下床；或者即使在爸媽有急事要處理時，也拒絕起床。父母可以做些什麼幫助孩子建立可以配合每個人需求的睡眠週期呢？

日常慣例表：生活中的魔法

學齡前兒童在日常慣例中成長茁壯。日常慣例和一致性（對大人來說偶爾會顯得無聊）能夠幫幼兒大腦發育並鼓勵合作與學習。當孩子的生活結構清晰且可預測時，他會享受到舒適與重複的安全感，並因此成長茁壯。

當兒童和家庭經歷創傷事件時，日常慣例也是第一道防線和一面獨特的安全網。在變化或混亂中重新建立一個熟悉的日常慣例，將幫助孩子感覺安全和受到保護。無論孩子是因國家災難、政治動盪還是家庭危機（離婚、死亡或搬新家）而頓失所依，日常慣例越早恢復，孩子就能越早開始應對並療傷。

根據克莉絲汀·安德森·摩爾、蘿絲瑪莉·查克、茱麗葉·斯卡帕、莎朗·范迪弗共同撰寫的《家庭優勢：經常被忽視，但很真實》一書，日常作息規律的孩子，在學校表現會更好，並能夠取得較高程度的自制力。這種自我控制富有彈性，通常被稱為**韌性**。每個人都會經歷壓力和困難的時期，但韌性使我們能夠度過這些艱難時期——不僅為了生存，也為了成長茁壯。

固定的日常慣例甚至可以降低使用大麻、酒精和菸草的風險，並減少孩子在青春期後期輟學的可能性。

在早上、用餐和就寢時間建立熟悉的日常慣例表，可以消除孩子經常想測試界線的需求。明確的期望和可預測的活動，可讓孩子（及父母和老師）每一天過得更平順。

隨著孩子長大並開始上學，使用日常慣例表可以消除許多圍繞家事或家庭作業而來的麻煩，特別當孩子大到足以幫忙建立這些日常慣例表時。下命令經常會引起孩子抵制。如果有人總是告訴你該做什麼、怎麼做及何時做，你會有什麼感受？如果你和孩子建立了日常慣例表，那麼這些日常慣例表就可以成為「主人」。你只需要問：「我們日常慣例表的下一步是什麼？」孩子喜歡告訴你（而不是被告知）。

幫助孩子保持強烈自我意識，提供貢獻和培養合作意願的最佳方式，是盡可能讓他們參與適齡的決策過程。讓孩子參與日常慣例表的建立，是能夠幫助他們保持自我意識和擁有合作意願的好方法。

日常慣例表會隨著不同家庭和幼兒園而不同，但它們是幫助你從可怕的三項戰爭——睡眠、吃飯和上廁所——中解脫出來的有效方法。在本章和後續章節中，你將發現在規畫任何類型的日常慣例表時，都能提供幫助的基本準則。

建立日常慣例表

與孩子一起腦力激盪出一份睡前時間的任務清單，然後讓孩子幫忙製作日常慣例表。試著將這份清單維持在三或四個（絕對不要超過六個）步驟。請記住，日常慣例表並不是為了提供獎賞或貼紙，它只是一張幫助孩子記住下一個步驟的圖表。孩子喜歡你拍攝他們完成每個步驟的照片，並把它們黏貼在日常慣例表上。有些孩子則喜歡畫自己做每個步驟的樣子，或用簡單的符號表示。你也可以用從雜誌剪下來的圖片，幫助孩子用他的名字、亮粉或其他裝飾提升這份圖表的個性。然後將這份圖表放在容易看到和遵循的位置。記住這句神奇的話語：「睡前日常慣例表的下一步是什麼？」」這樣孩子就可以告訴你，而不是被告知。

培養睡前日常慣例

擁有一個可預測、熟悉的日常慣例，可以解決孩子困難的就寢問題。但是，如何找到適合你家的睡前日常慣例？以下是關於睡前日常慣例的一些想法，可以幫助你為孩子建立一個幫助他（和你）有個好夢的日常慣例表。

☺ 遊戲時間

家庭遊戲時間是開始夜間日常慣例的好方法。某個家庭喜歡玩桌遊，另一個家庭則喜歡刺激的抓人遊戲或枕頭大戰。最好將較動態的遊戲安排在日常慣例一開始，這麼做是為了能夠逐步進入安靜與平和的活動。

☺ 選擇時間

提前規畫可以消除許多親子間的權力衝突。例如，在孩子**進入浴缸前**，先讓他從兩件睡衣中進行選擇。他可以把睡衣放在床上，這樣一旦洗澡時間結束，它們也準備好了。

為明天選好衣服也很重要。成功的早晨通常從前一天晚上開始。當孩子無法決定穿什麼衣服、想要穿找不到的衣服，或是穿上你認為不合適的衣服（比如在冬天選擇短褲）時，早上經常會發生權力衝突和災難。我們認為讓孩子在選擇穿著方面有一定的自主性很重要，但當父母沒時間時，孩子通常會選擇測試界線。前一天晚上選好衣服，最少能消除一個可能的早晨權力衝突（這聽起來似乎很容易，不過另一個更簡單的解決辦法是，在夏天把冬天的衣服收好，在冬天把夏天的衣服收好。這樣孩子就不太可能選到不合適的衣服）。

洗澡時間

浸泡在浴缸中通常讓人感到舒服——這也可以當成培養親密關係和遊玩的時間。有許多的沐浴玩具可供選擇（雖然廚房量杯和勺子可能已經相當好用），溫水的聲音和感覺有助於大多數孩子放鬆。晚上的洗澡時間應該安排在任何動態遊戲之後，藉此開始日常慣例中「平靜下來」的部分。

刷牙

你知道刷牙可以很有趣嗎？有些家人會把牙膏放在彼此的牙刷上，然後一起快樂地刷牙，這不僅可以教導口腔衛生的習慣，還能一塊享受一些乾淨又好玩的樂趣。不要在刷牙上製造權力衝突，應該將它作為創造慣例與連結的機會。

說故事時間

很自然地，說故事或閱讀成為睡前時間讓人熟悉的一部分。幼兒喜歡聽故事。事實上，有些孩子從不厭倦一遍又一遍聽到同樣的故事——並會對試圖偷懶跳過下一段的父母生氣！故事時間確實有助於孩子學習。孩子最早的「閱讀」體驗，可能包括對你朗讀一本書，甚至將書本翻到正確的頁數。兒童詩集和簡單的歌曲也很好，並且能幫助孩子學習語言。

隨著孩子長大（或如果他經常難以入睡），你可以讓他安靜地躺在床上看書。另一種做法是播放故事錄音檔，讓孩子透過附隨的書本一起閱讀。或者你可以錄製自己朗讀的錄音檔，或講述最喜歡的故事。那麼，如果孩子住在一個以上的家庭，或是在你必須離開一段時間時，即使你不能和他在一起，他也能聽到你的聲音。

小心孩子的操控：有些孩子會乞求「再說一個故事」，然後說：「拜託，再說一個」。這可以透過在建立就寢日常慣例表時說好只讀一個或兩個故事來避免。然後，當乞求開始時，你可以問：「我們的日常慣例表是怎麼說的？」另一種可能是，當你離開房間或繼續進行下一步時，給孩子一個擁抱，並微笑對他說：「不錯的嘗試。」簡單反映這個要求（「我看得出你真的很想再聽一個故事」），然後給予保證（「讓我們把這本書放在床邊，這樣明天晚上就會記得先讀它」），表現溫和但不縱容與操控。孩子分得清楚你什麼時候認真，什麼時候不是。同時表現溫和且堅定，會讓他們知道你說到做到。

☺ 特別活動

由於孩子在入睡前經常感到舒適並願意說話，因此如果你願意，睡前時間可能是你們一天中在一起最好的一段時間。你可能想和孩子一起禱告或唱一首特別的歌。一個爸爸抱著小兒子在他房間，一一向每個絨毛動物玩偶和圖片道晚安。舒緩的搖籃曲或柔和音樂可以創造一種放鬆的氣氛。

有些父母喜歡請孩子分享一天中最快樂和最難過的時刻，然後讓孩子問他們同樣的問題（因為孩子的時間感比較模糊，你可能會聽到發生在今天下午、上週，甚至上個月的事情）。你會驚訝於你和孩子之間可以增加多少了解，這樣的時刻遠不只幫助孩子睡覺，它們充滿了共享的愛、信任和親密感。

☺擁抱與親吻

有些家庭每天都在擁抱、親吻和說「我愛你」。在其他家庭，這些事卻很少發生。毫不意外地，研究人員發現，每天擁抱的比例會促進情緒健康，如果你沒有經常擁抱和親吻，可以考慮看看。睡前是對孩子擁抱、親吻和溫柔說愛的最佳時間。

每天晚上，茜茜的阿姨伊萊恩喜歡坐在三歲的茜茜床邊，說：「如果我們把全世界所有三歲女孩排成一列，猜猜我會選哪一個？我會說：『我想要那一個！』」伊萊恩阿姨指向茜茜，茜茜高興地笑著，然後把自己投入阿姨的懷抱中。

在像這樣的時刻，孩子臉上的光芒可以照亮整個房間！

多擁抱，少打人

- 最近在邁阿密大學「觸摸研究所」[55]進行的一項研究發現，一整天沒有擁抱、輕拍肩膀，甚至握手，可能對人體有害——而且一些研究人員認為，美國兒童正面臨觸摸被剝奪的危險。

- 該研究所的研究表明，觸摸的眾多好處包括可以減輕疼痛和壓力、緩解憂鬱症狀，以及幫助早產兒增加體重等。缺乏人類觸摸似乎有提高攻擊性的風險。觸摸應該要適當並令人樂於接受，不過，背部按摩、擁抱和其他關愛的撫觸，可以成為孩子日常慣例中寶貴的一部分。

如何練習日常慣例？

有就寢日常慣例不能保證孩子不再難以入睡。如果孩子說他「無法入睡」，告訴他沒關係，他只需要靜靜地躺在床上，翻閱書本或安靜思考。請記住，入睡是孩子的工作，你只能為他提供機會。在完成一個充滿愛的睡前日常慣例後，你工作中最困難的部分可能是拒絕（溫和且堅定）他們喝更多飲料和講更多故事。

55 「觸摸研究所」（Touch Research Institute）於一九九二年成立，隸屬美國邁阿密大學醫學院，專門研究治療性的觸摸。

就寢日常慣例可以讓你和幼兒一起分享一天中特殊的時刻，而不是為第三次世界大戰進行彩排。可能性是無窮盡的，挑選一些吸引你的想法——或者用你的創造力找到適合你和孩子的日常慣例。無論你決定做什麼，都要經常練習，使它成為你一天中熟悉、可預測的一部分——以及一種幫助和鼓勵孩子入睡的和平方式。日常慣例的特質是，透過一致性與讓人感到舒適的重複行為，引導我們發展出健康（和理想）的習慣。

幼兒園的午睡日常慣例

老師可以按照類似程序在幼兒園或托育中心建立午睡日常慣例。讓這個日常慣例包括輕鬆的音樂、柔和的燈光或溫柔的背部按摩。進行時，可讓孩子透過幫忙布置午睡用品，脫掉並排好鞋子，然後在躺下休息之前和之後上廁所。平和的托育人員能讓孩子享受休憩的氛圍。

讓孩子睡覺時保持舒適的方法

雖然我們強調讓孩子參與的重要性，但大人也可以做很多事來幫助孩子舒適入睡。你可以確保孩子穿著舒適合身的睡衣，在安全的床上或嬰兒床裡睡覺，並蓋著合適的棉被。你也要考慮孩子的氣質，判斷睡覺的地方是否夠溫暖或涼爽？孩子是否需要絕對安靜或持續進行的活動？需要開夜燈或完全黑暗？與大人一樣，孩子對光線的明暗、噪音與安靜程度也有不同的需求。這沒有對錯，找出最適合孩子的方法，需要耐心和不斷地嘗試。

如果孩子在一個以上的家庭生活，特殊的味道和觸感可以減輕許多孩子就寢時的壓力。當孩子從一個家旅行到另一個家時，隨身帶著一個枕頭或一條棉被，或是托育中心裡一個特殊的絨毛玩具，都很有幫助。我們已經知道，當沒有別的東西可用或是沒帶到喜歡的物品時，孩子喜歡蜷縮著把頭靠在自己的夾克上，從熟悉的感覺和味道中汲取舒適感。

一份含鈣質的睡前點心，如牛奶或優酪乳，足以幫助孩子放鬆地睡覺。有些人認為糖會刺激孩子，雖然研究尚無定論，但在晚上或午睡前避免含糖食物被證實有用（一定要閱讀標籤，你可能對某些健康食品的含糖量感到驚訝）。透過持續嘗試，你一定可以發現最適合孩子的食物。

面對孩子不斷試探，你該怎麼做？

你聽過多少次孩子哀叫著「媽媽，我口渴」？與孩子確認他可以喝多少水（並將說好的水量寫在日常慣例表上）可能會有幫助。無論你們達成什麼協議，都要以溫和且堅定的行動徹底執行。有幾種方法能夠做到。你可以說：「我聽到了，相信你明天早上再喝也沒有關係。」你也可以簡單的回應「嗯」（孩子經常在沒有得到回應時停止試探）。

如果試探加劇，孩子起床了，那麼通常最有效的是不要有任何交談、溫和且堅定的行動。它看起來會像這樣：孩子起床，你安靜地牽著他的手，以溫和的態度帶他回到床上，給他一個吻後再離開。如果他再次起床，你安靜地再次牽著他的手，以溫和的態度帶他回到床上，給他一個吻後再離開。有時，如果他拒絕走在你身邊，你可能需要抱他回床上。再次地，以平靜、就事論事的態度做到這一點，給孩子一個堅定但充滿關愛的撫觸。如果你多次重複這個過程（通常第一天晚上需要進行很多次），孩子就相信你會說到做到——即使當他在測試，也可以相信你會以有尊嚴且尊重的態度對待他。匯集你所有的耐心——不要氣餒。當你保持一致時，試探通常不會持續超過三個晚上——最多五個（儘管你可能感覺它們像是五個**非常長**的夜晚）。

一位媽媽分享，第一天晚上，他們嘗試了這個新計畫，她女兒被帶回床上二十四次。第二天晚上是十二次。第三天晚上，次數變成只有兩次。到了第四天晚上，她的女兒十分樂意遵循睡前日常慣例——一步不差。

自我控制很重要

或許是時候提醒一下，你唯一可以控制的是你自己的行為。奇妙之處在於，孩子通常會因為回應你而改變他們的行為。

Q

我們有一個三歲的女兒，她晚上很難睡覺。我們為她建立了一個就寢的日常慣例表——幫她和她的小妹一起洗澡、為她讀故事、給她一杯水，然後祈禱。一旦我們離開，她就開始鬧脾氣。我們告訴她，如果她不停大喊大叫或哭泣，房門就必須關上，因為她會吵醒妹妹。她不管這一點，叫我們笨蛋，向我們吐舌頭。當我們關上門時，她會整個人瘋狂地敲打牆壁和門、弄亂百葉窗、翻倒玩具箱，或是在窗戶旁邊大聲喊叫：「請幫幫我——我需要我的媽媽和爸爸。」

A 我們等待三分鐘（根據她的年紀，一歲等於一分鐘暫停），然後打開門，問她是否已經生完氣，準備好回到床上並乖乖聽話。她會說不，並再次上演三分鐘相同的戲碼。我們再給她一次機會，然後告訴她，我們必須在今晚剩下的時間裡都關上她的門。另一個晚上，我們不得不站在她的門前，直到凌晨一點三十分，她整整發瘋了四個小時！我們讓她早上晚一點起床，並且午睡。但我們無法再這樣下去。我們精疲力盡了。幫幫我們！

聽起來，除了你們的女兒外，沒有人獲得充分的休息。這四件事情將有助於拉上這場夜間戲劇的帷幕：幫她感覺睡意、尊重她的需求——和你的需求、退出戰鬥並努力合作，加上使用溫和堅定的態度徹底執行。

☺ 幫她感覺睡意

看來你女兒能夠聚集所有身體和情緒的能量供就寢時間使用。她沒那麼想睡，特別是在早上晚起和睡午覺以後。她白天可能沒有獲得足夠的肢體活動，因此晚上不會感到疲倦。試著把動態遊戲變成睡前日常慣例的一部分。考慮帶她去公園，參加一些孩子之間打打鬧鬧的遊戲，或甚至為她報名晚間游泳課程。一旦她累了，自然規律就會幫助你。你也可以考慮放棄午睡，這樣她就可以早點睡覺。雖然你無法控制她何時睡覺或不睡覺，但透過不特別讓她午睡，至少會讓她不方便在中午睡覺。

☺ 尊重她的需求——和你的需求

嬰兒和學步兒童占用父母大量的時間和精力，所以她的妹妹會讓你的大女兒感覺自己喪失了原有的地位。較年長的孩子還剩下什麼？你三歲的孩子發現一種引起父母注意的方法。你可以在一天的其他時間裡，以正面的注意力取代這種負面注意力。

留出時間和她單獨享受片刻時光。一定要向她指出，這是只有你們兩人的時間，你很高興有時間和她獨處，而且你喜歡有一個年紀較大的孩子和你一起做一些特別的事情。這些事可以像是去超市、圖書館，或在街頭散步一樣簡單。當她以這種方式感覺被包括、被注意和特別需求被滿足時，就有較少理由發動睡前戰爭來尋求關注。

你也有需求，如果你尊重自己，孩子將更可能尊重你。給自己一點時間緩和、放鬆，並專注於與孩子在一起的夜晚。一次午後淋浴，一杯茶或簡短的運動慣例，可以使你的能量大為不同。請記住，滿足你的需求代表你更能滿足其他家庭成員的需求。

☺ 退出戰鬥並努力合作

你的女兒在哪裡獲得驚人的毅力？兩個願意在門口待上幾小時的父母，必定與另一頭在號哭的人有遺傳基因上的連繫。是時候合作了，而你在這場權力衝突中唯一可以控制的人，就是你自己。換句話說，你可能無法控制女兒的睡眠習慣，但你可以決定自己要怎麼做。以下是一些建議：

- 尋求她幫助（你可能會對這樣的效果感到驚訝）。
- 向她解釋你不喜歡在睡覺時間關上她的房門，問她有什麼可以讓你不需要這麼做的想法。
- 一起擬訂就寢日常慣例表。
- 決定你會做什麼，而不是你會試著讓她做什麼（你可以帶她回到床上，給她一個吻，然後離開）。讓她知道你的計畫。還有一些可能的做法，包括自己上床睡覺、讀一本書、關上自己的房門，而非站在她的房門前守衛。
- 尋找適合所有人的解決辦法。

☺ 使用溫和且堅定的態度徹底執行

知道你在孩子就寢問題上不孤單，可能令你感到欣慰。如果你已經嘗試了以上所有辦法，而孩子仍舊起床，只需將她再放回床上即可。如果你能記住以下的內容，效果會是最好的：

- 不要說任何一句話。行動勝於雄辯——而且它們讓人更難以爭辯。
- 確保你的行動溫和且堅定。這代表你甚至必須去除非言語說教（也就是你憤怒的肢體語言）。
- 保持一致。如果你讓孩子重新躺回床上五次，然後放棄，就是在告訴她，她只需要比你更堅持就好。
- 確保你能在白天其他時間與孩子共度「特殊時光」（有關「特殊時光」的詳細說明，請參閱

第九章錯誤行為目的的部分）。

孩子午睡的五大準則

幼兒拒絕睡覺，不是因為他們不需要，而是在他們探索令人興奮的世界時，不想錯過任何東西。並非所有孩子都需要一樣的睡眠時間。對於一些孩子來說，安靜的時間可能比午睡時間更好。有些孩子到了兩歲或兩歲半就不需要午睡。其他孩子則是直到上幼兒園之前（或是像本書的作者之一，永遠），都需要午睡。

無論是午睡還是安靜的時間，請遵循以下準則：

- 不要告訴孩子他累了。承認你累了，並需要一些安靜的時間。
- 讓孩子參與關於他午睡或安靜時間的計畫。讓孩子選擇一種午睡時間使用的特殊絨毛玩具、一張不同的床，或是一條不同於晚上睡覺使用的毯子。
- 教孩子使用簡單的CD、卡帶或其他播放器。讓他挑選午睡音樂並自己啟動播放器。請勿使用耳機，只要讓音樂在附近輕柔地播放。
- 給他有限的選擇：「你想在一點或是一點十五分開始午睡（或安靜時間）？」
- 避免使用電視讓孩子入睡。《小兒科》雜誌[56]的一項研究表示，孩子坐在電視機前的時間越長，睡得好的可能性就越小。

我們認識的一位母親讓孩子選擇一種只能在午睡時使用的特殊睡袋。在家庭會議時，她三歲的女兒選擇了午睡的房間。為了避免孩子操控，她只能在兩個指定的房間——臥室或是遊戲室之間進行選擇。那位母親還跟女兒說，無論她選擇哪個房間，都會是她在本週一直會使用的房間。然後孩子和媽媽在廚房計時器上設定一小時的時間（這樣她不會錯過太多好玩的事，而且到了就寢時間就會有睡意）。媽媽已經答應如果「叮～～」叫不醒她，媽媽就會叫醒她。

在不同床上睡覺都適用於午睡，但睡前日常慣例需要讓孩子養成睡同一張床的一致性。這就關係到孩子應該睡在誰床上的問題。

孩子應該睡哪裡？

有很多人認為是子女睡的床。通常，對於家人來說，這種選擇代表一段快樂的時光。然而，許多父母讓孩子睡在床上並非出於選擇，是默認所形成的——而他們則在尋求解決這個問題的辦法。他們可能已經享受一段時間與小傢伙的依偎，但現在想要回自己的隱私。

父母需要決定他們真正想要的東西，並準備好以溫和且堅定的行動徹底執行。現實情況是，就像所有習慣一樣，要打破習慣對每個人來說都很痛苦。孩子能察覺你未說出口的訊息。如果孩子

56《小兒科》（*Pediatrics*）雜誌由「美國小兒科學會」（American Academy of Pediatrics）於一九四八年一月創刊，內容涵蓋幼兒生理、心理、情緒與社會結構方面的議題與研究。

感覺到你對他應該睡在哪裡產生矛盾，他會認出你的遲疑。當你很確定他應該睡在自己的床上時，他也會感覺到這一點。

瑪麗莎和丈夫想要取回他們的床。喬納森和他們一起睡到三歲。過去六個月，喬納森有了自己的床，但除非媽媽或爸爸和他躺下直到他睡著，否則他拒絕使用新床。他們經常比他早睡著，而他們晚上的其餘時間也就此消失。當他們醒來並回到自己床上時，喬納森通常會醒來並哭泣，直到他們把他帶回自己的床為止。

這個問題比看起來的要複雜。由於喬納森已經有一段時間與父母一起睡了，現在他想繼續並不奇怪。晚上和父母在一起可能對喬納森來說具有多層意義。他得到了關注、安全感和許多擁抱。另一方面，單獨躺在床上讓他感覺孤單，有時候還有點可怕。喬納森的感受可能合乎邏輯，但也可能為他繼續尋求過度關注提供藉口——這是他父母在無意中加強的習慣。他可能錯過了學習自我安慰的機會，這是一項重要的生活技能。現在真正的問題是，他的父母想要怎麼做——以及他們願意做些什麼來改變兒子的習慣。

喬納森的父母必須決定他們想要什麼，就像所有父母必須做的一樣。選擇讓孩子睡父母的床會有一些長期的影響。最大的影響是，當你決定讓孩子從床上離開時，會發生什麼？如果你是決定再婚的單親父母，該怎麼辦？你的孩子（或新伴侶）是否願意在床上與其他人分享你？

如果你決定是時候讓孩子睡在自己床上，你便要徹底執行上述的步驟。請記得做許多次的深呼吸，因為這個計畫需要耐心。

學習獨自入睡不會給孩子造成終身的創傷，父母通常比孩子受的創傷更大，你的態度是關鍵。如果你有信心，教導孩子他有能力自行入睡；如果你是在做一件正確的事情，孩子會感受到你這份自信的能量。另一方面，如果你感到內疚、憤怒或矛盾，這種能量也會傳遞，並引發操控、無助或權力衝突。

選擇溺愛，還是讓他有能力？

同時表現溫和且堅定是有效教養的關鍵。讓步不是愛的行為，當大人未能建立明確的界線時，孩子會感到不安全。允許孩子學會自行入睡是給他們一生的禮物。

本章提供的建議，可以幫父母將就寢時間作為教導孩子重要生活技能的機會，而不是操控和權力衝突。孩子可以學習思考技巧、解決問題的能力、自我控制和信任——當父母說出某些話時，他們說到做到，並以尊嚴和尊重的方式貫徹執行。他們也會學會信任自己並相信「我有能力」。睡前時光可以成為真正的天堂，而不是地獄。祝你有個好夢！

第13章

「我不喜歡吃那個！」

——學齡前兒童的飲食問題

為孩子提供各式各樣營養的食物非常重要，但請記住，特殊菜單只會強化過分挑食的習慣。

想像一下，你和一些朋友而不是家人坐下來共進晚餐。假設你邀請了喬伊斯、她的丈夫詹姆士，和鄰居山姆一起吃飯。當你在餐桌上為大家分配你最喜歡的千層麵和花椰菜時，談話可能像這樣進行：

你：「很高興你們在這裡和我共進晚餐。我會分千層麵給大家。」

詹姆士：「請給我一點點就好，今晚不是很餓。」

你：「哦，胡說八道！像你這樣的大個子需要吃很多東西。這裡——讓我給你一個適當的分量。山姆，吃一點花椰菜。」

山姆：「不，謝謝。我不怎麼愛吃花椰菜。」

你：「山姆，花椰菜對你有好處。你必須嘗試一下，否則你就沒有甜點可以吃喔！現在，喬伊斯，我希望看到妳盤子吃得乾乾淨淨的；那裡還有一些美味的蔬菜。」

你覺得詹姆士、喬伊斯和山姆會有什麼感受？這會是一個成功的晚宴嗎？聽起來像你餐桌邊的對話嗎？

餐桌經常成為幼兒與父母的戰場。父母擔心孩子吃——或拒絕吃——東西。他們吃夠了嗎？他們獲得足夠的維他命C嗎？太多糖嗎？鈣質和蛋白質夠了嗎？

在被監督的情況下進食並不能放鬆，孩子跟大人一樣無法享受。聆聽自己在用餐時的談話，並問自己：「我對成年客人也會這麼說嗎？」受到尊重的孩子會以同樣方式對待他人。他們是小朋友，不代表無權對食物發表意見。不過請記得孩子的意見，往往會隨著長大和成熟而有所改變。

在二十世紀的五〇年代、六〇年代和七〇年代，許多大學針對幼兒進行研究，以了解當午餐桌上擺放各種食物時，學步幼童會吃什麼。孩子被允許吃任何他們想吃的東西。有時孩子會先吃甜點，有時會先吃花椰菜。這些研究的主要發現是，孩子不會挑食。結果很相似——當孩子有機會跟著「直覺」走時，他們經常選擇均衡的飲食。我們好奇這些研究在現代，如果食物選項變成速食漢堡、炸薯條和蘇打汽水會有什麼結果。為了讓孩子吃得有營養，他們需要健康的選擇。如果孩子已經習慣添加化學調味劑的超甜果汁和零食，那麼一顆真正橘子的細微甜味似乎就不太吸引人。糖真的會破壞身體對好食物的天然渴望。

在本章後面，我們將討論父母有時會如何引發權力衝突，以及他們如何反過來在進食上創造一種合作的氛圍。首先重要的是，我們將指出幼兒現在面臨的一些嚴重問題。

飲食與健康息息相關

現今的研究顯示，許多孩子的骨骼比過去脆弱，使他們更容易骨折。從理論上來看，這個問題是因為喝太多加糖飲料和太少牛奶所導致。兒童肥胖率也在上升，主要原因是他們飲食中含有過多的脂肪和鹽分（如速食和零食），而且運動量不足。許多孩子花很多時間坐在電視或電腦前玩電動遊戲。以下是美國醫學研究所[57]二〇〇四年九月三十日發布的〈預防兒童肥胖：平衡健康〉（Preventing Childhood obesity: Health in the Balance）的一些統計數據（http://www.iom.edu/?id=22623）。

- 自二十世紀的七〇年代以來，在兩至五歲的學齡前兒童和十二至十九歲的青少年之間，肥胖的患病率增加了一倍多，而對於六至十一歲兒童，肥胖的患病率則增加了三倍多。目前，約有九百萬名六歲以上的兒童肥胖。
- 兒童肥胖會對身體和情緒有重大的健康風險。據估計在二〇〇〇年，美國出生百分之三十的男孩和百分之四十的女孩在生命某個階段，都有被診斷出罹患第二型糖尿病[58]的風險。
- 由於與肥胖相關的社會汙名，年輕人也面臨產生嚴重心理負擔的風險。
- 兒童和青少年與肥胖相關的年度醫療費用，在過去二十年增加了三倍多，從一九七九到一九八一年的三千五百萬美元，增加到一九九七到一九九九年的一億兩千七百萬美元。
- 預防肥胖需要關注能量平衡——吸收的卡路里與消耗的卡路里——因此針對兒童肥胖採取的行動，必須同時解決影響進食和身體活動的因素。

研究證實，社會壓力可以影響一個人選擇食物，因此透過自身飲食習慣進行的示範，與你為孩子提供的食物一樣重要。

感恩和態度

有一項關於食物、飲食和幼兒的重要事實：你提供食物，孩子吃——或不吃，視情況而定。值得注意的是，在許多不同的文化中成長的孩子不曾經歷飲食問題，特別在食物短缺的文化裡。但更重要的是，在這種文化中，人們很珍惜食物。沒必要誘導某個人吃飯——一個人不吃的東西，另一個人會吃，食物根本不會浪費。例如，來自新加坡和亞洲其他地區到美國從事幼兒教育計畫的實習學生，一直對食物被浪費感到震驚。在其他文化中，不浪費寶貴食物的壓力超過營養和美味。我們有時會忘記已享有的富足，但表達對食物的感激和珍惜，並鼓勵孩子這樣做，才是明智的做法。

57 美國醫學研究所（Institute of Medicine）現稱為國家醫學院（National Academy of Medicine），於一九七〇年創立，為美國的非營利、非政府組織，旨在針對全美與生醫科學、醫學與健康相關的議題提出建議。

58 第二型糖尿病是一種長期的代謝疾病，主要發生在肥胖又缺乏運動者身上，症狀為高血糖、缺乏胰島素、有胰島素抗性等。可透過保持正常體重，規律運動及適當飲食來預防。

如何鼓勵孩子不挑食？

為孩子提供各式各樣營養的食物非常重要，但請記住，特殊菜單只會強化過分挑食的習慣。你可以增加孩子吃你提供食物的機率：確保桌子上至少有一種他熟悉和喜歡的食物，然後給予其他你想提供的食物。請記住，孩子接觸一種食物的次數越多，他就越快對它感到熟悉。還要記住，你不能強迫孩子吃不想吃的食物。這只會引發權力衝突，到那時，每個人都是輸家。

瑪莎相信她兒子要好好開始一天，需要一碗溫暖的燕麥片。當三歲的雷克斯某天早上拒吃燕麥片時，她決定教導雷克斯吃正確食物的重要性。瑪莎用保鮮膜保存燕麥片，當雷克斯進來吃午飯時，瑪莎用微波爐加熱這碗燕麥片。半個小時後，它變得像石頭一樣冷（和硬）。雷克斯瞪著它但拒吃，所以瑪莎再次把它用保鮮膜保存。你能想像這碗燕麥片在下次微波加熱後，在餐桌上看起來能有多美味？雷克斯甘心挨餓也不願意多吃一口，你認為他從燕麥片中了解到什麼？媽媽對雷克斯又了解了什麼？

父母可依下列要點，鼓勵孩子擁有健康的飲食習慣，並讓全家享受愉快的用餐時間。

☺ 時機

幼兒不會管別人忙不忙，他們餓了就是餓了。嬰兒一有需求便要餵奶，學步兒餓了就要吃東西，而學齡前兒童往往不能不在正餐間吃點小東西，這些都是正常現象。盡量保持彈性，關鍵是要確保孩子有健康的選擇。如果孩子沒有吃正餐，他們的零食應該為他們提供所需要的營養。例如，一堆胡蘿蔔條、甚至是一顆烤馬鈴薯，都比炸薯條和蘇打汽水來得好。

在托育中心沒辦法吃完午餐的孩子，可以在回家路上把它當小點心吃。孩子吃東西的**時間**並不像吃的**東西**一樣重要。營養午餐的食物在下午五點吃跟在中午吃一樣好。

☺ 簡單

教會團體可能會對你沾裹著紐奧良醬汁的大蝦讚不絕口，但學齡前兒童不太可能對它留下同樣深刻的印象。孩子常對不熟悉或不尋常的混合食物心存懷疑。他們可能會唾棄加上生菜和番茄的起司三明治，但卻能非常愉快地享用一片起司、一些番茄片和一些薄脆餅乾。如果孩子懷疑地看著義大利麵和生菜沙拉，試著把食材分開。你當然不需要——也不應該——為他們提供一份單獨的菜單，但了解孩子的自然偏好，將幫助你找到鼓勵合作和試驗的方法。

☺ 選擇

讓孩子養成飲食習慣需要相互的信任。孩子會吃他們身體需要的食物，如果你提供各式各樣健康美味的食物，他們更可能選擇營養豐富的食物。但請記住，即使是大人，偶爾也需要揮霍一下；數千名兒童在偶爾享受速食、披薩和熱狗的情況下成長，卻沒有遭受永久性傷害。一如既往的關鍵是**平衡**，定期提供營養的飲食，將幫助你對復活節軟糖、聖誕老人巧克力和萬聖節的肚子痛——它們似乎是童年不可避免的一部分——感覺好一些。但是，如果你家裡一直都有軟糖、洋芋片、餅乾、杯形蛋糕和汽水，你便是在引發不良的飲食習慣和食物戰爭。

避免成為食物警察。致力於培養特殊飲食習慣的家庭，經常因為在食物周圍製造出一種維持治安的氣氛，進而感到挫折。如果你希望孩子避免吃含糖食物，當一塊失蹤的餅乾不小心出現在他的嘴巴時，不要太抓狂。你的過度反應，都更可能會引起與食物相關的問題。

☺食量和飢餓

最近的一項研究顯示，當兒童獲得超大分量食物時，他們會咬得更大口，並吃下更多食物。如果孩子自己選擇要吃多少或獲得的分量較少時，往往會吃到更適量的食物。學齡前兒童能夠選擇自己的食物（透過訓練），訓練的一個重要部分是教他們拿取少量的食物（如果他們想要，永遠可以再多拿一點）。當孩子拿得太多時，讓他吃掉盤子上所有東西並沒有幫助。透過啟發性提問幫助孩子探索，當他拿太多食物時會發生什麼事，以及他要如何解決這個問題，將更有幫助。

當你堅持讓孩子吃掉盤子上所有食物或只在特定時間吃東西時，你會教他忽略自己身體的訊號。這就是為什麼零食時間在學齡前階段扮演重要角色的原因。孩子的小肚子需要經常加油，所以選擇零食很重要。

飢餓是一種比時鐘更好的飲食指導——我們每個人都能因了解它而受益。只關注孩子什麼時候吃或吃多少，會導致他忽略自己身體發出的訊息。最好的辦法是，每當孩子吃東西時，確保他吃的食物含有豐富的營養。

幫他，不要強迫他

你可能認為，要求四歲孩子吃扁豆是必要的。或者，看到孩子吃切片的義大利香腸、葡萄乾和薄脆餅乾，你覺得很健康。不過請注意，如果你**強迫**孩子，他可能被迫**抵抗**——在其他人吃飽離開餐桌後，一盤冷掉的扁豆能否說服孩子愛上蔬菜，很令人懷疑。

有些父母對於讓孩子在沒吃完晚飯前，不准離開餐桌的事洋洋得意——並聲稱它有效。如果和孩子談話，你會得到一個不同的故事。他們不是想辦法把大部分食物餵給小狗，就是藏在餐巾紙裡（當孩子提出要幫忙清理餐桌時，父母不是都覺得可疑嗎），或是在成年後會發展出飲食失調的問題。不管就短期或長期而言，關於食物的戰爭，總是會有人輸。

給挑食者的幫助

- **避免成為速食廚師。**教四歲以上孩子製作自己的花生醬或火雞肉三明治。
- **提供選擇。**當孩子抱怨某種食物時，對他說：「你可以吃桌上的東西，或是做自己的三明治。你的選擇是什麼？」

- **歡迎提供解決方法。**如果孩子抱怨你提供的食物，問他：「你想怎麼做呢？」這會讓孩子思考和學習解決問題的能力。它邀請他們以積極方式（而不是權力衝突）來運用力量，並感覺到自己的能力。
- **邀請孩子在家庭會議時幫忙設計菜單。**孩子在參與時會更願意合作。讓他們參與擬訂購物清單。
- **分享工作。**讓孩子幫忙購物。許多超市現在都有小推車，可以讓學齡前兒童使用。讓孩子尋找購物清單上的某些物品，並將它們放入購物車。當他們想要一些不在清單上的東西時，請溫和且堅定地說：「這不在我們的清單上。」
- **讓孩子幫忙做飯。**在家庭會議時，讓他們決定幫忙做飯的日期。同樣地，如果他們參與了規畫過程，更可能吃掉幫忙做出來的東西，並在還沒輪到他們時，更願意合作。
- **回應，但不拯救。**當你給孩子吃東西時，避開可能的導火線（例如，孩子尋求過度關注），使用積極傾聽（「我猜你不喜歡這個」）避免爭論，允許孩子自己解決問題（「你不用吃，我相信你可以等到下一餐」）。
- **緩解你的營養焦慮。**給孩子一個好的綜合維他命，然後放鬆，他餓的時候就會自己吃東西。

建立用餐日常慣例表

是的，日常慣例表也適用於進食。忙碌的家庭用餐時間經常忙亂、匆促、有壓力，沒有人能真正地享受。在經過漫長一天的工作後，父母疲憊不堪地回到家，孩子經常又餓又煩躁。用餐習慣不會自動變好。舒適的用餐日常慣例，可以使用餐時間更流暢。重點很簡單，這裡有一些建議，可以幫你為自己的家庭建立日常慣例。

☺ 花時間放鬆

如果你家的晚餐時間經常匆匆忙忙，請嘗試以不同方式展開這個過程。

托德總是為四歲的女兒凱蒂準備一個超大午餐盒。在他下班和幼兒園放學後這段開車回家的期間，凱蒂打開午餐盒，享受午餐吃剩的食物。當他們到家時，凱蒂並不急於吃東西，而爸爸也不會有立刻提供晚餐的壓力。相反地，在爸爸著手準備晚餐前，他們通常有時間彼此擁抱和說故事。

花時間在一天結束時放鬆，肯定是值得的投資。你可能想和孩子在沙發上蜷縮個幾分鐘，重新建立連結並分享這一天。泡個溫暖的澡或淋浴，可以讓你恢復活力以迎接接下來的夜晚，或者你們可以花時間散步還是一起玩個簡短的遊戲。一片水果或一袋薄脆餅乾可以暫時擺脫飢餓，並讓全家有足夠的時間喘口氣。你可能會說：「但我沒有時間，有太多事情要做！」無論你的生活有多忙碌，花時間放鬆並重新進入家庭的世界，能消除孩子過度尋求關注的麻煩。孩子過度尋求關注，才往往會耗費掉更多的時間。

☺ 一起準備食物

沒有什麼比幫忙計畫和準備食物更能贏得挑食者的好感，而且大多數父母都疏於注意身邊有很棒的小幫手。拿一件大圍裙，把一張凳子拉到水槽邊，邀請孩子清洗今晚的蔬菜。即使是兩歲的孩子也可以用刷子洗蔬菜。三歲時，孩子可以在桌子上放置餐具和餐巾。（想了解更多點子，請參閱第二六七與二六八頁的表格。）

> 幼兒園的帕克老師邀請一群孩子幫忙製作甘藍菜和鳳梨做成的冰沙。即使是現在，大多數大人可能都對這種特殊風味的組合感到退縮，但是每一個幫忙洗淨和撕開甘藍菜並參與製作的孩子，不僅品嘗了，還都說它很美味，想要再喝更多。帕克老師在盤子裡裝滿冰沙的樣品，然後帶去分享給另一間教室的孩子。你猜發生了什麼事？沒有孩子願意嘗試。我們很難找到更具有說服力的證據，證明讓兒童參與料理食物的價值。

給孩子貢獻的機會，可以鼓勵他們強化主動性、學會生活技能、邀請他們將自己視為對家庭或社區有貢獻的成員，並建立他們的歸屬感。

☺ 創造拉近距離的時刻

> 圓樹托育中心的午餐時間，是一個特殊時光——孩子圍著桌子手牽手，一個孩子被邀請分享

她覺得感恩的故事，然後他們會輪流壓壓右邊人的手，所以在孩子開始用餐前，他們會做完一圈幫彼此「壓手」的動作。以斯拉來自一個傳統的猶太家庭，在他家中吃每頓飯前，都會背誦特別的希伯來禱詞。在珍妮的家裡，每個人都會站在個別的餐桌位置上，等到所有人聚集後，一起唱感恩禱詞。在瑪雅的家中，所有家人在每餐飯開始前，都會默默地沉思幾分鐘。

在忙碌的家庭裡，我們時常在趕路時吃飯——每個人都有要去的地方，如果不小心，這個可以提供溝通和凝聚力的時刻就會消失。儀式——無論是否為精神性的——可以是維持家人感情的好方法，教導孩子重視，並與孩子一起創造溫暖和愛的時刻。美國「哥倫比亞大學國家成癮暨藥物濫用中心」[59]將家庭晚餐與諸如降低酒精和藥物濫用風險、降低自殺率和改善學校表現等的各種問題相連結。這些都是非常有說服力的理由，讓我們為家庭聚餐騰出時間——並與家人一起愉快地用餐。聚集在餐桌旁的這些時光，提供我們連結和感受親密的寶貴機會——創造滋養靈魂的回憶，就像祖母親手烘培的麵包曾經滋養我們身體一般。食物是為了吃（不是用來強迫餵食），它永遠不該成為家庭衝突的燃點。

---

59 「哥倫比亞大學國家成癮暨藥物濫用中心」（The National Center on Addiction and Substance Abuse at Columbia University）創立於一九九二年，是美國以科學為基礎，跨領域合作的組織，企圖針對藥物濫用問題改變社會大眾的理解與回應方式。

設定吃完飯的指示

是否應該讓孩子安靜坐著，直到每個人吃完？或者允許他們離開桌子，去一旁安靜地玩？這些問題沒有「正確答案」，但事先決定好怎麼做，可能是比較聰明的做法，而不是為冷掉的馬鈴薯泥爭論。

即便是幼兒也可以參與餐後清理的部分工作。如果孩子可以走路，就能清理自己的碗盤，倒掉吃不完的食物，或將他的餐具放進洗碗機裡。許多托育中心會設置用來裝剩菜的小盆子，並提供不同的垃圾箱，讓兒童針對碗盤、餐具和杯子進行分類。一些中心更進一步允許孩子輪流將食物殘渣帶到養蟲箱或中心的堆肥容器裡，從而增加新的學習層面，因為孩子們會開始懂得珍惜食物和環境之間的關係。

過敏、藥物和特殊飲食

許多在食物上發生的爭執，大多與大人「強迫」兒童服用藥物，或「強迫」他們不吃會產生嚴重問題的食物有關。為了不受大人控制，孩子願意忍受的事情常常令人驚訝。我們一再強調讓孩子參與解決問題的過程很重要，他們能藉此培養思考能力和解決問題的技能，從而使他們感到自己有力量及能力。以下是一些建議。

- **避免說教**。相反地，透過詢問「什麼」、「為什麼」和「如何」等問題，幫助孩子自我探索：「當你不服用藥物時（或當你吃這種食物時）會發生什麼事？」「當這種情況發生時，你感覺如何？」「你有什麼解決這個問題的想法？」（如果孩子感受到即使是一點點說教的感覺，而不是你對他的思考、學習和解決問題能力真正感興趣，那麼這個方法將會無效。）
- **讓孩子參與制訂服藥的日常慣例表**。一起決定最適合你們的時間。共同擬訂提醒表和方法（例如，一支每天會在同一時間響起的電子鬧鐘手錶）。
- **帶孩子去圖書館了解食物過敏——以及到底身體發生什麼事**（確認你的目的是教育孩子，而不是讓他們恐懼）。
- **決定你會怎麼做**。這可能代表你願意承擔責任，每天在用藥時間溫和地提醒孩子，或者因為你對孩子處理問題或從錯誤中學習的能力具有信心，因此你決定不干涉（如果會牽涉到生命危險，請選擇前一種做法，並在沒有說教或過度關心的情況下進行）。
- **接受自己可能無法總是在孩子身邊監督他們的飲食或用藥**。以適齡的方式（以及溫和、堅定地監督），讓孩子自己負責測量、混合和記憶。請記住，信心和能力來自於練習。

孩子的超重問題

越來越多孩子過重，嚴重影響他們的長期健康。這個問題的種子很早就種下了，當然也有遺傳的原因。當過重來自遺傳時，幫孩子感覺自己被接受非常重要——和他一起找出方法（如果他們需要幫助）面對生活中的挑戰。

當孩子有自卑感時，過重會引發惡性循環。自卑可能導致孩子以暴飲暴食方式來填補空虛。當孩子感覺更好時，他們會做得更好。提供大量無條件的愛和鼓勵，如果他們願意，表達你對他們應付過重挑戰的信心。提供你的支持，而不是控制。許多為了避免在藥物和食物過敏上引發權力衝突的建議，也對過重兒童有效。

當然，行為模範非常重要。不要指望孩子做你沒做過的事。照顧自己的體重問題（你們甚至可以在這個議題上一起努力），例如：一起準備健康的餐點，並避免將垃圾食品放在購物清單上。

全家一起運動

再說一次：關掉電視。我們已經討論過太多電視不利於大腦發展的原因，但你也知道，它對身體其他部分的影響也不健康。

孩子需要你的指導。當孩子看電視時，你要享受寧靜和平靜自然容易得多，但如果你們一起出去玩球，對所有人來說都會更健康。你可以考慮教孩子一些在電視普及之前人們消磨時光的方式。讓你的家適合運動，安排一處允許運球或拋擲軟球的空間，像是長廊或是較少（且打不破）家具的遊戲室。嘗試在你的房子裡劃分出一塊可以進行動態（受監督）遊戲的區域。

你們可以去散步，這既有趣又實用，特別是如果家裡養的小狗或迷你豬也需要運動。每週利用一個晚上和家人一起游泳。運用兒童或家庭運動影片與家人一起運動，將科技轉化為解決方案的一部分。在房子裡播放音樂和跳舞，或者以一籃子鈴鐺、鈴鼓和其他發聲器製作自己的音樂。好好地玩，每個人都能從中受益。

如果孩子的學校打算取消休假時間（許多學校都在取消），請成為恢復休假時間的提議者。分享關於兒童肥胖的統計數據，以及定期運動對兒童大腦和身體的重要性。

好好享用每一餐

請記住，允許孩子參與、鼓勵相互信任和尊重、符合現實的期待，將消除大部分與飲食有關的衝突，並可使共同用餐時間成為全家引頸期盼的一件事。無論桌子上的食物有多誘人，你的孩子必須選擇吃。但請記住：你不能強迫他們吃！

電視、廣告和肥胖

- 美國醫學研究所最近發布了一百二十項關於兒童和食品行銷的研究摘要。他們發現，散布在兒童商業電視節目中的廣告，充滿對飽和脂肪、鹽分、糖分及營養價值很低的零食廣告。這些廣告嚴重影響十二歲以下的兒童，讓他們糾纏著父母幫忙購買這些產品。該研究所還發現，四歲以下兒童無法區分廣告和娛樂節目，也不了解廣告的目的是為了銷售產品。
- 另外報告還指出，美國公司在二〇〇四年花費大約一百億美元針對兒童進行食品、飲料和餐點的行銷。這些研究促使美國心理學會[60]在二〇〇四年得出以下的結論：針對八歲以下兒童的廣告是在利用兒童，並在必要時應受到法律限制。

60 美國心理學會（American Psychological Association）創立於一八九二年，為全美心理學界最大的科學與教育組織，成員包括科學家、教育工作者、臨床醫師、諮商師，以及心理學學生。

第14章

學齡前兒童與便盆

──持續進行如廁訓練

一旦你考慮了孩子的個人生理時鐘，提供他適當衣物和好用的設備，並花時間訓練他所需要的技能後，接著便是你放鬆，慶祝他成功，並對他的失望表示同情的時候了。

「咦！奇怪！」你可能會想，「學齡前兒童一定能自己上廁所了吧！孩子不是應該在三歲時就訓練好了嗎？」其實並不見得。在三歲——甚至四歲後，盥洗和衛生習慣仍然是許多幼兒和他們父母關心的問題。便盆訓練是少數幾件能引發父母強烈情緒的事。

爸媽先放輕鬆

你的孩子還在包尿布，但越來越多鄰居小孩已經開始使用兒童便盆。你該怎麼辦？你該愛孩子現有的模樣，還是要避免權力衝突，並讓孩子參與解決問題的過程，找出對他有用的方法，以及在他出錯後收拾殘局嗎？或者你會感到尷尬，拿他和其他孩子比較，試圖強迫他做「應該」做的事情呢？

如果你在最後一個問題回答「是」，那麼你很可能正陷在一場權力衝突中。在第一九九到二〇五頁回顧權力衝突的部分，可能對你有幫助。如廁是孩子表現最頑固的領域，因為他要向你證明「你管不了我」。

Q

我有一個需要接受如廁訓練的兒子。幾個月前他滿三歲了。他不喜歡用便盆。當他需要上廁所時，他不會表現想去廁所的樣子，但他會告訴我何時該幫他換衣服。我感到很挫折。拜託，我需要一些建議！

A 我們可以感受到你的絕望。隨著孩子長大，一直換尿布會變得困難。孩子會按照自己的時間表來進行如廁訓練。挫折感讓你放大兒子尚未開始使用便盆這件事。他最終會成功的，但你可能需要比你預期更多的耐心。

雖然很困難，但請試著淡化整個問題。你兒子可以解讀你的非言語溝通訊息，並知道他的上廁所習慣對你非常重要——這容易引發權力衝突。同時，當他需要換衣服時，向他示範他可以幫忙的方式。他能幫忙清洗並擦拭自己的身體、將排泄物倒入抽水馬桶裡，然後自己洗手。與此同時，請欣賞他及他在其他生活領域的成就，表達你對他終究會成功使用便盆的信心，他也需要鼓勵。

當你不再對如廁問題情緒化，你會驚訝於時間流逝得多麼快。你成功擺脫不好的情緒將會消除權力衝突，實際上可能還會加速這個學習過程。當孩子被允許根據自己的時間表來進行如廁訓練，沒有什麼事需要反抗時，更可能產生興趣。減少情緒化和放鬆的一個重點，是要了解有許多事情都可能導致如廁訓練的暫時挫敗。

什麼時候是正確的時間？

• 最近在費城兒童醫院進行的一項研究發現，若父母選擇正確的時間開始訓練，兒童更容易學習到如廁技能。如果兒童在二十七個月之前開始進行如廁訓練，過程需要一年或更長的時間；如果兒童在二十七到三十六個月之間開始，如廁訓練需要五到十個月時間。根據這項研究，要加快兒童如廁訓練的最佳時機，最好從孩子快滿三歲時再開始；如果孩子從三十三到三十六個月之間開始，大約只需要五個月訓練如廁。

當挫折來臨時

當孩子正在體驗新事物時——一個新的幼兒園、一間新房子，或者一個新的弟弟或妹妹——如廁訓練遭到挫折是很常見的事。新的環境或特別令人興奮的活動，都可能導致孩子沒有注意來自身體的訊號。而其他重大事件，如死亡、離婚、疾病或旅行等，也會干擾如廁的進行。這些事件代表孩子生活中遭遇重大的變化，而如廁問題通常在孩子應對變化時會被排到第二位。

身為父母或托育人員，你的態度將對孩子處理如廁意外發揮重要的作用。想像一下，當孩子不僅失去控制身體的能力，還必須面對父母的憤怒和失望，此時會感到多困惑和沮喪。

當大人請塔拉在阿姨婚禮上擔任花童時，她已經四歲了。她穿著一件特別為她製作的可愛白色連身禮服，上面有蕾絲面紗和一小條珍珠項鍊。當她撒著玫瑰花瓣走過通道時，人們對她微笑點頭，塔拉在人們關注與興奮感中散發著光芒。

接待處很美，塔拉對周圍的喜慶氣氛感到興奮。當她意識到整個下午都忘了一件事時，正爬進桌底下聽著大人說話。就在她準備起身前，她大便了，也弄髒了可愛的白色連身禮服。

當塔拉的媽媽發現她時，感到相當地震驚：「我無法想像塔拉到底怎麼了，她已經很久不會這樣了。」她告訴聚集的阿姨和奶奶們，並轉向哭泣的女兒，冷冷地說：「妳應該為自己感到羞恥。」塔拉被換上遊戲時會穿的舊衣服，並在剩下時間裡躲著每個人。

當孩子發生如廁事故時，最不需要的就是不滿意的觀眾。塔拉的母親本來可以安靜地將她帶到一邊、幫她換衣服，並向女兒解釋，興奮有時會讓我們忘記該做的事情。

當孩子正在進行如廁訓練時，隨身帶件可更換的衣物可能是聰明的做法。保持耐心並提供孩子無條件的愛和接納，對他們的幫助非常大。一旦你考慮了孩子的個人生理時鐘，提供他適當衣物和好用的設備，並花時間訓練他所需要的技能後，接著便是你放鬆，慶祝他成功，並對他的失望表示同情的時候了。

便祕問題

父母渴望加快如廁訓練的速度，也可能導致障礙發生，腸道控制便是其中一項。有些孩子不會排放排泄物，有時甚至到了傷害身體的地步。

昆汀的奶奶在如廁訓練上有很多話要說，大部分是說給昆汀他媽媽聽的。在媽媽替昆汀換尿布時，奶奶瞪著三歲的昆汀，不以為然地說：「我的孩子在兩歲時就都訓練好了。」

於是，媽媽開始對昆汀進行密集的如廁訓練。他每天有好幾次都被放在馬桶上，而媽媽會跪在附近催促他。昆汀變得討厭廁所，媽媽也是。她會鼓勵、威脅和責罵。昆汀的回應是拒絕在任何地方或時間表現預期的結果。沒多久，昆汀甚至失去反應身體訊號的能力，無法再分辨他什麼時候需要排便。

有一天，在定期檢查中，兒科醫生給了昆汀和他媽媽這樣的消息：他的腸道嚴重阻塞，宿便通通累積在腸子裡。醫生開了每日服用的礦物油和灌腸劑來緩解這個問題，在問題獲得解決之前，媽媽和兒子都流下了不少的眼淚。而事實上，這個問題一開始根本不需要存在。

強迫如廁從來不會有幫助。如果孩子排便不順，首先應找出自然或環境的肇因。孩子是否攝取足夠纖維質來促進柔軟且規律的排便？如果沒有，請換成富含纖維質的果汁，如桃子汁或杏花蜜汁。在其他食物中混合一湯匙黑棗汁可能會有幫助。每天給孩子吃奇異果，排便應該會迅速獲得改善。除非加在鬆餅裡一起烘烤，否則幼兒可能會拒絕像是葡萄乾麩皮或其他高纖維穀物的選項。少喝乳製品和蘋果汁，往往容易造成便祕。但是要注意：不要因試圖想讓他吃下這些食物，而製造新的權力衝突。以容易取得的方式為孩子提供這些食物，但不要強迫孩子吃。

孩子也可能正在承受過度的壓力。生活中重大的變化會影響所有家庭成員。一位關心自己父親絕症的媽媽，並沒有把她面對這個危機的掙扎與兒子的如廁問題連結在一起。雖然孩子已經完全受過如廁訓練，卻開始每天發生如廁意外。當家庭危機解除時，他的問題也跟著消失。

我們對於孩子的期望是什麼呢？

麥琪家把各式各樣的決定交給四歲孩子做。「我們今天應該在哪裡吃晚餐？」他們問。「媽媽和爸爸今晚應該出去嗎？」「你今天早上想去幼兒園嗎？」這份清單一直不斷增加。孩子因肩膀必須扛起的決定而感到不知所措，導致嚴重的便祕，她的父母擔心設定限制會困住她，反而走向了另一個極端，這讓孩子經歷到極大的痛苦。

為孩子報名一連串課程來強迫他學習太多事物，可能對他產生壓力。同樣地，期待孩子完美也會引發焦慮。雖然有些孩子可能很早表現出對學習新技能的興趣，但強迫他們這樣做，可能會影響他們的情緒。孩子表現這種壓力的方式之一，就是如廁問題。

最後，父母控制會影響孩子的宿便問題。避免權力衝突，以積極方式賦予孩子權力，就像在家庭生活的其他領域一樣。鼓勵合作，在解決腸道問題方面同樣有效。

其他如廁挑戰

患有其他症狀的兒童，例如「注意力缺失症」，通常會出現高比例與腸道控制相關的問題。其他物理或生物條件也會影響孩子如廁。以下是一些可能有幫助的小訣竅。

讓孩子坐在馬桶上吹泡泡，可以讓排便困難的孩子放鬆並舒緩肌肉。不過，要同時用力排便和吹氣有相當的難度，而吹口琴也有同樣的好處。

有些孩子需要漸進式學習。當你注意到孩子想排便時，請陪他到洗手間（但要留著他的尿布）。這可能會讓他在想排便時，對靠近廁所產生一種正向、舒適的連結。

如果孩子對廁所感到焦慮、害怕沖水的聲音太大，或是擔心跌進馬桶裡，請找機會溫柔地和他談談他的恐懼。等到他離開廁所後再沖馬桶，幫助他了解身體比馬桶的開口還大（或者如果想讓他感到更安全，可以為他提供便盆椅）。透過了解孩子的感受，你可以幫助和改善孩子如廁，並且不會造成權力衝突或讓他感到羞愧和挫折。上廁所對於一些孩子來說，在掌握上會比其他孩子困難，當你知道孩子不是唯一有過這樣經歷的人，便可以幫助你面對這個令人困擾的問題。

對孩子保持耐心

有時，孩子掌握如廁技巧需要的只是時間。我們曾聽過一對父母傷透腦筋的故事。他們在三歲半孩子身上試過了所有辦法，但沒有任何辦法有效；孩子每天還是會尿褲子幾次。六個月後，我們從同一對父母那裡聽到，他們終於鬆了一口氣，因為孩子已經完全可以靠自己上廁所了。他們寫說：「令人驚喜的是，時間真的創造了奇蹟。」耐心一點，你的孩子會學會的。

事實上，在孩子準備好時，他就會知道如何使用馬桶。你可以鼓舞、乞求和威脅，但仍要繼續使用尿布。每個孩子都有自己獨特的時間表——以及絕對的控制權。

六個結束如廁戰爭的要素

了解以下六個重要因素，可以幫助父母為孩子的重要里程碑奠定基礎，包括：生理準備程度、醒來的難易度、了解孩子的觀點、邏輯與權力衝突、邀請合作，以及擺脫情緒，放鬆和享受。

結束如廁戰爭的重要因素和態度

- 生理準備程度。
- 醒來的難易度。
- 了解孩子的觀點。
- 邏輯與權力衝突。
- 邀請合作。
- 減少情緒化，放鬆和享受。

生理準備程度

許多孩子在進入學齡前階段就已經受過如廁訓練。這使得家中有學齡前兒童，而且他們尚未在社會化過程達到這個階段的父母增加許多挫折感。孩子會延遲自行如廁，可能是因為孩子和父母的權力衝突，或是孩子的生理尚未做好準備，無法感知和回應身體發出的訊號。孩子在排尿前要能等上越來越長的時間，也必須有足夠大的膀胱，特別在控制夜尿時。事實上，有些孩子就是無法像其他孩子一樣，快速控制膀胱的運作。

布莉琪非常熟悉她三個孩子控制膀胱的狀況。這些知識幫助她了解，當孩子在長途旅行上要求停車上廁所時，他們需要多久時間。在回應七歲肯尼的要求時，布莉琪會提醒丈夫：「我們可以繼續再開二十分鐘。」當三歲洛莉要求上廁所時，布莉琪會說：「好，我們大約有十分鐘時間找到一個好的停車地點。」但是，當五歲的雅各布說「我得上廁所」時，布莉琪會說：「馬上靠邊停，如果我們找不到灌木叢，雅各布就只好在路邊解決了。」

醒來的難易度

影響孩子如廁訓練的另一個重要因素，是醒來的難易度。許多在學齡前階段或甚至超過學齡前階段都還會尿床的孩子，也會有很難醒來的問題。甚至有時連尿床警報器都叫不醒孩子。當父母試圖在半夜讓沉睡的孩子起床上廁所時，他們會像一塊軟趴趴的布，不能站立或坐著，根本醒不過來。當淺眠的孩子在半夜被叫醒去上廁所時，他們可能鬧脾氣並抱怨，男孩雖然看似半睡半醒，仍可以站著，女孩可以坐在馬桶上不掉下來；可是有些孩子就是沒辦法清醒到能站著或坐下。

所有孩子都應該得到應有的尊嚴和尊重，但懲罰那些尚未有足夠身體控制能力的孩子，尤其令人沮喪。對孩子準備程度的理解，可能會激發出你更多的耐心。

☺ 了解孩子的觀點

想像一下，你是一個小孩子。你知道，爸爸、媽媽迫切希望你能學會使用便盆，成為一個「大男孩」，並穿上「大男孩的褲子」。突然間，你感覺到奇怪的微刺感，開始認識到這代表你要上廁所。因此，你往廁所的方向走去，並在快步走過大廳時意識到你沒有太多的時間。你知道必須脫下褲子，但吊帶褲上的扣環很緊，而你的手指是如此地小。然後你瞥一眼看起來非常高的馬桶，想著也許你需要一點點幫忙。但等到你驚動媽媽、爸爸或老師時，一切都太晚了。

難怪許多孩子會決定繼續包著尿布。了解如廁偶爾讓人不知所措的特性，可以幫助父母為孩子的成功奠定基礎。請記住，對於疲於換尿布的大人來說，如廁訓練極其重要——但對孩子來說，卻不那麼重要。就像吃飯和睡覺一樣，父母的工作是創造一個友善的如廁環境，為孩子穿上容易穿脫的衣物和溫和的訓練，而決定何時（以及在哪裡）如廁則是孩子的責任。

☺ 邏輯與權力衝突

父母經常在嘗試解決問題時依賴自己的認定，但是像如廁訓練這樣的問題有時卻會被不合邏輯的權力衝突所影響。許多越想要孩子在廁所大小便的父母，反倒會讓學齡前兒童越想在其他地方大小便——通常是在褲子裡。

請記住，你的孩子仍然在發展自主性，並且可能抱持「我可以做到」的態度。當父母試圖控制孩子的身體機能時，經常會遇到阻力。這可能是孩子的決定（在潛意識層面），「我寧願穿著被尿液浸濕的褲子走來走去，也不願放棄感受自己的力量。」

換句話說，當父母堅持在權力衝突中獲勝時，孩子唯一的選擇就是成為失敗者……而孩子將會努力奮戰，以避免成為失敗者。因此，權力衝突便會持續。由於父母是「成熟」的一方，他們有責任結束權力衝突並找到合作的方法。

Q 我想不出辦法了。我有一個四歲的男孩，有一次與他表哥玩了一天後，他學會了從橋上撒尿。現在他到處撒尿：在地毯上、在垃圾桶裡、在門廊外等。這似乎是一種叛逆的行為，經常發生在我叫他做一些他不想做的事情之後（比如穿好衣服）。我們試過罰站（只會讓他鬧脾氣）和剝奪特權（電視、電腦時間或甜點）。我不得不承認，當我上次抓到他又這麼做時，沮喪地打了他的屁股。我試過和他談這個問題，但沒有任何結果。我已經無計可施了。請幫幫我！

A 這是一個讓你做出改變的好機會，將這些權力衝突轉化成有用的力量。四歲孩子已經準備好採取對家庭有貢獻的方式來運用力量。當父母使用控制和懲罰的方法時，孩子反過來就會運用破壞性力量。

如果沒猜錯，當你說「我試過和他談」時，真正的意思是：「我們坐下來，然後我不斷地說、不斷教訓他。」也許我們的猜測是錯的，但「說話」通常表示「告誡」——一遍又一遍。我們的第一個建議是，請你停止告誡並開始運用啟發性提問。你可以問：「發生了什麼事？你怎麼看待發生的事？這對你或其他人造成什麼樣的問題？你有什麼解決問題的想法？」這些問題必須以冷靜、友好的語調和真誠對孩子觀點感興趣的角度提出（而不是分享你的觀點試圖說服他）。你可能需要在發現一塊尿漬和與兒子談話之間稍微等待，這樣說出來的話才不會聽起來讓人覺得在生氣。邀請孩子一起討論（而不是說教），將有助於孩子學習思考技能、了解他選擇的後果及培養解決問題的能力。告誡只會讓孩子變得防備，甚至更叛逆。

另一種可能是讓他參與，教導他在生活的各個面向——不只是涉及如廁習慣——運用力量來解決問題。這可以採取許多形式：

- 問他在某種特定情況下需要做什麼。如果現在是早上，該穿好衣服了，問他在吃完早餐後需要做什麼。
- 共同制訂日常慣例表。你可能訝異於這個表在發展合作而非叛逆上的效果有多好。
- 停止任何形式的懲罰，包括罰站。如果他選擇暫停，孩子應該感受到積極暫停的力量。如果你命令他去罰站，他就會抗逆。
- 開始定期舉行家庭會議，讓孩子學習尊重和解決問題的能力。如果你兒子有很多機會能以有用的方式運用力量，就不太可能叛逆。
- 教他清理自己製造的髒亂。用一種溫和且堅定的語氣說：「你必須清理。你想要我幫忙或自己做？」如果他拒絕，對他說：「一個擁抱會讓你感覺更好嗎？我知道當你感覺好一些時，就會想要解決這個問題。」（這樣做時，一定要記得在之後幫孩子用肥皂和水清理。）

我們建議的所有方法都會產生積極的長期結果。問問自己：「我想讓孩子為他所做的付出代價，還是想幫助他在未來做得更好？」

洗手的訓練

一定要訓練孩子好好洗手。為他準備一張小凳子，讓他可以搆到洗手槽，在伸手可及的地方放上肥皂和擦手巾。一個幼兒園教孩子在洗手時唱這首歌，搭配〈蹦跳著奔向我的甜心〉[61]的旋律（若重複兩次，這首歌將可持續約二十秒，正是殺死大腸桿菌所需要的時間）。

洗手、洗手、洗你的手
一起洗你們的手
刷洗、刷洗、刷洗你的手
直到它們乾淨地閃閃發光

☺ 邀請合作

沒有什麼事值得大驚小怪，如廁訓練就是一種——訓練。父母可以做很多事來使它變得容易。第一件事涉及你的態度。了解孩子的氣質和能力，將有助於你保持合理的期望。如果你放鬆且自在，孩子很可能也有同樣的感覺。

一定要成功的壓力，只會讓你們雙方感覺挫折。如果發生意外要有耐心，這絕對有可能。如果孩子尿濕了，為他更衣。如果他年齡夠大，可以購買紙尿褲，這樣他可以自己更換（這通常會鼓勵孩子多了解自己身體的訊號）。不過，你要確保自己絕不會因為如廁訓練的挫敗而羞辱孩子或讓他感到慚愧。乾褲子不值得拿孩子受損的自尊來交換。

在可以成功使用馬桶的路上，必須訓練孩子掌握必要的步驟。提供易於拉下（和拉上）的衣物是個好主意，同時彈性腰帶也是完美的選擇。如果天氣暖和，單穿內褲（或根本不穿）則可以簡化整個流程。

擁有規律的如廁時間，可以鼓勵孩子發展定期使用廁所的習慣。在外出郊遊（即使是短途旅行）時，最好請孩子事先上廁所（大多數父母很快就會知道附近超市的洗手間在哪裡）。

艾倫小姐決定帶她的幼兒園去野外實習採藍莓。他們一起愉快地從幼兒園出發到附近的果

61〈蹦跳著奔向我的甜心〉（Skip to M'Lou）是一首簡單的英文兒歌，歌詞唱著：「我失去我的夥伴，我該怎麼辦？蹦跳著奔向我的甜心，我還會找到一位更好的夥伴。」

園。然而，麻煩很快就出現了。艾倫忘記提醒孩子在離開前上廁所，現在他們唯一的選擇是一個忙碌的戶外公共廁所。艾倫花了大部分野外實習的時間，把孩子一個接一個地抱到廁所馬桶上，她再也不會忘記旅行前的提醒！

現在市面上有針對兩歲半、三歲甚至四、五歲兒童提供的紙尿褲和超強吸水尿布。不幸的是，超強吸水尿布有可能阻礙如廁訓練，因為它們不會讓孩子感到潮濕，可以保持舒適感。考慮使用效率較差的尿布或專用於訓練的尿布，可能是比較明智的選擇。

減少情緒化，放鬆和享受

當你考慮孩子的準備程度和訓練方式後，便是讓自己放鬆，並相信如廁訓練會在適當時刻產生成功結果的時候。也許最好的建議就是這樣：放鬆。對孩子來說，自己使用廁所是一件非常重要的事情。當他準備好了，他就會做到——但不會在他準備好之前。

確實傳達愛的訊息

有許多方法可以將愛的訊息傳達給孩子。其中最重要的是給他信任。睡覺、吃飯和上廁所可能是父母和孩子對立的戰場，但也可以是你們分享尊重、善意和鼓勵的機會。健康的睡眠、飲食和上廁所習慣對孩子有很大助益。你可能無法強迫孩子，但可以做很多事來為他做好成功的準備。

第15章

選擇托育服務

——托育時的注意事項

在撫養孩子時，父母需要其他大人作為自己的支援系統。現代的托育中心可以成為這樣的資源。這是一個你可以與其他父母見面、分擔憂慮並相互學習的地方。

吉姆有兩個孩子。最大的四歲，最小的十八個月大。他剛離婚，並擁有孩子的獨立監護權。他承擔不起失去養家活口的工作。

伯達妮是一名研究主任，她一個為期十年的研究正進行到中期。如果研究能產生期望的結果，它可能為一種被宣告無望的癌症提供治療方法。伯達妮剛滿三十四歲，她和丈夫決定不再等待，立刻著手建立自己的家庭。伯達妮知道繼續研究和生孩子，代表他們需要使用托育服務或僱用保姆。

拉妮三歲的女兒米特拉很孤單，她想要玩伴，但附近沒有其他孩子。拉妮不想讓女兒整天看電視。而另一條街上開了一所幼兒園，拉妮不確定這對米特拉來說是不是好事，而且她也擔心當自己在家時，將米特拉放在幼兒園裡，會讓她看起來像個失職的媽媽。

惠子是一個全心投入的母親，她在第一個孩子六個月大之前，從沒離開過他的身邊。有一次，她把孩子托給一個保姆照顧，短短兩個小時，她就打了三次電話確認。而寶寶在整段時間都睡得很香甜，但她還是不習慣把孩子交給別人照顧。

琳達和米格爾有兩個孩子，都不到五歲。米格爾作為消防員的時間表每兩個月更換一次，讓他們無法預估何時他能回家照顧孩子。他們的經濟拮据，但米格爾的工作讓琳達沒辦法出去工作以增加家裡的收入。

托育是現代育兒的必需

如果你是學齡前兒童的父母，一定聽過關於托育的激烈辯論。有些人聲稱孩子早期應該和父母一起待在家裡，而其他人則聲稱（同樣大聲地）孩子一定能從托育服務或在學齡前課程中受益。

我們認為父母是最適合決定自己要上班或留在家中、是否將孩子安置在托育中心，以及是否讓孩子參加學齡前課程的最佳人選。對許多家庭來說，托育是生活中的現實。無論父母是否願意花上全部時間和孩子待在家裡，就經濟來說都不可能。將幼兒留給別人照顧，可能會讓父母痛苦不堪。大多數父母偶爾會因為內疚和懷疑而糾結：「如果我不和孩子待在家裡，就是失職的父母嗎？」「我沒有選擇——我必須工作——但孩子會因此有終生創傷嗎？」

這可能有助於你理解——享有聲譽的大學研究證實（儘管許多政治團體不喜歡這個結果），孩子在優質托育情況下表現良好[62]。一份兒童早期教育研究的審查報告證實，參與托育課程實際上可以加強兒童對學校的積極度，使他們持續實踐健康生活到成年，甚至還能提高父母的教養技能。不過這些研究和其他研究也發現，家庭因素（主要是母親的敏感度和回應程度）是比托育服務（排除劣質的托育服務）更重要的兒童發展影響因素。

現在的托育中心經常取代伴隨過去幾代人成長，有著姑姑、叔伯、爺爺、奶奶和堂兄弟的大家庭。現在，當貝琳達拉扯鄰居孩子頭髮或傑夫在半夜發燒醒來時，他們的父母可能沒有其他兄姊

62 出自NICHD早期托育照顧研究網絡（Early Child Care Research Network），〈嬰幼兒保育的特點：影響正向照顧的因素〉（Characteristics of Infant Child Care: Factors Contributung to Positive Caregiving）。《兒童早期研究季刊》（*Early Childhood Research Quarterly* 11, 1996, 267-306）。

戒堂兄弟姊妹的經驗可參考。在撫養孩子時，父母需要其他大人作為自己的支援系統。現代的托育中心可以成為這樣的資源。這是一個你可以與其他父母見面、分擔憂慮並相互學習知識的地方。

無論你需要托育服務是為了晚上外出、有特殊活動或全職工作，這些知識都可以讓你對找尋優質托育服務的決定更有信心。重要的是，注意孩子如何吸收你的態度所散發出的能量，以及他們對這些能量做出的反應。如果你害怕，孩子也會感到害怕。如果你內疚，孩子可能會覺得有操控的機會。諷刺的是，無論父母是工作還是留在家中，似乎都對自己的選擇感到有某種程度的內疚和遺憾。內疚對誰都沒有好處。關鍵是，在你的情況下做出最好的決定——然後放鬆。當你知道如何找到優質的托育服務時，會發現這樣變得更容易。

不要強迫孩子學習

父母越來越傾向於挑選提供教學的托育中心，例如閱讀、寫作和算術。這讓大多數早期幼教專家感到擔憂，而你需要知道原因。

凱西．赫胥－帕賽克（Kathryn Hirsch-Pasek）博士是天普大學嬰幼兒實驗室主任，也是《愛因斯坦不玩識字卡：為什麼該讓幼兒多玩一點，少背一點》（*Einstein Never Used Flash Cards: How Children Really Learn and Why They Need to Play More and Memorize Less*）一書的作者之一。她指導了一個研究項目，追蹤一百二十位來自費城郊區中產階級家庭的兒童，進入幼兒園和小學一年級的過程。該研究證實，參加學術型幼兒園的孩子確實比參加以遊戲為導向幼兒園的孩子認識更多數字和字母。然而，到了五歲時，來自以遊戲為導向幼兒園的孩子已經迎頭趕上了，而那些上學術型幼兒園的學生對學校的態度卻不積極。

當父母想盡早推動孩子學習學術能力時，用意是好的。他們希望孩子擁有一切優勢並感受成功。但這樣的決定可能弊大於利。如果孩子受到學業表現的壓力，可能會錯過更多符合適性與適齡的發展及有效的學習方法。

花點時間進入學齡前兒童的世界。如果你被強迫學習，並知道學習會讓父母感到驕傲，你會有什麼感受？如果學習很困難（即使你能做到），你會有什麼感受？你有自己不夠好的感覺嗎？你覺得父母對你的愛是有條件的嗎？另一方面，如果父母允許你在趣味十足的環境中探索和實驗，並讓你感受做每件事的成就感時，你有什麼感受？如果你不是在複述事實和數據，而是學習如何變得有創意，並磨鍊社交和解決問題的技巧，你會有什麼感受？

這是否表示在孩子一到三歲時，應該完全不要學習學科能力？不。關鍵是要關心孩子的興趣（瑪麗亞．蒙特梭利[63]在五十年前就知道這一點了）。一些三歲的孩子想要閱讀，並對此感到興奮而不是被迫學習。有些孩子喜歡學唱字母歌曲（即使他們不知道歌詞的意思）。請注意孩子正在學習什麼，以及他們對此有何感受。你的孩子可能沒有表達能力來告訴你他感覺到壓力，但如果你關心，就會知道。

63 瑪麗亞．蒙特梭利（Maria Montessori，一八七〇年至一九五二年）博士，是義大利醫生和教育家，為蒙特梭利教育法的創始人。

如何選擇好的托育服務？

也許最重要的問題是「什麼是優質的托育服務，我該如何找到它？」在托育方面，重要的是不要找便宜的。雖然必須考慮成本，但它不該是影響你做決定最重要的因素。孩子將會花費一生許多重要的時刻，在你選擇的托育中心裡。

簡單地說，盡可能找到最好的托育服務。如果不容易找到優質的托育服務，請透過向托育人員提供像這本書裡的資訊，將你發現的教養內容納入優質照顧中。優質的托育人員將珍惜像是這本書，或是簡・尼爾森與謝瑞爾・艾爾文所著《給托育人員的正向教養》等禮物。如果你居住的地區缺乏兒童早期教養訓練，請努力為其引進。

不要急著做決定，一定要多參觀幾個不同的托育單位。記下你所看到的內容。孩子們開心嗎？他們是否在托育中心裡自信地走動？老師是否會蹲低到孩子的視線高度與他們交談？藝術作品的展示高度是否適合孩子，還是只符合成人的視野？建築物乾淨嗎？是否存在明顯的安全隱憂？老師看起來開朗還是疲憊不堪（當然，請記住，即使是最好的老師，也可能有糟糕的一天）？該中心所提供的設備是否允許孩子自由使用來遊戲、裝扮、學習和進行動態活動，或者孩子應該保持安靜、坐好並且「乖乖聽話」？

父母有時會看著優質托育服務應具備的品質和要求清單而不知所措。你可能會懷疑如何確定正在考慮的托育單位是否符合標準。有一個相對簡單的解決方法——詢問。為孩子找尋托育單位是一項重要的決定，作為父母的信心會影響孩子對新環境的舒適感和反應。不要猶豫，蒐集為了讓你做出明智決定需要的所有資訊。如果一個單位或托育人員不願意回答問題，或不允許你參觀他們工作的情況，那麼尋找其他單位可能是明智之舉。其中很重要的指標，是找到一個隨時歡迎父母的托育中心或保姆之家。這些單位很坦蕩，會以尊敬的態度將你視為孩子托育服務的合作夥伴。如果你在拜訪孩子的幼兒園、托育中心或有執照的保姆之家時，感覺自己像是一個入侵者，請去找另一個讓你感覺受到歡迎的地方。優質的托育服務是必須的，托育中心應該是讓孩子感到安全、愉快，並且受到呵護的地方。

如何選擇優質托育服務？

使用這份檢查清單上的指標來確認優質托育服務。

1. 中心或家庭有：
   - 展示有效許可證書。
   - 員工流動率低。
   - 地方、縣市和國家認證。
   - 充滿愛心並以兒童為中心的環境。
2. 工作人員是：
   - 在早期兒童發展和照顧方面訓練有素。

- 願意團隊合作。
- 透過培訓計畫吸收最新資訊。
- 有合理的薪資。

3. 管教方式是：
- 正向而不是懲罰。
- 溫和且堅定。
- 重視幫助孩子學習重要的生活技能。

4. 有一致性的原則顯示在：
- 課程中。
- 處理問題的方式上。
- 日常管理上。

5. 在以下方面證明安全性：
- 外部環境。
- 制訂健康政策。
- 對緊急情況的準備。

6. 課程、設備和活動是：
- 多樣且適齡。

- 有良好維護、計畫和監督。
- 兒童的尺寸，所有人都可使用。

☺ 托育中心或保姆之家

大多數縣市要求托育中心和保姆之家滿足各種營業許可的要求。看到托育中心或保姆之家展示的許可證書，便說明他們滿足了這些要求。請務必檢查日期以確保許可證書有效（不過許多縣市政府的工作繁重，許可證書的核發時間冗長是很常見的事）。

人員流動率低代表，工作人員有良好的待遇與公平的補償，能夠享受工作，並得到行政部門的支持。當工作人員沒有獲得合理薪資時，他們會去其他地方，並可能離開托育服務的領域。

尋找特別的許可證書。以美國為例，最著名的是「美國全國幼兒教育協會」[64]，他們採用多元化的評鑑方式。托育中心必須先花費幾個月進行自我評估並糾正任何表現薄弱的部分，接著獨立的認證人員通常會透過不同場合與中心人員進行面談。這個認證有效期限只有兩年，兩年之後必須再

64 「美國全國幼兒教育協會」（NAEYC, National Association for the Education of Young Children）是一個創始於一九二六年的非營利組織，其成立宗旨為促進兒童福祉，是當今美國集教育、培訓、管理、科學研究為一體最具權威性的綜合性機構。

次重新認證。能夠得到這類認證的托育中心，一定值得這份榮耀。

😊 工作人員

培訓和經驗使托育人員更能夠了解幼兒的需求，提供滿足這些需求的活動，並對兒童適性與適齡的發展具有相當的期待。培訓與低流動率創造經驗豐富的托育人員，這對所有相關人員都是有利的。

了解工作人員接受的培訓類型。是否有特殊培訓要求？蒙特梭利、華德福[65]、高瞻[66]、創意課程[67]，和許多其他為中心老師提供專業培訓課程的項目。許多縣市都有社區大學、學士和碩士學程提供了托育服務的相關課程。

注意管理的一致性也很有幫助。是否明確表達出對員工和家長的期望？活動計畫是否良好？財務是否以務實、嚴謹的方式處理？

醫生、股票市場分析師、托育教師——所有專業人士都必須跟上各自領域的最新發展。你正在考慮的托育中心人員參加研討會嗎？是否有內部培訓計畫，或鼓勵員工參加額外的培訓？透過參加研討會、工作坊和諸如正向教養等特殊主題的培訓，員工是否吸收到最新資訊？老師願意了解新的研究，從基本概念中獲得啟發和提醒，或在聽到其他人分享常見困難的解決方法時受到鼓勵。

注意托育單位的人際關係是否融洽。當一個單位關係不融洽時，孩子會感受得到。請記住，幼兒可以「讀取」周遭大人的能量並回應他們的感受。鼓勵合作的單位（孩子和工作人員之間）展現團隊合作的價值。注意托育單位定期安排的員工會議、內部溝通工具和同事間的情誼與氣氛。

☺ 管教方式

是否有書面的管教政策？處理問題的方式是什麼？是否有托育單位推薦的管教書籍？詢問老師如何處理會打人、咬人或搶玩具的孩子。了解老師是否接受過處理常見問題的培訓。托育單位是否容忍體罰？管教態度是正向還是懲罰？是否更常教導孩子做什麼，而非訓斥他們不該做什麼？

注意老師如何與孩子互動。他們是否以尊重的方式與孩子說話？老師跟孩子說話時是否蹲低，並與孩子進行目光接觸，或者老師是否在教室大聲地傳達指示？一對一溝通是更合適且有效的照顧。

老師是否向孩子明確表示應遵守的界線，還是在孩子跑起來並撞到她時不自在地傻笑？是否會貫徹執行？老師說到做到嗎？老師是否在叫一個孩子「放下那根棍子」後，在孩子仍揮舞棍子時，繼續與同事聊天？或是給孩子一、兩分鐘，最後不成功時，走過去平靜地取走棍子？

孩子在有關自己的能力上學到什麼？老師是否幫每個孩子穿外套、襪子和鞋子，還是會協助孩子自己動手做？老師是否鼓勵孩子在午餐前自己洗手？注意正在教授技能的課程，孩子在其中不

65 「華德福」（Waldorf）為奧地利人魯道夫・斯坦納（Rudolf Steiner，一八六一年至一九二五年）所創立的教育學說，重視提供孩子發展其自由精神、道德責任與社交技能的基礎，為全球最大的另類教育運動。

66 「高瞻」（high / scope）是一種早期教育課程，於二十世紀六〇年代起源於美國密西根州，其教育哲學理念依據尚・皮亞傑（Jean Piaget）與約翰・杜威（John Dewey）的兒童發展理論，採用開放式課程，透過精心安排的作息，提供幼兒做選擇、決定工作或遊戲的機會。

67 創意課程（Creative Curriculum）是根據匈牙利裔美國籍心理學教授米哈里・契克森米哈賴（Mihaly Csikszentmihalyi）針對「創造力」的研究，認為「創造力」是受到「個人」、「學門社群」和「符號領域」三項要素交織影響的系統模式，鼓勵學生在面對挑戰時解決問題，並運用在任何學習主題上。

該是被餵食、穿衣和四處放置的對象。

你在拜訪時感受到什麼氛圍？快樂、平靜的孩子是好的徵兆（請注意：這並不代表孩子安靜）。活動程度呈現的是，孩子有參與力並對參與任何活動樂在其中。

☺ 一致性

課程一致性代表定期提供特定活動。「展示和講述」[68]、每日故事時間和唱歌都是例子。孩子在托育機構和家中都能透過日常慣例活動來成長茁壯。一致性還表示存在學習目標並在實行中。比較一下一個明確規畫活動的托育中心，與孩子只能拿到一些破舊雞蛋盒剪著玩，每天早上坐在同樣積木盒前，或被丟著看數不清影片和電視節目的地方。在有著明確課程表的情況下，存在一些類似活動並無可厚非，只要確保托育人員重視親身實踐的學習、健康的活動和漸進的成長——而不僅是沉默和服從。

從處理問題的方式來看，老師與老師間，班級和班級間是否保持一致？是否有老師拒絕讓孩子幫忙準備小點心，而另一位老師卻將吃點心時間變成優格「手指塗鴉」的失控場面？

擁有一致性課程規畫的單位鼓勵兒童發展信任感、自主性和健康的主動性。這些特徵在家裡很重要，在孩子會待上大量時間的地方也很重要。

☺ 安全

安全包括外部環境、制訂的健康政策和中心的應急準備。一個托育中心若有毫無遮蔽的電線、通行無阻的洗衣房或損壞的遊樂設備，便無法提供孩子一個安全的環境。

注意他們日常的應急準備。他們如何處理緊急情況？是否有定期火災或其他應急準備的演習？老師是否接受過心肺復甦、愛滋病毒及愛滋病教育和急救的訓練？如何儲存和管理藥物？如何處理過敏（由於嚴重的花生過敏症病例不斷增加，許多單位現在都不提供花生）？他們在疾病和隔離上的政策是什麼？詢問他們如何處理傷病。

如果你處於地震、洪水或龍捲風的多發區域，他們針對此類緊急情況所做的應變措施是什麼？他們會儲備食物、水和衣物嗎？是否列出全國防災單位的電話號碼，以防當地的防災單位失靈？是否有指定的疏散地點或路線？

你放心，工作人員知道如何在各種情況下照顧你的孩子。你對他們處理這些細節越滿意，就會對將孩子交給這個托育中心更有信心。

☺課程、設備和活動

托育中心遵循哪些課程指南？是否有公告主題、每日活動表或學習目標？正如我們所說的，孩子在遊戲中會進行許多學習。在孩子學習與澳大利亞有關的事物時，運用玩具袋鼠和原住民藝術設計；提供包括編織的非洲布料、蠟染布和兒童尺寸的長袍，以促進孩子對多元文化的珍視；或給予各種海綿、畫筆和材質進行繪畫，增加兒童遊戲和探索的類型和品質。

為嬰兒設計的房間應該在地面高度安裝具備嬰幼兒防護、抗破損的鏡子，以及讓兒童在學習

68 「展示和講述」（show and tell）是盛行於英國、北美、紐西蘭和澳洲小學課堂上的公眾演講練習，上台的孩子會為全班展示某項物品，並講述一個有關該物品的故事。

走路時，可以用來起身的欄杆或小型且堅固的家具。地板上的球和滾動的玩具將幫助孩子加強手眼協調力，並鼓勵他移動和爬行。

應該提供可以強化肌肉發展的戶外遊樂設備（如攀登架）給孩子使用。確認這些區域經過維護且安全和乾淨。確認每天都有定期的戶外活動時間，並隨時有老師監督。在戶外教學時，成人與兒童人數必須符合師生比[69]。

孩子可以使用的設備都應根據使用情況進行調整，例如兒童用水槽、方便兒童使用的書架，以及位於兒童視線高度的螢幕顯示器。托育中心應盡可能使用兒童尺寸的設備。小水壺、飲水杯和兒童大小的桌椅對幼兒非常有幫助。如果沒有兒童尺寸的物品，那麼調整成人尺寸的設備也有幫助。比如，透過提供穩定的墊腳凳讓孩子更容易接近水槽或馬桶。

注意托育中心的拼圖是否擁有全部的零片、是否供應多樣化與持續變化的積木玩具和美術用具，以及是否提供孩子聽音樂、唱歌或培養節奏感的體驗。如果你看到的只是一疊紙和鉛筆，以及孩子長時間坐在課桌椅上，便要小心。一個啟動所有感官經驗並鼓勵積極遊戲和運動的托育服務，會保證孩子獲得最合適的學習平衡。

選你所愛，愛你所選

不論哪種形式的托育服務，一旦你做出決定，仍可能對自己把孩子留給其他人照顧感到難過和焦慮。有幾件事可能對你有幫助。第一步是認識到，這是一個你和孩子必須做的選擇。當父母可以接受家庭生活對托育服務的需要（或看到其價值）時，其他問題就會開始明朗化。

第二步是，當托育服務成為家庭日常生活的一部分時，盡力解決可能遇到的問題：「我如何在早上把孩子送過去？當整天與孩子分開時，我們家的日常作息需要改變或調整嗎？孩子的朋友呢？孩子安全嗎？孩子會被愛和感覺被愛嗎？」一旦你確信自己為孩子選擇了有品質的托育環境，這些問題就會迎刃而解。

親子的分離焦慮

當父母把孩子交付托育時，常常不只是悲傷，還會感到內疚。許多孩子早上在托育中心或晚上當父母與朋友外出時會哭泣。父母對此的反應與孩子能否在托育服務中獲得滿足有很大的關係。相信孩子在他們不在時，會獲得良好照顧並安全的父母，儘管難過，卻能將這份信心傳達給孩子。

分離的另一面是連結。當你和孩子分離時，孩子將會與誰連結？花時間幫孩子與新的照顧者建立關係。孩子和你都需要知道，當你不在他身邊時，他可以信任那個人。

藉由提供家裡的午睡毯或絨毛玩偶，以孩子觸摸得到的方式，讓他感受自己與你及他更熟悉的世界相連結。為孩子安排與他班上其他孩子的玩伴日活動，以擴大並加強他與新朋友的連結。他

---

69 在美國，根據各地政府機關不同的規定，托育中心或幼兒園進行戶外教學時，必須根據孩童年齡、活動性質與風險程度進行師生比調整。一般來說，一到三歲孩童所需的師生比為一比六，四到六歲為一比十或一比十五，七歲以上則是一比十五或一比二十。

感覺到的連結越多，就越能應對離開你的時間。

托育日

你的日常生活會受到孩子托育時間表、交通方式和細節安排的影響而改變。如果一個家庭決定幫孩子帶便當或部分的食物，就必須包括準備食物的時間。幫孩子穿衣、送他出門、應付午睡時間、建立出發日常慣例表，以及跟上孩子不斷萌芽和變化的友誼，這些都是常見可能讓全家忙得人仰馬翻的問題。

即使是最有效和順利運作的生活方式，也可能因長達一週的急性耳炎而脫離常軌。請記住，每個人偶爾都會度過糟糕的一天，而你的日常生活順遂與否取決於許多不同的因素，它們包括：父母、孩子和托育人員的情緒和狀況；交通；甚至是前一晚是否有人記得把牛奶放回冰箱。既然有這麼多發生災難的機會，不如讓我們把慶祝事情順利也變成一個日常的習慣。

在急著出門的過程中，可能很難記得這些，但就算兩歲的尼克堅持穿一隻紫色襪子和一隻橘色襪子、五歲的丹尼斯讓一罐蜂蜜掉到廚房地板上，你也要花一點時間為尼克能夠自己穿衣服，丹尼斯主動幫忙準備早餐的事感到高興。總是會有不完美，所以要將你的精力專注於每天的成功上——無論它們看起來有多微小。

忙亂早晨的解決藥方

日常慣例表對於早晨出門十分有幫助。我們討論了兒童對於時間的不同認知，以及在兒童早期發展中普遍存在的「過程比結果重要」思維（請參閱第三章）。這些特徵有時會導致早晨進行得不順利。請記住，幼兒透過日常慣例與可預期性來成長茁壯。為孩子前往托育中心的過程建立明確的日常慣例，將是早晨平靜與否的重要關鍵。

賈斯伯家裡有四名成員。爸爸賈斯伯必須在上午八點半上班，媽媽在上午九點開始工作，他們四歲的雙胞胎女兒艾妲和艾美必須前往托育中心。由於他們只有一輛車，所以全家人一起通勤，父母兩人每天早上一起送孩子去托育中心。他們發現了一些對他們有幫助的事。

每天晚上，雙胞胎會幫忙挑出第二天要穿的衣服。艾美起初還會不高興，因為她討厭在寒冷早晨脫掉溫暖的睡衣，於是她和媽媽達成協議，可以穿著第二天早上要穿的襯衫睡覺。媽媽或爸爸其中之一會在前一天晚上準備好隔天的午餐，雙胞胎偶爾會「幫忙」。無論是誰準備午餐，這個人都會幫雙胞胎確認，她們找到所有要穿的外套和鞋子，並把它們放在門口附近，這樣就不會有最後一刻找不到東西的慌亂。在前一天晚上提前規畫和準備，會在早上避免掉許多要做的決定（和衝突的機會）。既定的程序將可使事情順利進行。

這對雙胞胎知道她們必須穿好衣服才能吃早餐。媽媽或爸爸可以幫她們扣住難扣的扣子或綁鞋帶，但女孩們通常都能在每天早上自己穿好衣服。當雙胞胎兩歲時，媽媽和爸爸已經開始訓練並鼓勵女兒試著自己穿衣服。艾美喜歡倒牛奶，因此父母在冰箱放了一個她可以使用的小牛奶壺。水槽裡放了一塊海綿，在液體偶爾潑灑出來時，女孩們知道如何擦拭。每天早上吃早餐時，艾妲和艾美都會做些事情來幫忙：擺餐巾紙、把鹽和胡椒放在桌子上及混合果汁等。艾妲和艾美對每天做出的貢獻感到滿意。當雙胞胎幫忙父親或母親清理早餐時，另一位父母則開車出去，並將每個人的裝備放上車。然後，他們會放鬆並微笑著出門。

這聽起來像童話故事嗎？是也不是。你有可能建立詳細的日常慣例，實現這樣和諧的早晨。這不是一夜之間發生的事。一開始，媽媽和爸爸互相爭吵著每個早晨誰該做什麼。當最終找出解決辦法時，他們清楚了解彼此的期望，並且不再花費大量的精力爭吵。

然後艾美和艾妲必須做一點測試，來看看父母對於吃早餐之前穿好衣服這件事是否認真。這表示艾美和艾妲曾有一、兩次在早上離開前，沒有時間吃早餐（父母知道，她們在早上吃點心前，能夠撐住一、兩個小時不吃東西）。這也表示，至少有一次，雙胞胎中的一個或兩個穿著睡衣到達托育中心，而媽媽或爸爸則會帶著一紙袋衣服。艾美和艾妲的父母沒有虐待女兒，他們給予女兒機會，透過自己選擇的後果，以尊重彼此的方式學會負責。這也代表艾妲和艾美很快就相信父母會說到做到，於是兩個女孩都和平地參與了早晨的日常慣例。

通常的結果會是一個無憂無慮的早晨。請注意「通常」這個詞。每一天的開始並非總是順利。有時媽媽或爸爸會因睡過頭而準備得比較晚，或者他們就是在早晨愛發牢騷。其他時候，則是日常慣例沒能讓艾美穿上她的衣服。他們學會了慶祝進步，而不是追求完美。

沒有永遠有效的早晨慣例。透過訓練、詳細地計畫和尊重——尊重彼此，也尊重彼此同意的規定——至少在大多數時候，早上可以更順利地進行。

到達托育中心的應對

無論在你到達之前發生過什麼事，當你和孩子到達托育中心時，那一刻便會來臨。有些事可以幫助你們對即將展開的一天有更好的感受。提早到達，預留充裕的時間進行緩衝。你可以花點時間和孩子一起看看環境，了解老師當天的計畫。如果發現有代課老師，幫孩子先做好準備。與代課老師見面，並將孩子介紹給在當天會待在一起的任何新人。

注意環境中的任何變化。如果有新玩具或畫架，請與孩子一起探索。有時在你離開前，可能有時間與孩子一起閱讀故事或拼圖。如果時間不允許，問他在你離開後會玩些什麼。這將讓你們感覺更親密，你和孩子都可以想像在你離開後他會做的事。

到了該離開時，快點走（延長告別會在情緒上讓你、孩子和托育人員倍感消耗），但千萬別突然消失。告訴孩子你要離開了。在你宣告後，眼淚可能會跟著流下，但如果你保持尊重與誠實的態度，孩子會知道他可以信任你。如果孩子緊抓著你，請輕輕將他放入托育人員的手臂，這樣在你離開時，有人能夠抱著並安慰他。為孩子提供一個特別的地方，讓他們在父母離開時，能夠在那裡站著或被抱著向父母揮手道別，將會有幫助。

即使父母以尊重和關愛的方式離開，孩子仍然可能會哭。請記住，孩子將會了解到，他可以信任生活中的大人——而他也可以信任自己。事實上，你確實可以透過每天會回來接他（以及他有辦法度過分離）的事實，一再向他做出保證。最終，眼淚將會消失，父母和孩子的早晨日常慣例會進行得順利且愉快（如果你覺得需要，可以在稍晚打電話給托育中心，確認孩子的眼淚只是短暫的，一切都很順利。你感到安心是值得的）。

接孩子時的應對

當你抵達托育中心要接孩子回家時，我們建議留點時間進行友善的問候和離開前的準備。你和孩子即將一起開始一天中新的部分。

當瑪德琳在托育中心關門前去接三歲的女兒布莉回家時，她發現布莉還在用衣服玩扮家家酒。瑪德琳給布莉一個擁抱，並鄭重表達了對布莉選擇橘色假髮和有花飾點綴手提包的感想。然後瑪德琳告訴布莉，她可以再玩五分鐘。

在那段時間裡，瑪德琳蒐集了早班老師留下關於布莉一天的筆記，還報名參加下週的聚餐，並答應提供一道砂鍋菜。當她回到裝扮區時，布莉仍戴著那頂橘色的假髮。瑪德琳說她可以想像布莉一定很喜歡這頂假髮，或許她可以明天再戴它。然後，她跟布莉說，該回家了。布莉噘了一下嘴，但穿上外套，抓住母親的手。她們一起尋找布莉失蹤的鞋子。瑪德琳為布莉簽退，媽媽和女兒一起離開托育中心。

瑪德琳感到欣慰的是，女兒在托育中心過得很開心，以致於她不想離開。透過花時間與女兒重新連結，並讓布莉有時間完成遊戲，瑪德琳已為平靜的離開奠定基礎。無論如何，布莉還是有可能會吵鬧——畢竟她玩得很開心——但她可能比被強拖出遊戲的孩子吵得少一點。

學校工作人員利用出發前半個小時，讓孩子找到回家所需要的一切——外套、午餐盒、藝術創作，以及給父母關於即將到來的聚餐通知——來創造一個順利的離校過程。儘管做了這些準備工作，有些孩子在家人來接他時，可能還是無法像布莉那樣合作。

孩子在一天結束時顯得難纏，是有充分理由的。托育服務的一個重要元素是幼兒必須整天應付一個高度社會化的環境。這表示孩子可能有一定程度的緊張和壓力。當孩子在父母到來時顯得胡鬧，可能是在說，無論他向你展示哪一面，都希望你會愛他和接受他。在父母到來的溫暖氛圍中，他可以對別人給他的社交期望放鬆。

當孩子即將離開托育環境時，他們一天中一個重要的過渡將會發生，幼兒需要能幫助他們度過這個過渡時刻的溫柔支持。為孩子和他的需求付出時間，終將使你們都從中受益。

尋找支持家庭的資源

無論一個家庭的組成、資源或居住地點為何，所有家庭都需要不時的支持。幼兒父母需要可以分享關懷、想法和故事的其他父母。孩子在生活中需要其他孩子和大人幫他了解各種居住在世界上的人。

教養課程、親子教養書及其他資源，為現代父母提供了寶貴的工具。許多社區擁有可以讓父母聚在一起分享想法，並讓孩子一塊遊戲的團體。此外，網路開闢了廣闊的資訊世界，包括提供一些對話、建議，甚至有機會向各領域專家提問的網路論壇。托育人員也可以獲得一系列資源。孩子的教養牽涉到整個社會，他們在每一層面發生的事情，對所有人來說——不論老少——都很重要。

選擇保姆的注意事項

Q 我有一個很棒的臨時保姆，她對我兩歲的女兒和四歲的兒子很好。我唯一在意的是她沒有管教好自己三歲半的女兒。因此，她孩子的表現就像一個暴君，而我兩歲的女兒也開始表現得像她女兒一樣。這個孩子會尖叫、打她媽媽，跟她媽媽說「不」，或要她媽媽「閉嘴」。我女兒在家裡也開始這麼表現，我們至少必須花上一個小時，才能讓她再次依循我們的規則。我不希望孩子也成為暴君。這個保姆在其他方面都很棒。我該怎麼辦？

A 你臨時保姆的女兒不會突然有這樣的行為。雖然你對保姆對待孩子的態度感到滿意，但我們懷疑她在設定限制的能力不是很好。她女兒的行為是一條很大的線索。她女兒一直都這麼表現嗎？也可能是因為她女兒嫉妒有人分享媽媽的關注，為了讓媽媽為她忙得團團轉，而將精力投入到不當行為上。與保姆談談你的擔憂，問她對自己女兒行為的看法，看看你們能否想出一個雙贏的解決辦法。如果這樣無法解決問題，你可能必須面臨改變托育安排的選擇。

選擇保姆時，需要仔細地考慮。務必參考推薦文件、面試候選人（沒有孩子在場），並安排一次試用拜訪，讓你、托育人員和孩子可以相互認識。以務實的方式進行。為保姆提供緊急聯絡方式和醫療資訊，若出現最後一刻取消的情況，仍遵照協議支付保姆薪資。

僱用保姆的好處包括，孩子不需要離家便能受到照顧。孩子會在熟悉和一致的環境中睡覺、吃飯和遊戲。如果父母必須按照不同的時間表工作，或是需要出差，那麼這種托育安排通常可以更靈活。另一方面，一個與保姆待在家中的孩子，可能錯過發展社交技能的機會，除非他經常與附近的朋友和親戚一起玩，或是參加部分學齡前課程。大多數父母擔心出現虐待或疏於照顧的情況，畢竟保姆單獨與孩子在一起。你唯一能夠採取的保護措施是謹慎、仔細篩選和徹底地檢查資格。

無論你在離家時選擇讓誰來照顧孩子，一定要和他進行談話，直到你感覺放心為止——並確認對方也同意你的育兒哲學。與對方一起參加教養課程可能有所幫助。如果孩子的年齡大到能與你進行簡單的溝通，請偶爾了解他的看法，以確保一切順利。一定要傾聽你心裡的話，你的直覺會幫你知道什麼時候需要改變。

請親人幫忙照顧

許多孩子在父母工作時，與祖父母或其他親戚共度。事實上，現在有許多祖父母是實際養育孫子、孫女的人，因為孩子父母無法這樣做。由親戚照顧可以給孩子形成強大家庭凝聚力的機會，許多人對與更多家庭成員共度的時光有美好回憶，但世代之間也可能存在問題、分歧和衝突。

Q 如果他祖母縱容他做壞事並寵溺他，我怎能教出一個有禮貌的四歲孩子呢？當我在附近公司兼職時，孩子和她待在一起。我總覺得自己必須當壞人，因為她不會教訓他。我甚至擔心孩子愛她多過於愛我。我需要幫助。

A 和祖父母之間的教養分歧，通常更多是關於父母與祖父母，而不是幼兒與祖父母的關係。這種衝突可能源自於你需要與父母建立成人對成人的關係，因為他們有時會把你看成昨天才抱在膝上逗著玩，那個可愛、臉頰胖嘟嘟的寶寶——或者是一個從童年開始，就沒學到什麼東西的問題小孩。

愛不是比賽。這聽起來有點像你和孩子的祖母，正在利用孩子作為一種證明誰比較優越的比賽。孩子愛父母，也愛祖父母，他們可以在不減少對任何一方的愛的情況下，同時愛著兩者。

孩子了解在不同情況下可被接受的行為。如果奶奶讓小亨特用棉花糖裝飾廚房餐桌，小亨特仍然要記住棉花糖在家裡的不同功用。當然，當他抱怨說「奶奶就讓我這樣做」時，可能試圖想讓你調整。你只需要微笑，並提醒他家裡的規則不一樣。

不幸的是，當養育孩子的哲學、期望和規則發生衝突時，寬容可能還不夠。如果父母真心想與姻親或其他家庭成員建立健康的關係，卻仍然無法化解彼此的歧見時，就可能需要進行不同的托育安排。

有疑慮時怎麼辦？

當父母對某位托育人員真的感到不放心，無論起因是否與工作相關，這種情況都必須立即處理。當你懷疑對方虐待孩子、讓孩子暴露在有害的環境中、與你在教養哲學上存在極大的分歧，或是孩子出現發展遲緩的情況時，都值得你馬上關注。如果你認為孩子處於危險中，請不要猶豫，讓他離開這樣的環境，並找到你可以信任及放心的托育人員。

如果你擔憂的問題不是對孩子安全或健康的威脅，請努力尋求解決辦法。以尊重的方式向對方傳達你的疑慮，並表達你的想法、願望和要求。客觀聽取托育人員的想法。一起努力解決問題。與任何照顧環境一樣，當大人一起努力時，孩子都能從中獲益。

在重要的學齡前階段，孩子很可能至少有一部分時間，是由父母以外的人幫忙照顧——保姆、親戚或托育人員。你現在花在選擇適合全家人托育安排上的時間和精力，將會加倍使你安心、愉快和得到學習。托育環境和照顧幼兒的老師，將有助於形塑孩子的未來——以及我們共同分享的未來。

第16章

學齡前兒童的會議參與
——家庭會議與班級會議

到目前為止，班級會議最大的影響是，無論孩子年齡多大或多小，都能為他們創造出歸屬感。

這是ABC幼兒園的班級會議時間。隨著小朋友慢慢坐好一圈，史考特老師看了看議程。「聽起來我們的遊戲場出現了問題，有人會互相扔木屑。有沒有人想對這個問題說些什麼，或者有人可以建議我們如何解決？」

五歲的吉拉德舉起手：「丟木屑的人可以去冷靜一下！」四歲的娜塔莉揮揮她的手，當被點到時，她提出：「我們不要再用木屑了，可以換成草。」

老師看向三歲的克里斯汀娜，她的小手一直耐心地高舉著，他請她發表意見。「你們猜猜發生了什麼事？」克里斯汀娜帶著一個大大的微笑問。

「發生了什麼事，克里斯汀娜？」史考特老師問。

「今天我的燕麥片裡有香蕉。」

「嗯，那一定很好吃。」史考特老師微笑著說，並謝謝克里斯汀娜的分享，然後詢問更多關於木屑的問題。雖然克里斯汀娜顯然沒在關心木屑，但她仍然是這個團體的一名重要成員。

如果孩子年齡大到足以積極參加小組或大圈圈活動（通常在三歲半左右），他們就可以舉辦班級會議了。班級會議是幫助兒童學習合作、貢獻和解決問題技巧的絕佳方式。這個班級同意他們不會再扔木屑——這是一個當老師懇請同學配合時，從未奏效過的建議，但在由孩子提出建議並獲得全班同意後，卻非常地有效。

班級會議的目的

班級會議不只能解決問題。在班級會議上，孩子定期聚會、互相幫助與鼓勵、學習溝通技巧、專注於解決問題，並培養他們的判斷力和智慧。到目前為止，班級會議最大的影響是，無論孩子年齡多大或多小，都能為他們創造出歸屬感。因為對歸屬感的需求，是所有錯誤行為目的的核心（請參閱第八章、第九章和第十章），解決這個需求對於群體中的兒童行為具有最大的長期影響。

班級會議提供了許多學習和加強技能的機會。他們幫助孩子獲得社交技能並促進語言發展。這些會議會培養團體和個人的責任感，讓幼兒對自身能力和重要性養成積極的態度——這種態度不僅有助於形塑他們的行為，還能培養他們的自尊心。

在本章中，我們將為你介紹如何進行幼兒園的班級會議[70]。

適合參加班級會議的年齡

你可能會說：「我可以了解小學舉辦班級會議的價值，但學齡前兒童不會有點太小了嗎？」答案真的是「不會」——三歲半以上的孩子可以一起進行具有成效和鼓勵性的班級會議。即使是較年幼的成員，也可以培養班級會議過程所應擁有的態度。較小的孩子可以向較大的孩子學習，較大

70 有關班級會議更多的討論，請參閱簡．尼爾森、琳．洛特所著《學校的正向教養》（*Positive Dicipline in the Classroom*，書名暫譯）一書。

孩子可以學著思考並了解各年齡孩子的需求。像三歲孩子如克里斯汀娜可以做出的貢獻，肯定與年齡較大的孩子所做出的不同。儘管如此，將較小孩子包括在內確實具有價值，最大的價值是他們對群體所產生的歸屬感。

即使整個班級由兩歲或三歲的孩子組成，你們仍然可以一起享受班級會議。當沒有較大的孩子時，老師就會成為榜樣，需要提出大部分建議並幫助孩子學會做決定。即使幼兒也可以參加這項活動，儘管為他們舉辦會議的主要目的，可能只是計畫一起郊遊或做有趣的活動，而不是解決問題。考慮你照顧的孩子所擁有的社交和語言技能，將能幫你預估可以完成多少工作。

在孩子滿四歲後，他們就可以透過直接參與，來學習班級會議的要素。例如，透過尋找幫忙的人，可以教導幫助他人的概念。在第十章中，我們列舉出一個孩子幫助霸凌者改變不當行為的例子。四歲及四歲以上的孩子會迅速產生解決問題的熱情——並能在學習技能和給予練習機會時有非常良好的表現。

班級會議的成功要素

學齡前兒童的班級會議有四個主要目標。在充滿顏色的圖表上列出這些目標，可以為會議提供穩定的議程，並有助於孩子集中注意力。一旦你建立了固定流程，學齡前兒童就可以輪流主持會議。他們喜歡宣布會議開始、請提出議程的人發言（有時會由老師給一點提示）、詢問解決問題的建議，並結束會議。

學齡前兒童召開班級會議的四大要素

- 給予讚美和感謝。
- 讓孩子互相幫助。
- 解決影響團體的問題。
- 規畫未來的活動。

☺給予讚美和感謝

兒童的年齡顯然會影響提供的讚美。四歲和五歲的孩子可能會說：「我要讚美珍妮把我當朋友。」或「我要讚美艾迪，因為他和我一起玩扮家家酒。」你甚至可能偶爾會聽到：「她把我推下鞦韆了！」（好吧，他們還沒辦法讚美得很完善！）

三歲孩子不太能了解「讚美」的概念。他們更有可能說「我愛媽媽」、「我家裡有一隻泰迪熊」，或「我晚餐吃披薩」。這些小傢伙通常會說出他們正在想的任何事，老師可以做的是微笑，並感謝他們的分享。因為稍微偏離主題的「讚美」，並不會讓他們有貢獻的感覺變少。

老師可以提出一些問題，引導孩子表達讚美：「你喜歡學校的什麼東西？」或者是：「有沒有人幫助你，讓你今天感覺很好？」老師也可以示範讚美：「我想讚美你們所有人，因為你們昨天做出了美味的蛋糕。我喜歡在我們攪拌好麵糊後，所有桌子都被清理乾淨的感覺。」「麥迪遜，我想讚美你，因為你願意讓我們幫你解決不喜歡午餐的問題。我很欣賞我聽到的想法，因為我也可以用上其中一些。」

「**我愛你，但是……**」你以前聽過這樣的話：讚美只是為了提出批評。「你做得很好，但是……」，「謝謝你撿起玩具，但是……」。孩子也會這樣做：「我感謝麥琪和我一起玩，而不是把我推倒。」這樣的讚美，就像是一記冷不防將我們刺倒在地的回馬槍。孩子甚至可能會變得對讚美感到畏縮。他們已經了解到，只要大人說出一些不錯的事情，就代表一定還有一些不那麼好的事情。當這種情況發生時，無論我們的鼓勵和感謝具有什麼力量，都會就此消失。

示範如何告訴別人你感謝他們所做的事情，對所有人來說都是很好的做法。讓你的微笑、感謝和珍惜不帶其他目的。找到另一個安靜的時刻給予有用的暗示，孩子將從你的榜樣中學習。

☺讓孩子互相幫助

第二個班級會議的要素是互相幫助。這次在班級會議上，孩子有機會在覺得有問題的事情上尋求幫助。

這是一個在希爾港托育中心的星期二早晨。三歲和四歲孩子的班級剛剛與希爾克老師開始他們的班級會議。希爾克老師問今天是否有人需要班級的幫助。

馬蒂亞斯舉起手說：「我早上醒不過來。」許多孩子認為，這對他們也很難。希爾克老師問，是否有人能給馬蒂亞斯建議。孩子提供各種有用的想法：「早點睡覺。」「無論如何都要起床。」「穿著睡衣來上學。」希爾克老師轉向馬蒂亞斯問：「你認為這些想法有幫助嗎？或是我們應該再提出更多的想法？」馬蒂亞斯停下來思考，然後說他會試試「無論如何都要起床」。

接下來，朱利安舉起手說他需要幫助，因為「我的媽媽錢不夠」。在對朱利安表示同情後，其他孩子主動提出他們也有這個問題。朱利安的朋友都熱切地想幫忙。有些孩子願意帶錢來。布蘭登建議朱利安可以做一些工作來賺錢。克莉絲朵說：「我的媽媽會幫忙。」德雲建議：「你媽媽可以找一份賺更多錢的工作。」

朱利安的媽媽不太可能因為這次的討論而有更多錢。但朱利安真的擔心錢的問題，而他的擔心得到了重視。他還了解到同學關心他的需求，他們中的一些人有類似的擔憂。互相幫助可以成為班級會議中非常有力的部分。

你也可以邀請父母提出討論的議程，並參觀和參加班級會議。親眼看到孩子樂在其中，可能會鼓勵他們在家裡也嘗試召開類似的會議。

本週兒童

某托育中心將一種變相的讚美稱為「本週兒童」。每週都有一個特殊的「本週兒童」大圈圈活動，班級裡每個孩子每年至少會被選中一次。

老師把一大張紙和各種各樣的彩色筆帶到大圈圈活動上。在紙張最上面，寫下被選為「本週兒童」孩子的名字。然後每個孩子輪流說出他們喜歡或欣賞這個孩子的事情，而老師會在紙上寫下他們的評論：「我喜歡她，因為她是我的朋友。」「她和我一起玩。」「她的眼睛會閃閃發光。」（哇！）「她跳起來像跳跳虎。」

如果孩子不知道要說些什麼，老師可以透過提問來引導。「誰想說瑪琳可以參加他的生日派對？」「誰能記得這一週你和瑪琳在裝扮區玩過的遊戲？」老師也可以利用自己的評論來表達對這孩子的欣賞，並示範讚美他人的技巧。如果有些孩子仍難以想出要說些什麼（或者只是有點害羞），老師可以問：「誰想將自己的名字寫在紙條上，來做瑪琳的朋友？」

當所有想說話的人都說過後，老師將紙張捲起來，並用一條明亮的緞帶綁好。另一個孩子被選中來頒發捲軸給瑪琳，接著大圈圈活動便以一首歌曲結束——也許是〈他或她真是一個好人〉（For He's [or She's] a Jolly Good Person）的改編曲[71]。這是一個讓孩子開始一天很不錯的方式吧！作為「本週兒童」可以是給每個孩子的特殊待遇——但記得專注於創造歸屬感。我們很容易從鼓勵轉變成表揚，這會教導孩子依賴於他人的評價。

在美國一所學校實習期間，一位看過「本週兒童」活動的老師，將這個概念帶回她在亞洲的課堂教室裡，並將其改名為「本週之星」。在她的文化中，除了募款活動外，家庭很少參與學校活動，但是當她提出「本週之星」的想法時，他們都有興趣並感到好奇。某個星期，一位經常讓老師瞧不起、教育程度低的家長，參加了兒子的「本週之星」活動。他和兒子一起建造出一個精心設計的小房子，這個模型完全用牙籤和吸管製造，成品是一件真正的藝術品。看著這個男人對兒子展現的驕傲和愛，老師對他的天賦及他為兒子付出的大量時間和心力感到自慚形穢。他們對這個家庭的態度改變了：參加這次「本週之星」的大圈圈活動，喚醒了他們的同理心。老師和所有孩子的家庭之間開始發展出一種新的尊重。事實上，這個美麗的雕塑在剩下學期裡一直展示著。有時簡單的想法可以引發非凡的改變。班級（和家庭）會議透過邀請兒童和大人一起榮耀群體中每個成員的貢獻，來建立彼此的連結。

71 這首歌英文原文為〈他真是一個好人〉（For He's a Jolly Good Fellow），常在慶祝某人生日、退休、升遷、孩子出生、獲得比賽冠軍等各種慶祝場合上使用。為英語世界裡僅次於「生日快樂歌」的流行曲。

「把它放在議程上！」

議程可以寫在班級會議的議程筆記本中，或是貼在牆上的主題清單中，讓每個人都可以看到。兒童和成人可以在這裡列出他們在下次會議上希望討論的內容。除了提供討論的事項清單外，議程還可以作為讓人冷靜的工具。

當喬恩氣沖沖走過來告訴老師「帕克剛剛殺死一隻甲蟲」時，老師可以了解他的心情，並提議「應該如何對待昆蟲」或許是班級會議上一個非常好的主題。老師問喬恩是否願意把它列入議程。他欣然同意，他們一起在議程上寫下「昆蟲」——老師幫忙說出主題名稱，喬恩在旁邊寫下他的名字。如果喬恩很小，老師可以為喬恩寫下他的名字和主題，或者鼓勵喬恩畫出一張昆蟲的圖片，並學著寫自己的名字或做記號。以某種方式讓喬恩參與且也展現對他的尊重，讓他感受到責任感和影響力。

到了解決問題的時候，老師查看議程並請喬恩向其他人解釋昆蟲的問題。因為喬恩在生氣時感到被聆聽，並將關心的問題列入議程，他現在可以冷靜地討論這個問題。喬恩的老師會發現班級聚焦在如何對待昆蟲的討論上——而不是誰殺死甲蟲或他應該受到怎樣的懲罰。

☺ 解決影響團體的問題

這可能讓人驚訝，但幼兒在解決問題方面可以非常有創意。一天下午，山景幼兒園的簽退表附近出現了下面的公告：「本週四下午將舉行一次小型的餅乾義賣會。我們正在透過重買一本破損的圖書來學習負責。我們將在學校裡烤餅乾，每塊餅乾會以二十五分美元販售。孩子們也願意透過在家做一份特別的工作來賺取二十五分美元。餅乾義賣會的想法來自我們班級會議上對於破損書籍的討論。我們還討論並展示了如何攜帶書本及如何從書頁邊緣翻頁。」

在下週的時間裡，孩子在課堂上烤好了幾份餅乾，在這個過程中學習到新技能（並度過愉快的時光）。到了週四當天，義賣會展開了，而且非常成功，即使扣掉餅乾材料的成本，孩子們募集到的資金，不但足夠汰換破損書籍，還能購買另一本新書。他們在下一次的班級會議上討論想要什麼類型的新書。

想像一下如果老師責罵孩子，並罰他們不能在圖書區看書的情景。這樣一來，就可能會錯過學習和練習這些重要生活技能的機會。

班級會議還可以提供學習社交技能的寶貴機會。

某天早上開會時，四歲的坎迪斯說，另一個孩子罵她的朋友迪倫。老師問迪倫，這是不是他想要全班討論的問題（重要的是，孩子應該學會對自己的需求負責）。在迪倫講述自己的故事後，老師問是否有人曾經被罵過。「這讓你有什麼感受？」她問。孩子們隨後對此進行熱烈的討論，他們一致認為被罵很痛苦，然後想出了一系列可能的解決辦法。

「也許罵人的人可以控制一下自己。」「走開。」「說：『不要這麼說！』」「請老師幫忙。」「告訴他們你不喜歡。」「請他們去冷靜一下。」「說：『停！』」「所有人都走開，到其他地方討論。」

這些建議可能聽起來很類似，但都受到重視並被記錄了下來。迪倫和他的同學現在可以討論每一種選擇可能帶來的結果（在老師一點點的幫助下），並決定他們將來可以怎麼回應辱罵的方式。請記住，學齡前兒童仍然在磨鍊他們的社交技巧，像是「把對方罵得更慘」或是「狠狠揍他」這樣的建議，將讓孩子更了解適合的反應。

☺規畫未來的活動

當幼兒被問到他們可以一起進行哪些有趣的活動時，並非全部的建議都可行。例如：「我們可以一起去迪士尼樂園。」「我建議去海邊。」（根本不管外面正在下雪。）「我們可以坐飛機旅行。我爸爸會把我們帶在他身邊。」一旦孩子開始提供不可能的建議，他們傾向一直說下去，所以對孩子有幫助的是，老師透過提供他們一些實用、有趣的活動和郊遊方案來引導。

關於這樣的想法有很多。根據你的計畫，到警察局、消防局、動物園和公園的旅行都是可能進行的實地考察。請記住，實地考察可以是邀請孩子事先解決問題的絕佳機會。詢問他們在上一次的實地考察中遇到了什麼問題，或者他們認為團體應該遵守的規則是什麼。如果孩子無法想到任何事，老師可以提出建議，例如孩子過馬路推擠、跑來跑去，或在消防隊長講話時沒有安靜傾聽時該怎麼辦。然後，孩子們可以一起腦力激盪。當孩子們參與制訂規則時，他們會更願意遵守規則。

你還可以計畫更簡單的活動。全班一起吃冰淇淋或爆米花等的點心時間很有趣，也很容易做到。如果涉及經費支出，孩子可以構思募集所需資金的計畫。他們可以透過在家裡幫忙做些特別的工作賺錢，也可以在學校以團體工作的方式賺錢。一群有企業家精神的小朋友決定在一天結束時，賣烤馬鈴薯給疲憊又飢餓的父母。父母進入學校時聞到非常香的味道，不用說，這個募款活動是一次令人振奮的大成功。

班級可以設定一個目標，例如在所有書架和玩具都被清洗好後，舉辦一個披薩派對。老師可以提供水桶和海綿，孩子可以一起參與。某托育中心偶爾會安排洗地日，在這天家具會全部被打掃過一遍，每個人都有海綿和拖把。孩子們喜歡玩水，加上訓練和社會關懷，所有這些好處都融為一體。請記住，讓孩子參與活動計畫，無論是藝術、烹飪還是遊戲，都會使這項活動更加成功。當孩子們感受到自己有能力、有創造力並被包括在內時，他們總是會熱情地回應。

進行班級會議的特殊訣竅

請記住以下幾點想法，它們將保證班級會議的成功。

進行有效班級會議的訣竅

- 注意開會的時間長度和頻率。
- 使用特殊訊號。
- 在適當的時機，可以投票決定。
- 做筆記。
- 使用「説話棒」。

注意開會的時間長度和頻率

你需要在召開學齡前兒童班級會議時保持彈性。根據孩子的情緒、能力和注意力長度，你可能需要縮短會議時間或每次只關注一個元素。你不需要很長的會議時間來培養歸屬感和給孩子鼓勵。許多幼兒園發現每週一次的會議就很足夠。其他幼兒園則喜歡每天舉行一次簡短的會議，這樣孩子們可以定期練習給予和接受讚美，以同理心傾聽，並專注於解決問題。反覆試驗將幫你找到合適的平衡點。

☺ 使用特殊訊號

幼兒喜歡特殊訊號，例如每天唱同一首歌來表示打掃時間到了。響鈴可以代表每個人都應該停下來聽老師說話。制訂一個開始和結束班級會議的特殊訊號也很有效果。在一個教室裡，孩子坐在地板上圍成一圈，將手肘彎曲、雙臂交叉。為了表示會議開始，他們慢慢張開雙臂，就像打開一本書一樣，並宣布：「開始班級會議！」在會議結束時，他們反向操作這個過程，同時說：「結束班級會議！」

☺ 在適當的時機，可以投票決定

在幼兒園，孩子可以針對牽涉到每個人的事件進行投票。例如：是否舉辦爆米花派對、比薩派對或製作手工冰淇淋。在孩子早期階段，他們可以了解到人們思考和想要的東西不同，並且學會付出和接受（然而讓孩子為其他人的問題進行投票並不適合，應該讓有那個問題的人選擇他認為最有幫助的解決方案）。

☺ 做筆記

確實掌握會議內容對孩子有很大的幫助，尤其當你的班級需要記住他們剛剛決定的事情時。大多數學齡前兒童不會寫字，所以大人需要做會議紀錄。在每次會議開始時，你可以查看上一次的會議紀錄，並了解計畫和決策的執行結果。評估執行過的解決方案哪裡行不通。查看尚未採用的其他建議並提出新想法。如果問題仍然存在，重要的是鼓勵孩子將問題重新列入議程並再次討論。

☺ 使用「說話棒」

你可以在孩子圍成的圓圈裡傳一支裝飾過的棍子、魔杖或小玩具。拿到這件物品的人便有權發言（建議你避免使用絨毛玩具，因為學齡前兒童在輪到他們說話時，往往會用絨毛玩具揉鼻子——這是一種傳播感冒病菌的好方法）。一個實體象徵可以幫助幼兒學會尊重地傾聽及依序說話，同時也能鼓勵害羞的孩子在拿到物品時參與討論。

與幼兒一起召開家庭會議

如果你有年齡較大的孩子，可能已經發現舉行家庭會議的諸多好處。如果你的孩子是學齡前兒童，這個概念可能很新鮮；你甚至可能懷疑與幼兒舉行家庭會議的價值。你或許會好奇：「我的學齡前孩子可能學到什麼？她有辦法安靜坐著嗎？一個小孩怎麼能解決問題？」

你能不費吹灰之力就將本章開頭介紹的班級會議調整成家庭會議，而你從中所獲得的好處與福利，將讓你感覺花費的時間和精力非常值得。家庭會議教導孩子他們是有價值、有能力的家庭成員，你可能會對學齡前兒童的機智和創造力感到驚訝。學齡前兒童可以給人讚美、幫忙解決問題、計畫家庭娛樂、學會表達他們的需求，並以積極（和令人驚訝的愉快）方式尋求幫助。定期的家庭會議將幫助你和孩子建立相互尊重、信任、理解和愛的感受——這可以為你們未來共度的歲月奠定基礎。

在開始與學齡前兒童進行家庭會議時，請記住以下幾點：

- **要實際**。你可以和三歲以上的孩子進行有價值又有趣的家庭會議，但請記住，孩子越小，注意力集中時間就越短。讓會議簡短精要，這樣才不會讓人感到厭倦。
- **將家庭會議列為優先事項**。忙碌的生活往往會妨礙我們最想做的事。如果你希望家庭會議成功，請定期聚會並堅持下去。年齡較大的孩子經常參加運動或音樂等課程，無法控制時間。製作一份顯示每個家庭成員活動的日曆，並用它來規畫未來的會議時間。請記住，當會議一直舉行，每個人都更容易練習技能。不要讓電話、家事或其他干擾妨礙開會。把家人的時間放在首位，將有助創造向心力，並讓孩子知道你重視他們和你一起度過的時間。
- **以讚美和感謝開始每次的會議**。起初這可能讓人覺得尷尬，特別是如果你有喜歡調侃人的兄弟姊妹時，但尋找並分享正面事物能夠鼓勵每一個人，並讓會議有個好的開始。有些家庭喜歡改變一下，以感謝來結束、而不是開始會議。特別是處理困難的問題或出現強烈情緒時，以感謝和讚美結束，可以產生一種療癒感。
- **在方便的地方公布議程，並幫助學齡前兒童使用**。即使幼兒也可以在議程筆記本中「寫下」他們的問題和關懷，或是做個記號表示他們有話要說。認真對待這些問題（並且小心謹慎，不要馬上遏制孩子有時不切實際的想法），能讓孩子知道你重視他們。光是寫下問題，就是找到和諧與有效解決辦法的第一步。
- **留點時間玩樂**。將一部分會議時間投注在享受彼此的陪伴上，也許是玩遊戲、一起看影片、計畫家庭活動、分享甜點或閱讀喜歡的故事。

無論你決定怎麼做，家庭會議都是你和孩子可以養成的好習慣，並將幫助你在未來日益忙碌的生活中保持關心。有關如何與不同年齡階段孩子舉行家庭會議的更多資訊，請參閱簡·尼爾森所著《溫和且堅定的正向教養：教出自律、負責、合作的孩子，賦予孩子解決問題的能力》，以及羅思琳·安·達菲所著《十大學齡前教養問題：如何處理它們》等書籍。

共同學習的最佳方式

班級和家庭會議可以產生極大的成效、教導許多生活技能，同時幫助孩子培養強烈的歸屬感。大人有時會低估幼兒的創造力和責任感，而班級和家庭會議則為每個人提供這種學習機會。你可能會發現，小朋友不僅學會自尊與合作，還跟你一起度過了美好的時光！

根據我們了解，即使是在非常年輕且缺乏完善解決問題能力的情況下，學齡前兒童還是有能力為會議做出貢獻。如果孩子在幼兒園參加班級會議，你會訝異於他在家中應用新能力的速度有多快，而這也可能會激勵你與家人舉行同樣類型的會議。反之亦然。你可能希望鼓勵孩子的幼兒園開始舉行班級會議。這本書給你的禮物，將為你提供一份走向成功的美好藍圖。家庭和班級會議是孩子和大人體驗合作、同情心和解決問題，以及共同快樂學習的絕佳方式。

第17章

「外面」的世界

——科技與文化的影響

電視、電腦、網路、數位音樂播放器和電動遊戲會持續存在，新設備也必定不斷會出現。在孩子早期的某個階段，你必須決定這些如洪水猛獸般的科技在家庭中占據的地位。

你可能很難想像，但曾經有一段時間，電視和電腦都不存在，家庭透過閱讀書籍、圍著鋼琴唱歌或大聲說故事來進行娛樂。你可能發現自己希望生活在更簡單的年代，但無論喜歡與否，時光都無法倒流。電視、電腦、網路、數位音樂播放器和電動遊戲會持續存在，新設備也必定不斷會出現。在孩子早期的某個階段，你必須決定這些如洪水猛獸般的科技在家庭中占據的地位（在本章中，「螢幕時間」是指孩子在電視、電腦、電動遊戲和其他電子設備上花費的時間）。

請仔細思考以下事實：

- 美國家庭平均擁有二．七五台電視機。
- 百分之六十六的美國兒童臥室裡有電視（其中有百分之二十介於兩至七歲之間）。
- 美國的兒童和青少年，每週平均的螢幕時間超過二十一個小時，或幾乎是兒童清醒時間的五分之一。
- 看電視可能影響注意力集中時間，它讓兒童習慣接收快速且連續發送的簡短資訊。
- 美國的廣告客戶每年花費約一百五十億美元向兒童推銷產品。
- 在背景裡開著電視似乎妨礙孩子學習語言的能力。
- 看電視與肥胖直接相關。孩子在螢幕前花的時間越多，花在跑步、使用想像力及學習社交和生活技能上的時間就越少。
- 童年時期接觸到電視暴力與年輕人對於男性和女性的攻擊行為有關。

許多孩子在三歲生日前學會操作複雜的遙控器。世界各地的學齡前兒童都懂得使用電腦、電動遊戲和手持DVD播放器，並像被催眠般坐在螢幕前看卡通、看影片或玩電動遊戲。在許多家庭中，電視甚至是孩子就寢日常慣例的一部分，很少有父母知道睡前看電視，可能影響孩子的睡眠。有些孩子經常在電視螢幕前的地板上睡著，而不是在自己的床上。

軟體設計師很快就針對非常年幼的孩子推廣「教育」計畫，敦促父母盡早開始培養小朋友的電腦技能。一項英國研究報告顯示，從一九九五年到二〇〇五年，投注在製作兒童節目的小時數增加了十倍。聰明的父母會仔細考慮自己在孩子生活中是否擁有最大的影響力——還是電視和廣告正在取代他們的影響力。誰最有可能將孩子的最佳利益放在心上？

被瞄準的兒童消費者

孩子喜歡的電視角色跳出螢幕，跳到午餐盒、可愛高級的絨毛玩具和T恤上，孩子們吵著要玩具和產品（通常是垃圾食品、糖果或含糖飲料），上面印著他們喜歡的電視或電影角色。針對兒童銷售與兒童娛樂的分界線在哪裡？不幸的是，沒有這樣的分界線。製作兒童節目需要很多經費，但與成人不同的是，孩子沒有支票簿，三十二秒的廣告也不如他們崇拜的角色那般強大，能持續抓住他們的注意力。節目本身必須成為廣告——這就是正在發生的事情。

兒童行銷是一個經過審慎考慮的過程。一到四歲幼兒被放在調查小組中研究，以確定他們的遊戲模式。在看過試片後，觀察並確認幼兒會參與的遊戲。他們是否希望看起來像哪個特定的角色？那麼也許他們需要的是裝扮服飾的衍生商品；他們想玩爸爸、媽媽養育孩子的遊戲嗎？那麼也許他們需要很好抱的絨毛玩偶。

這些是針對幼兒發展相對良性的商業主義例子。不好的例子則涉及完全無視兒童需求的商品，包括高糖分零食與性相關及性別刻板化玩具或暴力遊戲的設備。商業主義問題和養育及托育有關，因為它們會影響孩子的學習內容和決定。兒童成長也會在生理上（由於營養不良和較少活動或戶外活動）、情感上（由於刻板印象限制）和智力上（對創造力的追求，或閱讀和聽故事時間被取代）受到影響。

媒體對兒童和大人的影響，還潛伏著另一種微妙且危險的方式。廣告往往會製造不滿足感，讓我們渴望擁有自己沒有的東西。無論你必須在購物中心面對吵著要玩具娃娃的孩子，或是阻止早餐桌上關於燕麥片品牌的衝突，還是發現自己必須在操場分開兩個正在上演卡通戰鬥場面的孩子，媒體訊息和樣本都在影響所有的人。

廣告商針對兒童推銷產品並非偶然。幼兒可能沒有太多可以花的錢，但他們知道誰肯定有——而且孩子經常會抱怨、乞求和操控父母購買時下流行的玩具、產品或零食。除了其他保護措施，你還可以變得更積極主動。當你反對他們向幼兒推銷產品時，就該讓廣告商知道。你的聲音很重要。

電視是朋友或敵人？

Q 我有一對四歲的雙胞胎兒子，他們下午大多在看電視，有時也喜歡和堂哥一起玩電動遊戲。

我們盡量不讓他們接觸暴力的影像，但現在似乎比以往任何時候更難篩選。昨天，雙胞胎的弟弟跳到哥哥背上，比出空手道的手刀姿勢，往哥哥脖子上剁下去。我嚇壞了。我覺得我已經沒辦法控制孩子暴露在有害的影響中，但我也不能把他們關在世界之外。我該怎麼辦？

A 專家在過去十年或二十年中，花了很多時間研究電視和電動遊戲中暴力對幼兒的影響[72]。他們發現電視和影像暴力對幼兒的影響可能比以前認為的還要強。由美國密西根大學社會研究所（Institute for Social Research）執行、國家精神衛生研究所（National Institute of Mental Health）所資助一項為期四十年的縱向研究，發現了一個令人信服的證據，證明兒童接觸媒體暴力與其在生命後期持續出現暴力和攻擊行為的傾向有關。

兒童透過模仿學習很多關於行為和態度的知識。請記住，幼兒無法如同年齡較大的兒童和大人那樣區分現實和幻想。他們也更有可能模仿攻擊行為，特別是不受懲罰或是為了「做好事」（如超級英雄漫畫或電影）而展現的攻擊。最近一項研究發現，最受歡迎的電動遊戲中有百分之六十到九十遊戲都有暴力。看過螢幕上暴力畫面的孩子，不太可能發展對他人的同理心。畢竟，電視上的人被槍擊、被踢、被打，最後都會沒事（而且他們通常是真的沒事），那麼這樣做有什麼問題？正如一名幼兒向他爸爸解釋的一樣：「我只是在殺他而已。」

應付孩子受到影像和電視暴力影響的最佳方法，是限制他暴露在其中的機會，並進行大量教學。**與他**一起觀看節目或遊戲，並教導你希望他接受的價值觀。看電視會鼓勵人產生被動性格，而

72 你可以參考大衛・華許（David Walsh）教授的網站www.mediawise.org，上面也有關於遊戲和其他節目的評比。

批判性思考和學習只有在對話時才會產生。溫和且堅定地讓孩子知道，在你家裡不能接受踢人、揍人或打人，真正的人在被踢或被揍時會感到痛苦並受到傷害。最重要的是，限制他花在任何螢幕的時間，並以動態的遊戲與對話來取代。

不尊重人的電視文化

電視、音樂、電影和廣義的文化對家庭生活有著微妙卻廣泛的影響。幾年前，晚餐後的時間被認為是「家庭時間」。電視節目適合兒童和成人共同觀賞，褻瀆、性暗示和來自其他成人影響的節目皆受到禁止。直到二十世紀的九〇年代，兒童節目只為三歲以上兒童製作。

請你想想在黃金時段定期播放的節目，在尊重大人、禮貌和合作上，對孩子傳達什麼訊息？甚至晚間新聞也經常處理大多數父母認為不適合幼兒的主題。當然也有例外，但年輕人所接觸的大量音樂、電影和電視，都在培養他們不尊重的態度（請記住，即使你限制孩子接觸媒體，毫無疑問地他仍會於托育中心、鄰居家和家庭聚會裡，在其他孩子陪伴下接觸到）。

科技世界的優質教養

重要的是，你必須持續注意並積極教導孩子學習品格和技能。限制螢幕時間，問他在節目中所看到的事，並討論這些行動是否合適。你也要鼓勵孩子質疑自己看到的內容。

以下是一些處理幼兒看電視和使用科技的方法。

處理電視、電動遊戲和科技

- 注意自己的使用習慣。
- 僅允許房子公共區域有電視、電動遊戲和電腦。
- 限制花在螢幕上的時間。
- 和孩子一起觀看或遊戲。
- 積極教導你相信的價值觀。
- 花時間與孩子建立真正的關係。

☺ 注意自己的使用習慣

當你從未關掉螢幕，很難限制孩子接觸電視、電動遊戲和電腦。事實上，如果人們更常關掉螢幕，人際關係會獲得相當的改善。在家庭聚餐和談話時，請確實把電視關掉（請在孩子上床睡覺後，再上網觀看令人不安的新聞事件）。如果你利用電腦在家工作，請盡量於孩子待在其他地方的時候工作。你是孩子最重要的行為模範，要確實展現希望孩子學習的價值觀。

☺僅允許房子公共區域有電視、電動遊戲和電腦

我們想不出一個讓八歲以下孩子在房間擁有自己電視的理由——但我們知道有很多人這樣做，並且還配備錄放影機或DVD播放器。孩子還沒有篩選影像內容的能力——無論他多會操作遙控器。你要確認所有螢幕都位在你可以和孩子一起輕鬆觀看的位置。因為螢幕時間會讓人上癮，尤其在學齡前階段，監督是不可少的。放在孩子房間的電視鼓勵的是隔離而不是連結。當你結合成癮和孤立時，就會產生一個生活麻木，而不是享受生活的孩子。當電視被放在公共區域（例如客廳）時，家庭成員才有機會協商要觀看的內容與時間。

☺限制花在螢幕上的時間

越來越多證據顯示，八歲前的螢幕時間對大腦發育會產生負面的影響（「美國小兒科協會」甚至建議兩歲及兩歲以下兒童根本不要看電視）。你可以選擇讓孩子觀看喜歡的節目或影片，但太多孩子每天在螢幕前花上**數小時**。請記住，你的小朋友需要動態的遊戲、戶外時間、與你交談，他要學會控制和探索事物，遠遠超過電視上的「教育」節目。智力、情感和生理發展都需要與其他人一起進行活動和練習。最重要發展健康的因素，是與父母和其他托育人員連結。孩子在生活中與其他重要的人有連結，比較不會產生嚴重的不當行為（我們強調「嚴重」，是因為有很多不當行為可能是孩子在測試和探索界線，是個體化過程的一部分，也很可能是那個年齡發展該有的行為表

現）。

☺和孩子一起觀看或遊戲

在監視節目或影片內容方面（以及觀察它們對孩子的影響），沒有比和孩子一起看或遊戲更好的方法了。邀請孩子教你玩他最喜歡的電動遊戲，在他旁邊坐下，一起看對他來說特別的卡通影片。你可以提出好奇的問題來了解更多，並讓孩子訓練思考技能。好奇心是很好的教養工具，可以幫你理解孩子對他所見事物的迷戀。你還會知道內容何時開始不適合孩子——並且可以關掉它。

☺積極教導你相信的價值觀

當父母不教時，文化會教。俗諺說「真空不空」[73]，大眾文化的價值觀和理想會湧入填補孩子教育留下的空白空間。一定要找到教導孩子尊重、慈悲、合作和善良的機會（以早期經驗為大腦未來的學習做好準備）。當你們一起看的節目出現不適當行為或態度時，利用它們進行機會教育，幫孩子學習更好的方法。（「你會對那個男孩說些什麼？」「如果發生在你身上，你會有何感受？」）當一切都失敗時，拔掉插頭，找些更好的事情做。事實上，有勇氣拔掉插頭可能是很好的起點。我們知道一個家庭購買了一台可以用烤麵包機防塵蓋隱藏起來的小電視。他們只會在有預先要看的特別節目時，把它拿出來。

73 「真空不空」（Nature abhors a vacuum），或是「大自然不存在真空」，是亞里斯多德發展的物理學，認為不存在「無物」的空間。以此衍生出哪裡有洞，那裡就有東西會自動過來填補。

◎花時間與孩子建立真正的關係

對於幼兒，你有**這麼**多可以做的事情。孩子渴望與你建立真正的連結，當他擁有這種連結時，比較不會在其他地方尋找刺激和陪伴（而且，如同前面提過的，他也比較不可能行為不當）。隨著孩子成長，他的同儕和文化會變得越來越重要。確定你每天花時間與孩子進行連結，並探索你們共同的世界。

電腦與兒童

關於電腦技能的重要性，已經很多人談過與寫過。在瞬息萬變的世界，人們被要求盡早在數學、科學和科技方面啟發孩子的興趣，使孩子能跟上其他地方的腳步。不過，真的沒有必要讓孩子過早接觸電腦。本書作者沒有任何一位成長於電腦時代，但都學會並享受著使用電腦（好吧，至少大部分時候）。

這並不是要你在完全禁止或立刻上癮間做選擇；相反地，請考慮創造一個思慮周全的平衡。如果孩子真的喜歡能簡單辨識顏色、字母、形狀和數字的應用程式，偶爾給予一些電腦遊戲時間可能是好的（請務必使用密碼或以其他方式保護你的重要記錄和文件）。但你應該知道，許多專家認為所有螢幕時間（包括電腦）都弊大於利，尤其在孩子的早期階段。

你必須找到保護孩子的方法，但比較務實的是只在你周圍這樣做。請記住，孩子也將在朋友家中、托育中心和學校接觸到電腦。你應該盡早教小朋友適當的螢幕使用技巧。在這些早期階段，學習有許多形式，在孩子上學前，他們不需要真正的電腦技能。不要強迫他們學習，並繼續限制他們坐在螢幕前的時間。他們未來的許多年，將有足夠時間來掌握好如何使用鍵盤。

耳機對孩童聽力的影響

人們很少討論到一個媒體的副作用是可能損害兒童聽力。現在許多科技都包含要使用各種類型的耳機。這些設備以高分貝水平發聲，且由於位置非常靠近兒童敏感的耳膜，因此容易造成長期聽力受損或未來的聽力受損。

禁止幼兒使用便攜式耳機（並監督年齡較大的兒童使用）可能是明智之舉。你的孩子將能夠更清楚地聽到你的聲音——而且會持續更長的時間。

決定你怎麼做，溫和且堅定地執行

隨著孩子成長和往「外面」世界移動，電視、電腦和現代生活的其他陷阱將越來越明顯。這幾年當孩子在測試他的極限，並在周遭世界進行實驗時，正是練習技能的好機會。當你決定如何處理家中這些複雜的問題時，正向教養工具將能幫助你保持冷靜、溫和且堅定。在這些問題上教育自己，然後決定你會怎麼做。傳授價值觀和技能，在必要時說不，然後為你和孩子，以尊嚴和尊重的行動貫徹執行。無論喜歡與否，你和孩子必須學會生活在一個日益複雜和充滿挑戰的世界。你現在給他們的教導，將會為他們未來的歲月奠定基礎。

第18章

當孩子需要特殊幫助時

——看見孩子的積極面

盡可能了解鼓勵的方法、溫和且堅定的管教方式，以及其他的正向教養工具。你對自身的教養技能越有信心，將會為你和孩子帶來越大的幫助。

沒有兩個孩子完全一樣。所有幼兒都有長處和短處，而且偶爾需要額外的鼓勵和支持。但是一些學齡前兒童的需求卻超出了日常教養範疇。他們天生具有生理、情感或認知的差異，父母和老師必須學會為他們的獨特需求提供溫和堅定的管教、連結，鼓勵**及**特殊幫助。

有些孩子的生活似乎就是比較困難，他們在學校掙扎、交友困難，而且似乎無法學會基本技能；有些孩子從不停止移動，特別活蹦亂跳，並難以與大人及同儕相處；其他的孩子則似乎對任何事都不感興趣。這些孩子（和家庭）需要的可能不只是良好的教養技能。「注意力缺失症」（不論有沒有過動症）、「胎兒酒精或藥物症候群」[74]、「自閉症譜系障礙」[75]、「感覺統合障礙」[76]、「代謝紊亂」[77]、「運動障礙」[78]和其他發育遲緩的症狀，都是學齡前兒童、他們家人和托育人員可能遇到的情況。你怎麼知道孩子何時需要特殊幫助呢？

放下愧疚，只做有幫助的事

對於一些家庭來說，孩子的學齡前階段充滿著沉重的壓力和焦慮。

麗莎永遠不會忘記，嬰兒時代的仙蒂小臉泛藍，導致他們有許多次驚恐的午夜醫院之旅。在嬰兒期和幼兒期，哮喘經常威脅著要從麗莎身邊奪走仙蒂。現在，當麗莎看著四歲女兒在操場上奔跑且不小心摔倒時，她必須學會給女兒探索和成長的空間，同時繼續關心她的健康。

卡羅和布拉德對兒子的口吃感到痛苦。無論多少人建議他們忽視傑西的話語，當其他大人和孩子聽到傑西努力說話時，父母兩人都極度地想要保護他。他們的痛苦只會讓傑西更焦慮。他的問題有可能是他們的錯嗎？

當孩子遇到反覆出現的問題時，大多數父母會很快地責怪自己。涉及行為或發展的特殊需求會給家庭帶來焦慮、內疚和困惑，並且可能需要耗時且昂貴的治療。內疚不會幫助你或孩子。準確的資訊和支持將幫助你放下內疚，以有益的行動取代。當然，第一步應該是讓專業的醫生，對孩子進行生理或神經學評估。

如果是孩子的行為讓你煩惱，最好能夠從頭開始。花點時間考慮一下本書中已經提供的資訊。考量孩子的年齡和發展程度，並評估自己的養育方式和期望。

考慮孩子的氣質、需求、能力及可能存在於行為中的訊息密碼。寫下你的觀察結果，並與專

74 「胎兒酒精或藥物症候群」（Fetal Alcohol or Drug Syndrome）這個名詞最早於一九七三年使用，為胎兒母親在懷孕期間酗酒所導致的先天異常，包括小頭畸形、協調力不佳、智能不足等。「胎兒藥物（戒斷）症候群」則是因胎兒母親在懷孕期間服用嗎啡類或其他成癮性藥物，致使嬰兒一出生就出現臨床戒斷症狀，產生像是煩躁不安、過度激動或是全身性抽搐的中樞神經系統問題。

75 「自閉症譜系障礙」（Autism Spectrum Disorders）有三個主要項目：自閉症、亞斯伯格症候群、待分類的廣泛性發展障礙。每一種自閉症都像一道光譜，自有其獨一無二的症狀、優缺點、診斷與治療方式。

76 「感覺統合障礙」（Sensory Integration Disorder）一詞用以描述無法適當處理感覺刺激，因而產生情緒、人際關係、動作笨拙等問題的孩童。

77 「代謝紊亂」（Metabolic Disorders）是指身體對物質的消化、吸收、排泄出現供需不平衡、不協調的病理症狀，可以表現為一種或多種物質代謝紊亂。

78 「運動障礙」（Dyspraxia）是人體自主運動過於興奮、抑制或無法由意志控制的現象。

業人士分享。大多數父母會在這些資訊的某一點中找到理解孩子行為的線索。但是如果你仔細考慮過這些事情，並發現孩子需要的似乎比你能提供的更多時，那就是更深入了解的時候了。

特殊需求的現實

卡洛斯一開始就是難以照顧的寶寶，他會不停地動，對所有噪音都反應過度，並且因一切都讓他分心而難照護。

四歲的理查德，在幼兒園教室裡飛奔，因為當他坐在房間另一頭著色時，被沙鼠在籠子裡移動的聲音嚇了一大跳。

無論卡西多麼努力，就是無法安靜坐著或保持專心超過五分鐘。

這些孩子可能不是行為不當，而是正在為難熬的事情苦苦掙扎。稱為「注意力缺失症」或「注意力不足過動症」的症狀，是一些慢性且終生的行為徵症。它不會在一夜之間出現，也不僅限於兒童。

但在自行診斷孩子時要小心，因為根據一些估計，百分之五至百分之十的人口可能患有「注意力缺失症」，然而像是很難安靜坐著、很難集中注意力或衝動行為等症狀，並非是確定的證據（請記住，這些特徵也可能只是不同氣質和正常發育的指標。事實上，許多醫學專家在孩子達到入學年齡前，不會針對「注意力缺失症」等疾病進行診斷）。「注意力缺失症」（或對它的恐懼）帶領許多絕望的父母到諮商師辦公室、親子教育課程，以及宣稱具備神奇治療能力的人的懷抱中，而普遍看法則認為「注意力缺失症」已經受到過度診斷。許多孩子因為不能好好坐著而正在接受藥物治療，但他們卻正處於**不該**好好坐著的年齡。有時父母和老師過於苛求和控制，從而引發權力衝突。他們不提供選項或不讓孩子參與解決問題的過程。當父母和老師學習對孩子擁有適齡的期望和管教方法時，孩子往往就會冷靜。

當然，很多孩子的「注意力缺失症」是真的病症。無論孩子有什麼特殊需求，知道這些是真正的需求，而不是因父母教養不良、教學不足或孩子故意的不當行為，會帶給人極大的安慰。確認孩子有無特殊需求是一個篩查過程，請先從查看本書中討論的所有變數開始。事實上，即使孩子經過診斷，除了孩子需要額外支持，所有正向教養的工具和技能都會有所幫助。

無論他們是否有特殊需求，所有孩子都需要感受歸屬感和無條件被接受，並且能從教導、鼓勵和被理解中受益。所有人都可以幫助他們發揮最大的潛力，成為一個有能力和快樂的人。家中有罹患慢性疾病兒童的父母，幾乎都會感到沮喪、難過、悲傷及焦慮。他們也需要培養專業技能。知道你不孤單，能產生奇妙的作用，尋求幫助和支持的資訊也有相同作用。

我的孩子沒問題吧？

小兒科醫生了解到，父母往往是兒童發展最好的裁判。因為早期干預對治療許多發展遲緩和失調至關重要。因此你確實需要留意自己對孩子的直覺和疑慮。自閉症及其相關疾病的發病率近年來急劇上升，現在約每五百個新生兒就有一例。雖然只有經過培訓的專家可以診斷自閉症，但如果你對以下許多問題的回答為「否」時，可能要考慮去跟專家諮詢。

- 孩子是否認識並回應熟悉的面孔？
- 他是否用手指表示或向你展示某些東西？
- 當你叫他的名字時，孩子是否會轉向你？
- 他是否模仿你的動作、手勢和面部表情？
- 他是否與你目光接觸？
- 孩子是否對其他孩子、人或物體感興趣？
- 他是否回應你的微笑、擁抱和手勢？
- 孩子是否試圖將你的注意力吸引到他自己的活動上？
- 孩子是否正在學習語言並嘗試與你交流？

其他需要注意的事項還包括，孩子是否會搖擺、彈跳、長時間盯著天空看，以及異常地堅持日常慣例、可預測性或特定物體。當然，有症狀並不表示一定有問題；然而，早期干預對許多發展障礙至關重要。如果你懷疑孩子發展遲緩，請不要猶豫，趕快去諮詢的小兒科醫生的意見。

關了一扇窗，另一扇門會開啟

諸如「聰明」、「笨拙」、「害羞」或「可愛」之類的標籤，定義的都是孩子在別人眼中的樣子，創造出一種可能讓孩子無法以真實樣貌受人欣賞和體驗的形象。另一方面，一些標籤只描述了明顯的特徵，將戴眼鏡的孩子貼上「帶眼鏡的小女孩」標籤，並不一定能讓人預先判斷她的行為。有時兒童的行為徵症或模式同樣明顯，這樣的孩子若經診斷確認患有「注意力缺失症」或「感覺統合障礙」，對於孩子是有幫助的。大多數父母和老師發現，鼓勵和支持一個有確診症狀的孩子，比鼓勵和支持一個被標記為「具破壞性」、「愛扭動」或「麻煩製造者」的孩子更容易。

大人在面對不同或特殊的孩子時，往往需要與自己採用的的態度和期望相互對抗。

當凡妮莎被告知四歲女兒需要戴眼鏡時，她回家後就哭了起來，難過地說她可憐的小女孩戴眼鏡會不好看。

突然間她停了下來，想起她剛剛說的話。她把女兒描述為「可憐」，把眼鏡描述為「不好看」。凡妮莎問自己這是誰的問題。她的四歲孩子想要並需要母親的支持和接受。事實上，眼鏡可以幫她看得更好，並使她正常成長和發育。

凡妮莎意識到真正的問題是自己的態度。如果她想為女兒提供需要的幫助，就必須認識到這種幫助的價值。從那一刻開始，她選擇支持女兒，並為她取得可能需要的任何照顧，包括眼鏡。她女兒的「缺陷」，只曾存在於母親的心中。

同樣地，透過診斷確認的問題不能用來定義孩子。對於孩子的獨特性和特殊能力來說，那只是一個方便使用的詞彙。如果孩子被診斷出具有特殊需求，你無疑會感到痛苦，並需要找到解決相關問題的方法。但同樣重要的是，看看孩子自身擁有的能力和特性。例如，患有「注意力缺失症」的孩子通常非常聰明並具有創造力，他們的大腦只是以不同方式處理資訊。理解這些差異會為你帶來更多的幫助，而不是傷害。

當孩子缺乏某一種能力時，在其他領域的能力可能會增長。一個看不見的人，經常會發展出敏銳的聽力。每個人都有長處和弱點。如果你願意看見，會發現孩子特別的天分是什麼。溫柔的性情、活潑的幽默感或一顆溫暖的心，這些優點往往超越孩子「特殊性」所帶來的缺點。

保持平衡

Q 我有一對雙胞胎男孩。其中一個一出生就完全聽不到。由於這個孩子需要特殊課程、與醫生預約與治療，有聽力的那個通常需要忍受很多的等待。過去他非常樂於幫忙、有耐心而且很隨和。然而，從他們過完三歲生日後，事情開始有了轉變——他變得挑釁，在事情不順他意時一直發牢騷，而且變得沉默寡言。這與他幾個月前的性格完全不一樣。我已經絞盡腦汁想找出生活、日常作息或家庭狀況的變化。你有什麼建議呢？或者這種狀況只是一時的，應該會過去？

A 撫養有特殊需求的孩子，需要很大耐心和敏感度。我們常說孩子是很好的感知者，但不是很好的詮釋者。他們常認為有醫療需求的兄弟姊妹得到的治療、與醫生預約治療，表示父母給予更多關注，因此（錯誤地相信）那些人也得到父母更多的愛。

要記住，雖然孩子在情緒和生理上都以不同速度發展，但三歲的孩子經常會試驗所謂的「主動性」——自己訂定計畫，想以自己的方式做事，並且（偶爾）透過挑釁、發牢騷與不順從來練習。

其中某些情形有可能只是一時的，但一定要與每個孩子定期共度「特殊時光」。那不代表要花錢或大量時間：十五分鐘一起散步、扔球或讀一個故事，通常就是他們需要的全部。孩子行為的關鍵，就在於他對自己和自己在家庭中的地位所抱持的信念。

父母要更勇敢、更關心自己

恐懼標籤或否認孩子的特殊需求，對任何人都沒有幫助。有些父母可能更關心自己（或者別人）會怎麼想，而不是什麼對孩子最好。父母要有一顆勇敢的心，才能做到接受孩子原本的模樣和照顧他們，並提供他們真正需要的東西。

黎安在教堂和學校教授教養課程，並於社區中以教育工作者身分受到尊重。她也是撫養了三個孩子、熟練而有效率的母親。想像一下，當她第四個孩子出生，而反應與其他孩子完全不同時，她有多麼尷尬和絕望。當格蕾絲五歲時，事情開始失控。每星期有三天，黎安會拖著一個在大鬧脾氣、不斷尖叫的孩子走出幼兒園，並試著忽視其他父母的眼光和瞪視。她嘗試所知道的一切，但似乎都對格蕾絲沒用。

最後，她決定接受格蕾絲原本的樣子。當格蕾絲在幼兒園鬧脾氣時，帶她到車上讀故事書，直到她鬧完脾氣，然後開車回家，沒有任何的說教。格蕾絲仍無法控制自己的行為，但黎安不再擔心別人怎麼想，她學會了一套新的技能，把孩子的需求放在第一位。

家有特殊需求孩子的父母，可能會感到深沉的悲傷。畢竟，一個有發展差異或缺陷的孩子，很少是他們在計畫生育時夢寐以求的。請記住，當你能夠誠實、溫和地處理自己的需求和感受，將能更有效地養育孩子。在學習養育獨特的孩子時，你會發現尋找支持團體、牧師或治療師，對你會更有幫助。

接受孩子的缺陷

相對於障礙不明顯的孩子，大人通常對有明顯障礙或行為極端的孩童，更容易有強烈反應。例如：因腦性痲痺而四肢扭曲的佩茜，在拄著拐杖努力上下樓梯時不小心撞到了同學，老師可能不會告訴她，她因為推了同學而必須在休息時間留在教室裡。

佩茜的母親也不會被老師邀請來開會並提醒，如果她提高教養技能並更嚴格一些，佩茜就不會在吃飯或學習走路時苦苦掙扎。相較於佩茜的父母，孩子罹患「注意力缺失症」、「胎兒酒精或藥物症候群」、「感覺統合障礙」和「運動障礙」的父母，卻經常受到這樣的批評和建議，因為這些症狀並不像身體殘疾那樣明顯、明確或受到充分的理解。

學習正向教養技能對你和孩子都有幫助，然而教養卻不是孩子有特殊需求或狀況的原因。父母和托育人員畢竟都是人，有時很容易把行為或外觀不同的孩子視為自己的錯。大人和其他孩子都需要學習與練習，表達對「不同」的人表現尊重而非責備。寬容、耐心和鼓勵，將對所有人（包括孩子）能夠和平共處提供極大的幫助。

外表不可見的差異

讓我們再看看「注意力缺失症」兒童的情況。因為患有「注意力缺失症」的兒童經常衝動，並且無法安靜地坐著，他們的行為通常被標示為「不當行為」（特別是在托育和其他群體環境中），而其他人則會很快建議糾正的辦法，包括藥物治療。父母發現自己被指責管教不力，同時也感到內疚，並且認為自己作為父母很失敗。也許最困難的是，他們與深愛的孩子一起生活，卻也因此而苦苦掙扎。

「注意力缺失症」的確診對父母和孩子都是幫助和治療的一大步。因為它確定這個孩子並非故意搗亂或挑釁。問題行為可以被理解為需要克服的症狀，而不是一連串故意做出的不當行為。即使他的行為讓他常常惹上麻煩，但「注意力缺失症」的孩子不是壞孩子。

想像你是個小孩子，有時出於不理解的原因，你會變得非常沮喪並開始尖叫或踢人。難道你對自己失控的行為不覺得可怕嗎？你的父母可能認為，你發脾氣是因為想要玩具卻得不到、當他們叫你關掉電視時你不想關掉，或是你認為老師以不公平的方式責罵了你。他們也可能暗示你在某種程度上有錯或「不好」。我們不難理解為什麼孩子會認為自己「不好」。實際情況——孩子無論如何都無法控制自己的行為——是令人害怕的（請記住，所有幼兒都難以辨識和管理情緒；成人的期望時常不切實際）。

學會理解孩子可能面對的困難，不代表你應該縱容不適當的行為。事實上，擁有明確合理的期望，並溫和且堅定地貫徹執行至關重要。父母和老師可以學會以建設性方式回應孩子，而不是強化孩子是「壞孩子」的形象。我們要再次強調，所有孩子都需要連結和鼓勵，無論他們的特殊需求或環境為何。

行為不當或有特殊需求？

Q 我的女兒現在四歲了，但她在穿衣服方面一直有問題。她抱怨說衣服會「傷害她」。她花了大約十五分鐘穿襪子，穿了又脫、脫了又穿，最後經常演變成鬧脾氣，因為她聲稱衣服讓她很痛苦，內衣褲也是如此。我已經試過購買所有不同類型的內衣褲和襪子，讓她在商店裡自行挑選，並在早上時自行選擇。她要我把衣服上的所有標籤剪下來，因為標籤會傷害她。我試著幫她穿衣服，並在她對襪子大發脾氣時忽略她，但我還能做些什麼？

A 有些孩子會掙扎於身體處理感官訊息的方式。雖然你女兒的抱怨對你來說似乎微不足道或難以想像，然而它們可能相當真實。她真的覺得襪子在傷害她。有一種稱為「感覺統合障礙」的病症可能正在影響你的孩子。儘管對這個診斷的具體細節尚未形成共識，但有一些治療方法可能有幫助。請向專業治療師或小兒神經科醫生詢問更多的資訊。你也可以在網路上找到有用的意見。

最重要的是，接受孩子確實感到痛苦，不要與她發生權力衝突。視她的行為為教養問題並沒有用，接受她抱怨的真實性並尋求幫助和支持才有用。

如何擺脫特殊需求孩子的「不當行為」？

阿蒂有兩個女兒。年齡較小的米卡拉已經六歲，被確診患有「注意力缺失症」。姊姊席拉九歲，沒有「注意力缺失症」。在她們去購物前，阿蒂會花時間與兩個女兒討論期望，她發現這對於米卡拉特別有幫助，米卡拉在面對過渡時期時會有困難（「注意力缺失症」兒童及「慢吞吞型」兒童氣質的常見特徵）。她們討論了該有的行為及購物的流程。

一個星期五傍晚，阿蒂和女兒們一起進行平時購物前的日常慣例。米卡拉記得協議，今天不是她們會吃冰淇淋甜筒的日子，她自豪地提醒媽媽這件事。然而在商店裡，米卡拉看到一個孩子正高興地舔著冰淇淋甜筒。在米卡拉腦海裡，看到自己是另一個吃著冰淇淋甜筒的孩子。很快地，她開始鬧起脾氣。米卡拉不是同意今天不吃冰淇淋嗎？

「注意力缺失症」的典型衝動，便是將**想要**立刻轉化為**需要**，但重要的是記住，這對學齡前兒童來說也是適齡發展的表現。這是程度問題。所有兒童都會有衝動的表現，而大多數兒童偶爾會表現出「注意力缺失症」的其他症狀。但是當這些特徵持續出現，孩子無法控制、也沒有心理原因導致這些行為時，就要懷疑孩子是否患有「注意力缺失症」了[79]。

阿蒂停止購物，詢問米卡拉能否重新控制自己，或是她們應該離開商店。她繼續鬧脾氣，於是媽媽和兩個女兒離開商店，米卡拉在這個過程中又踢又叫。米卡拉繼續在車裡鬧脾氣。當她們到家時，米卡拉跑進房間，猛力關上門。到現在為止，阿蒂一直努力在控制自己。她很生氣、氣餒，並感到精疲力盡。而傷心且失望的席拉想著：「我沒有做任何事情來破壞購物之旅，為什麼我必須錯過這個樂趣？」她很難不埋怨有如此表現的妹妹。

值得注意的是，阿蒂並沒有縱容兩個女兒。她沒有透過放棄規定，來回應孩子不合理或過度需求的行為。她的教養沒有任何問題。

有些父母可能會說：「好吧，如果孩子在公共場所出現這種行為，我肯定會讓她知道我的感受。那個媽媽應該打她的女兒，或者一個月不讓她吃冰淇淋！」但是，請想一下。米卡拉的不當行為真的「沒有受到懲罰」嗎？懲罰或羞辱會幫助她在未來改變行為嗎？米卡拉**想**失去控制嗎？她打算表現出不當行為嗎？

對於一個正在經歷混雜著憤怒、內疚和責備等沸騰情緒（並且非常人性化）的媽媽來說，要記得這一點或許很難，但米卡拉可能不是有意識地在違抗她媽媽。她為自己記得與媽媽的協議感到自豪，她知道媽媽會貫徹執行這些協議。要有效處理米卡拉的行為，代表要認識她的特殊需求。

阿蒂可以怎麼做？當她和米卡拉平靜下來時，可以討論在商店裡發生的事情。她們也可能會討論米卡拉該如何幫助姊姊感覺更好。也許米卡拉可以告訴席拉，自己願意幫她做一件家事或與她玩遊戲來作為補償。席拉也有不容忽視的需要。

當無法控制自己的行為時，米卡拉總是覺得很可怕。她可以感受到媽媽的憤怒和失望，這讓她很難受。也許阿蒂和米卡拉現在可以做的事，就是找出米卡拉如何應付失控情緒的方法。「注意

79 請參考約翰・泰勒（John Taylor）所著《幫助你的多動症／ADD兒童，第二版》（*Helping Your Hyperactive / ADD Child*，暫譯書名）。

力缺失症」是她們能夠承認和共同面對的事情。她們可以選擇作為家人，彼此相愛和相互支持。

讓米卡拉覺得自己「很壞」或「很差」其實很容易，因為媽媽也是人，有時也會犯錯，並說出或做出自己會後悔的事。但正如我們之前所見，錯誤並不會致命。米卡拉的行為可能也不會很快得到改變。面對現實，學習應對技巧和取得支持，將幫助母女雙方度過艱難的時刻。

該絕望還是驕傲？

發現孩子不符合理想，在情感上是一大打擊。但是，一旦大人克服自己對標籤的恐懼和抗拒，就可以擴大視野，看到孩子擁有的美妙天賦。並非要無視孩子在學習或行為上的不同，反倒是要看到他們的不同。這無疑需要時間和決心，但你可以學著積極看待導致孩子需要特殊幫助的原因。患有氣喘和糖尿病的人參加奧運會，並成為職業運動員；患有自閉症的天寶．葛蘭汀[80]啟蒙人們對自閉症的認識，並因設計新的畜牧業管理系統而聞名；據說，湯瑪斯．愛迪生（Thomas Ecison）及其他許多著名人士都患有「注意力缺失症」。沒有愛迪生發明的電力，世界會變成什麼模樣呢？

關於特殊治療

羅伯特一直疲於奔命，甚至對兒子查爾斯感到幾近絕望的地步。當查爾斯五歲時，老師懷疑他可能有「邊緣系統型注意力缺失症」的疑似特徵。羅伯特感到震驚，但並未因老師的建議而感覺受到冒犯。他報名參加親子教養班、買了一堆書，並盡力做一名更好的父親。

但查爾斯的問題仍然存在。到了七歲時，他在學業和交友方面出現困難，並影響整個家庭，每個人都顯得緊張和敏感。爭吵變得頻繁，羅伯特終於決定是時候尋求幫助了。

這一次，查爾斯的醫生明確診斷他患有「注意力缺失症」。經過幾個月諮詢並嘗試各種方法後，羅伯特同意進行藥物治療。一週之內，查爾斯的行為大幅獲得改善。羅伯特很難相信那些小藥丸會對行為產生如此大的影響——而同樣讓他難以承認的是，他兒子真正需要的可能就是這種幫助。因為當查爾斯在接下來幾個月每次錯過吃藥時，行為就會急劇惡化，所以羅伯特開始以不同的觀點看待兒子，並享受他逐漸變得平靜與有趣。查爾斯也在改變，他終於可以當自己，而不是一個總在努力克服「注意力缺失症」對生活造成影響的絕望小孩。

在全面性與關愛的方式中，藥物治療可以作為一種幫助「注意力缺失症」兒童的方法。不過，即便我們三位作者，對藥物也抱持各自不同的看法。這裡強調的只是你必須自己做功課的重要性，並靠自己決定哪一種方法最適合你和孩子。

---

80 天寶・葛蘭汀（Temple Grandin）是高功能自閉症患者，為畜產學學者、暢銷作家，致力於啟蒙人們對自閉症的理解。

再一次傾聽內心的智慧，相信你對孩子的認識和愛。幫助孩子確實了解「注意力缺失症」（一個小朋友告訴治療師，他是一個「瘋子」，因為他有一種叫做「注意力缺失症」的病），而且這並不表示他得了絕症或是一個壞孩子。願意改變那些對全家來說無效的做法，建立一個由家人、朋友和專業協助者組成的支持團隊，他們可以為你和孩子提供需要的幫助。盡可能了解鼓勵的方法、溫和且堅定的管教方式，以及其他的正向教養工具。你對自身的教養技能越有信心，將會為你和孩子帶來越大的幫助。

從照顧自己開始

最終，大多數有特殊需求的兒童將會離家，以獨立成人的身分開始生活。就像你教孩子準備餐桌和做其他適齡的工作一樣，你可以讓他理解並學會照顧自己的身體。

馬庫斯出生時患有代謝紊亂症候群，這讓他必須採取特殊飲食。當馬庫斯還是學步兒童時，要他吃下特殊的餐點很容易。但當他長大並開始上幼兒園後，他開始想與朋友吃一樣的食物。不幸的是，披薩、午餐肉和其他常見食物，會為馬庫斯帶來嚴重的風險。馬庫斯的父母達雷爾和克瑪變得過度保護和控制，每天替他準備午餐並嚴厲地訓斥他，告訴他萬一吃錯食物會發生什麼事。幼兒園老師也擔心他在自己照顧下吃到不能吃的食物，於是像焦慮的老鷹般注視著他的一舉一動。

就像大多數學齡前兒童一樣，馬庫斯選擇最能引起父母注意的問題來展示個人能力。他開始和學校朋友交換午餐。他們發現馬庫斯的特殊食物很有趣，而馬庫斯很高興終於能吃得「像正常的孩子」。然而，當馬庫斯接受定期血液檢查時，他的欺瞞被發現了。

專家和營養師與馬庫斯驚慌的父母一起坐下來，並提出了一些想法。他們建議馬庫斯的父母可以讓馬庫斯參與照顧自己特殊體質的過程，而不是試圖控制或嚇唬他。克瑪和達雷爾開始專注於教導馬庫斯了解病症。他們購買了一套小型測量工具，並教導他測量和料理他的特殊膳食——當然是在仔細監督下。他們讓他知道，他們理解他對其他食物的好奇心，以及對這種使他與眾不同並需要定期驗血疾病的憤恨。他們與他共度「特殊時光」，一起加強彼此的連結。

最重要的是，克瑪和達雷爾認識到，有一天馬庫斯需要自己照顧自己。他們給他適當的資訊、教他技能、在沒有說教的情況下進行監督，並信任他做出明智決定的能力。雖然與飲食有關的錯誤仍然偶爾會發生，但權力衝突已經結束，馬庫斯開始專注於與好友玩滑板，而不是偷吃東西。

學齡前兒童**絕對不應該**在沒有監督的情況下使用或服用藥物。但他們可以學會辨識身體和情緒發出的訊號。即使是患有氣喘或其他疾病的幼兒，也可以了解自己身體的需要，接受需要的特殊治療，並幫忙保持自己的健康。當父母讓孩子參與並負責任（當然是以適齡的方式），不僅是在確保孩子未來的健康和幸福，還在幫助他們建立自信和感受能力。

望向積極面

無論你和孩子在生理、行為或情緒上面臨什麼挑戰，把注意力放在作為父母或托育人員的不足之處並無濟於事。為自己尋求支持、照顧自己的需求、接受錯誤並從中汲取教訓。針對會影響孩子的狀況，教育自己、孩子和托育人員，練習將幽默和希望應用於每一天的掙扎中，並為任何需要特殊幫助的孩子找到所需要的協助。最重要的是，盡一切努力發現和讚美每個孩子特殊、獨特和美妙的特質，那些特質一直都存在——你只需要去看見。

第19章

全家人共同成長

——保持冷靜，尋求支持與資源

對學齡前兒童的父母來說，在這重要的早期教養階段，關鍵是要尋求支持。與其他大人連結能夠給你支持、鼓勵和滋養，並透過你傳達到孩子和其他家人身上。

無論學齡前兒童有多可愛、無論你多高興成為一名父母，在孩子早期發展的階段，你都可能感到孤獨、疲憊並且有許多挑戰。待在家裡看顧小孩的母親（或父親），經常發現這份工作比預期的還要困難，並發現自己渴望進行成人的對話和娛樂，而工作的一方則逐漸對每天接送全家去托兒所和工作感到麻煩和倦怠。睡眠時間變得很珍貴，由於精力充沛的小傢伙正在鍛鍊主動性而引起的戰爭，對最愛孩子的媽媽或爸爸來說，都是嚴格的考驗。配偶或伴侶可能著迷於你詳述孩子最新成果和可愛表現的時刻，但對大多數人來說卻無感。多數父母偶爾會懷念地回憶起還沒有孩子的日子，並渴望享受片刻安靜和孤獨。

對學齡前兒童的父母來說，在這重要的早期教養階段，關鍵是要尋求支持。與其他大人連結能夠給你支持、鼓勵和滋養，並透過你傳達到孩子和其他家人身上。

學習他人的智慧

雖然很少有人能完全認同每個教養孩子的細節，但建立一個支持網絡、有一群類似經驗的朋友圈，將能為教養及與孩子生活提供寶貴的資訊來源。一旦發生你沒預料到的事，可以有個打電話商量的對象，這樣的幫助非常大。努力和那些有著同年齡孩子的父母——或是最近才從你所經歷階段倖存的父母——建立關係，不要害怕提出問題，發現其他孩子也做過同樣奇怪或令人震驚的事，可以讓你感到放鬆。

支持網絡的一些選擇包括：以教會或社區為基礎的親子團體、社區大學親子班、正向教養家長課程，以及與鄰近的父母建立友誼。也許在你與伴侶出外吃過晚餐後，參加親職教育課程的小組活動，可以成為約會之夜的一部分節目。有些團體在公園聚會，一邊討論教養的挑戰和成就，一邊留意遊戲中的孩子。一些父母已經開始進行讀書會，他們聚集在一起輪流討論本書及其他正向教養書籍的概念，並共同學習如何使用正向教養工具。有些父母甚至參加了為期兩到三天的「正向教養家長講師認證培訓」（Teaching Parenting the Positive Discipline Way）工作坊，他們由此學習如何帶領正向教養課程，因為他們知道教學（並且敢於不完美）是最好的學習方式[81]。

如果你是住在偏遠地區或附近沒有學齡前兒童的父母，網路的神奇之處就在於提供聊天群組、問答網站和許多的資訊。如果你在孩子睡著後上網，會發現很多家長在聊天，透過網路尋求支持和鼓勵。即使你沒有家用電腦，地方圖書館也會提供這樣的服務。請圖書館管理員或有豐富電腦知識的朋友幫你搜尋教養資源，你會對發現到的資訊感到驚訝。

也請你諮詢小兒科醫生。家庭醫生在幫助年輕患者和父母的過程中會看到和聽到很多資訊，通常可以提供具支持性且實用的建議。但是，無論從何處找到支持，請記住，最後你必須決定什麼方式最適合你和孩子。蒐集所有你能蒐集的智慧與建議，然後在選擇對你最有效的方式前，傾聽自己的內心。

81 欲了解相關資訊，請參考網址：www.positivediscipline.com。

教養支持小組

一個教養支持小組的成功模式是「早期家長支持計畫[82]」——這是一個位於美國西北地區以社區為根據的團體。「早期幼兒家長支持計畫」小組在嬰兒出生後立即成立，由孩子會在幾天或幾週內陸續出生的人所組成。這些家庭定期在彼此家中或家庭中心聚會。目標在減少孤立感並建立支持、資源和鼓勵的網絡。另一個受歡迎的群體是「學齡前兒童的母親」[83]，它透過社區教會提供聚會和教養支持。尋找你所在地區的類似計畫，或考慮啟動你自己的計畫。

珍視你和伴侶的關係

許多學齡前兒童的家長是單親父母，獨自面臨撫養孩子的挑戰與祝福（是的，有很多）。但如果你正在與伴侶共同養育子女，那麼你們的關係將會奠定家庭生活的基礎。事實上，有許多研究表示，幼兒透過觀察父母的關係進行許多學習和決定。你值得花些時間，確認伴侶並未迷失在養育活潑幼兒的混亂中，而你們的關係仍是重要且令人愉快的。

父母有時會相信，一旦生了孩子，孩子就該成為家庭的中心。但正如你了解的那樣，對你或孩子來說，嬌生慣養並不健康。你和伴侶應該定期共度時光，無論是出去吃飯、跳舞、一起散步，還是蜷縮著身子看部好電影。你們也需要花時間探索和解決共同撫養孩子面對的許多問題。

為爸爸騰出空間

Q

我先生和我有一個四歲的兒子，他是我們生活中的喜悅。我是一個全職媽媽，但我希望先生積極參與養育兒子的過程。起初，他會跟我一起在晚上餵他、換尿布、給他洗澡。不過最近他總是「太忙」，以致於無法幫我。當我向他提到這個問題時，他告訴我他會努力嘗試，但他總是沒辦法做對。他說那是因為我堅持要他按照我的方式做事，這讓我感覺很糟糕（因為我認為他可能是對的），但我確實相信，我管教和照顧兒子的方式是最好的。我該怎麼辦？

82 早期幼兒家長支持計畫（PEPS, the Program for Early Parent Support），網址為 www.pepsgroup.org。
83 「學齡前兒童的母親」（MoP, Mothers of Preschoolers），網址為 www.mops.org。

A

許多父親感覺自己在母親和孩子緊密的關係中被邊緣化，特別是在幼兒的學齡前階段。了解孩子受益於父母**雙方**在生活中的積極參與，將有助於為你先生騰出空間，即使父母不完全以相同的方式做事。研究表示，父親和母親擁有不同的遊戲風格，並與孩子有不同的互動。孩子從兩種風格中都能學到有價值的技能。

你的兒子需要與父母雙方都有緊密和充滿愛意的連結。花一些時間與你丈夫坐下來，共同制訂關於教養方法、日常慣例、食物和其他問題的計畫。一起上教養課或閱讀本書，並討論學到的東西，可能對你們有幫助。然後放鬆，讓他以自己的方式做事。你可以運用他負責顧孩子的時間來好好照顧自己，或與朋友共度美好時光。當你兒子感到與你們兩個親近——以及你們兩個彼此親近時——他也會更快樂、更健康。

新生兒對幼兒的影響

如果你有正值學齡前階段的孩子，並計畫再生一個，你應該要知道，即使是最快樂和有自信的學齡前兒童，一個小嬰兒的到來，都可以讓他們情緒變得不穩定。大多數學齡前兒童誠懇地宣稱自己愛新的弟弟或新的妹妹，願意幫忙拿尿布和奶嘴，想要抱抱他們，並著迷地凝視著小嬰兒。那麼為什麼同樣的孩子會變得動不動就使性子，執意要吸奶嘴，「忘了」如廁訓練，或不停以抱怨來引發注意？

讓我們透過一個感覺自己被取代的幼兒眼光來看世界。假設就在你快滿四歲時，爸爸和媽媽從醫院抱回一包會發出噪音、蠕動且躺在棉被裡的東西。突然間，**沒有任何一件事**像從前一樣了。媽媽和爸爸告訴妳，妳不該哭泣或發牢騷，因為妳現在是一個「大女孩」了。訪客來到這間房子，直接從妳身邊走過去，柔聲地對新生兒低語；他們為寶寶帶來有趣的禮物和玩具（妳不可能記得自己也收到過）。最糟糕的是，妳的父母完全被這個吵鬧、凌亂的小人兒迷住了。他們整夜醒著，告訴妳要安靜地玩，因為寶寶在睡覺；他們經常搖晃、摟抱或背著小寶寶；他們總是很累，沒時間跟妳玩以前喜歡和熟悉的遊戲。怪不得在經過一、兩個星期後，即使是最有耐心的大姊姊，也會準備將入侵者送回醫院。

有一些方法可以幫你緩和家裡增添新生兒的過程。以下是一些建議：

- 盡早為孩子做好迎接新生兒的準備。你可以簡單地解釋懷孕過程，讓孩子知道寶寶何時出生。直到嬰兒出生前，使用日曆倒數。真誠地與孩子談論家有新生兒的生活變化，並拿出孩子嬰兒時期的照片，一起討論當時的生活，這樣將會更有幫助（和有趣）。
- 邀請孩子幫忙為寶寶做好準備。你可以請他為寶寶房間提供顏色和設計的建議；他可以和你一起為寶寶添購嬰兒用品，他甚至可能想把玩具放在嬰兒房作為歡迎的禮物。
- 展示你為他出生做準備時的照片。例如：布置他的房間和為他購買小小的嬰兒服。讓他知道很多人為他帶來禮物並十分關注他，就像對新生兒一樣。問他是否想為小弟弟接收和拆封禮物，然後幫忙感謝送禮的人（畢竟他的小弟弟不會說話）。他參與的越多，就越不會感覺被遺忘。

- 當寶寶回家時，務必讓孩子參與歡迎寶寶的過程。制訂安全規則並仔細監督，讓孩子遞尿布和擦拭更衣台，為寶寶唱歌或「讀」故事，並在哺乳時幫你拿東西。請記住，自尊來自於掌握技能和做出貢獻。在這段家庭生活忙碌的時期，你的學齡前兒童可以成為巨大的資產。
- 要知道學齡前兒童會改變怎麼在家中及在哪裡獲得歸屬感的想法，行為也可能因此而改變。在第三章中查看有關出生順序的內容，也許會對你有幫助。

就算你做了一切，如果學齡前兒童仍因為新生兒到來而感覺自己被取代，也不要感到驚訝。他有許多自己說不出也不了解的感受。年齡較大的孩子為了獲得與嬰兒相同的注意力，錯誤模仿嬰兒行為的案例並不罕見。不要認為孩子的行為在針對自己。相反地，專注於恢復和孩子的連結與歸屬感、與他共度一對一的特殊時光將會產生幫助。

格蘭特和瑪戈等到正確的時間，才向他們四歲的雙胞胎泰森和托比宣布，他們家將會再增添一名新成員。不過，雙胞胎並沒有對這個消息感到興奮。

「你們會有一個寶寶嗎？」泰森說。「為什麼？有我和托比還不夠嗎？」

托比插話說：「這裡不需要任何寶寶。」

瑪戈深吸一口氣，對兒子笑了笑：「小傢伙們，過來這裡，我想告訴你們一個關於我們家的故事。」

托比和泰森不情願地坐到母親旁邊，看著她點燃一支高高的藍色蠟燭。她說：「這就是我，這火焰代表我的愛。」然後，瑪戈拿起一根高高的綠色蠟燭說：「這支蠟燭是爸爸。」瑪戈給了格蘭特一個溫暖的笑容。她用藍色蠟燭點燃了綠色蠟燭。「當我嫁給他時，我把所有的愛都給了他，但我也還保有所有的愛。」

「然後，五年前，我得到了這樣的消息：在之後，你們會來和我們住在一起。」瑪戈點燃兩支較小的蠟燭，一支紫色，一支紅色，放在高高的藍色蠟燭旁。「當你們出生時，我給了你們所有的愛，但是你們父親仍然擁有我所有的愛，而我仍然留下了所有的愛。」托比和泰森著迷地凝視著蠟燭閃爍的火光。

然後瑪戈把手伸進口袋，掏出一支小小的蠟燭。「猜猜這根蠟燭是什麼？」她問男孩們。

「那個寶寶？」他們回答。

「這就對了。當這個嬰兒出生時，我會全力以赴。你們的父親將會有我所有的愛，而泰森將會有我所有的愛——。」

「而我會有妳所有的愛！」托比笑著喊。

「沒有錯！」瑪戈笑著說。「我仍然會有我所有的愛。這就是愛——我們分享得越多，就擁有越多。看看在這個家裡會有多少燦爛的愛？」

他們沉默地坐了一會兒。然後泰森拉拉媽媽的手肘：「媽媽，我可以用我的蠟燭點燃寶寶的蠟燭嗎？我想分享愛。」

瑪戈點點頭，吹熄了蠟燭，泰森小心翼翼地拿起他的蠟燭點燃那根小蠟燭。托比接著也點燃蠟燭，格蘭特也是。

瑪戈看著兩個男孩，伸手過去摟住丈夫，說：「這將是我們的寶貝，爸爸和我將需要你們的幫忙。小夥伴們，你們能幫助我們嗎？」

接下來幾個月過得很快。爭吵並未消失，但托比和泰森都喜歡購買嬰兒用品，幫忙爸爸和媽媽為新生兒布置房間，並一起思考男孩和女孩的名字。當在醫生診間聽到嬰兒心跳時，他們很激動。泰森錦上添花地在新的嬰兒更衣台上放置蠟燭。

他自豪地說：「我們是一個家庭，這裡有很多、很多的愛。」

家裡有一個新生兒，是既歡樂又充滿挑戰的事。但請記住，任何年紀的孩子都可能覺得自己被取代。一個人不需要作為老大，就能知道被新人取代的沮喪感，這種經驗也會發生在混合家庭和繼親兄弟姊妹加入，甚至是當姪女或侄子到來，家庭中的「前」寶寶面臨自己的可愛遭受挑戰的時候。記得進入孩子的世界，從他的角度體驗，將有助於所有人調整和共同成長。

爸媽也要為自己灌注能量

Q

我是一個有三個孩子的年輕媽媽，三個孩子年齡都小於五歲。他們是我最大的快樂，我非常喜歡當母親。不過，最近我的壓力真的很大。丈夫的工作時間很長，還要上夜校。我做家事、做兼職工作、付帳單和照顧孩子。他們很聰明、善良及才華洋溢，但也非常有主見。我覺得有太多事情需要關注，無論怎麼做，時間和精力似乎永遠都不夠。從早上醒來到深夜，我從來沒有一分鐘以上的時間可以給自己。我總是感到疲倦和不舒服，頭痛得很厲害。最重要的是，我最近常常發脾氣。之後我會因為內疚而感到更不安。

A 妳描述的畫面有什麼問題？妳不是在兼職或做全職工作，而是在加班工作。沒有人可以穿著「超級媽咪」的披風飛來飛去，然而這聽起來就像妳試著在做的事情。妳沒有照顧**妳自己**——所有人都因此受害。為了滿足生活中的所有要求，我們很容易忙到暫時擱置自己的需求，甚至完全忽視。妳可以給家人一個冷靜與充分休息的妳。

考慮請一名高中生幫忙家事。如果妳經費拮据，試著添加創意：也許妳可以以物品來支付對方，或與其他人交換兼職保姆的時間。這樣妳可以去散步，參加瑜伽課程，或者每星期一次或兩次於當地的ＹＭＣＡ（基督教青年會）游泳和桑拿。妳的家人會感受到差別，當然，妳也會。

作為父母很像用水壺在倒水：在沒有加水的情況下，你只能從水壺中倒出那麼多杯水。很多時候，父母和其他托育人員會突然意識到，他們已經為孩子倒乾了水——水壺是空的。有效、慈愛的教養需要大量時間和精力。當你水壺是空的，感到疲憊、胡思亂想、壓力過大、不勝負荷時，就無法做到最好。

你如何重新加滿水壺？照顧好自己——在水倒乾前加滿水壺——你可以採取任何形式。如果你發現自己在某個安靜的時刻作著白日夢，想著所有你渴望做的事情，這可能是一個暗示，你應該找一些方法來照顧自己。

照顧好自己

照顧好自己跟照顧好孩子同樣重要。考慮以下幾點：

- 做好時間安排。
- 列下事務清單。
- 為重要關係騰出時間。
- 定期做你喜歡的事情。

☺做好時間安排

大多數父母發現，他們必須隨孩子的成長調整優先順序。試著記錄幾天你如何使用時間將非常有幫助——並且具有啟發性。像是工作、學校或撫養孩子等活動，不可能有太多改變。但是大多數父母卻將大部分時間花在非優先事項的活動上。

比方說，如果你經常在晚上和小孩一起醒著，當孩子午睡時，你也要試著打個盹。滿屋子跑地做完所有「應該」做的事，確實很有吸引力，但清潔浴室和給家具撢灰塵可以等，如果你有足夠的睡眠，會更快樂且有效率。

魯拉沒有大段空閒的時間。在社區大學的晚間課程和咖啡攤車的日間工作之間，她設法每晚花幾個小時與三歲的阿布共進晚餐，並在奶奶來照顧他之前，讓他準備好睡覺。但他們短暫的相處經常充斥著各種難題，讓魯拉感到不耐煩、脾氣暴躁。她意識到，如果想要成功扮演任何角色，她需要找到照顧自己的方法。

魯拉想到自己每天在把阿布送到托育中心後，都要在交通尖峰時段花上四十五分鐘緩慢地移動。她決定嘗試坐公車，並將這段時間用來照顧自己。當公車行駛於擁擠的道路時，她會讀一本小說、享受一篇雜誌文章，甚至閉上眼睛練習冥想和緩慢地呼吸。這種微小的變化在降低壓力上起了很大的作用。魯拉覺得神清氣爽，鎮靜的效果持續整整一天。因為壓力沒有那麼大，有額外精力期待和孩子在一起的時間，她甚至發現自己更享受與阿布相處的時光。

當你與小孩分享生活時，時間既寶貴又短暫，務必讓自己盡可能聰明地使用時間。

☺ 列下事務清單

在一個安靜的時刻，列出你想做的所有事（或你希望能做的）。然後，當孩子午睡或與托育人員在一起時，將這些寶貴時間用來從事清單上列出的事項。不要列出家事和職責；相反地，寫下能讓自己充電的活動，比方說，蜷縮著讀一本好書、泡澡，或者打電話跟朋友談心。花時間在清單上寫下需求，會讓你更可能兌現。

為重要關係騰出時間

只是與好朋友一起喝杯茶，便有神奇的療癒效果，有時候一場激烈的壁球比賽，可以讓你重新積極地看待生活。當你的世界被精力充沛的小孩占滿時，與關心你的大人交談特別能為你提振精神。你和伴侶可以交換時間照顧孩子，讓你們各自都有時間與朋友在一起，或者你可以選擇與其他喜歡的夫妻一起度過特殊時光。你們單獨一起外出的約會之夜，也應該在清單上。

在公園與朋友見面可以讓父母（已婚或單身）和孩子有時間一起休息和放鬆。打開你的世界，讓它大得足以包括家庭以外的人，這將幫助你保持健康和平衡。

定期做你喜歡的事情

重要的是，你要找時間從事讓你感到有活力和快樂的事情，無論是騎自行車、打壘球、在合唱團裡唱歌、修理機器、在花園裡工作，還是設計絎縫被[84]。嗜好和運動對於你的精神和情緒健康非常重要——如果你能在自己的幸福上投注時間和精力，就能成為更有耐心和效率的父母。是的，為這些事情找時間可能是個問題，而且你會很想告訴自己：「我以後再做。」但情況通常是，「以後」永遠不會到來。就算你每天只花二十分鐘做某件喜歡的事，都是一個好的開始。照顧自己真的不是選擇項目，沒有它，每個人都會受傷害。父母經常把花在自己身上的時間視為「自私」。這絕對不是真的。從長遠來看，花時間照顧自己會使每個人都受益。

相信我們：你的孩子即使沒有持續的關注，也能夠存活。事實上，擁有健康、受到良好支持的父母，會讓孩子更能夠成長茁壯。請記住，孩子感受得到情緒能量；疲憊和怨恨不會幫助孩子成長，反而可能讓全家人流失家庭生活的樂趣。

避免過度安排團體課程

大多數父母竭盡所能地為幼兒提供豐富且具啟發性的環境。畢竟，他們在早期階段正在學習和發展重要的技能。許多幼兒發現他們在五歲前就被報名參加數量驚人的團體，包括體操團體、足球聯盟和游泳班，還有幼兒園和遊戲小組，另外也有音樂和教育課程。父母經常發現自己總是在車裡，趕著將孩子從一項活動送往另一項活動。

雖然這些課程對幼兒來說可能快樂又具啟發性，但比較聰明的做法是限制報名的活動數量。研究人員注意到，當家人一起放鬆和閒逛的時間變少，每個人都忙著趕往下一個活動，結果就是關係受到影響。母親和父親感覺煩躁與疲憊，孩子很少或根本沒時間鍛鍊創造力、學會娛樂自己，或者單純地遊玩。

請記住，孩子需要與你連結和在一起的時間遠遠超過啟發性。一起擁抱，並與孩子在地板上爬行或讀書，遠比參加最受歡迎的團體課程來得有價值。

84 絎縫被（quilt）是一種由三層布組成的毯子，頂層常由多塊縫合在一起的拼布製成。有時除了做寢具，也可掛在牆上作為裝飾。

辨識和管理壓力

牙根咬緊、拳頭緊握、肌肉緊張、頭痛、突然好想大哭一場或將自己鎖在浴室裡——這些都是父母壓力太大和過度負荷的症狀。重要的是要意識到它們，大多數父母——特別是新手父母——偶爾會感到不勝負荷、精疲力盡，甚至生氣或怨恨。因為非常想要成為好的父母，所以他們可能發現，自己很難與其他人討論這些令人不安的想法或感受。

瑪麗亞姆很喜歡當媽媽，儘管有時很難兼顧當母親和房地產業務的角色。五歲的萊克希聰明、有愛心，也很有好奇心，瑪麗亞姆總是期待著從托育人員那裡接萊克希回家。傍晚的日常慣例通常進行得很順利，母女倆一起享受彼此的陪伴。然而，今晚的瑪麗亞姆坐立難安、心情沉重。今年最大一筆交易看來隨時會落空，她真的需要花一些時間在電腦上瀏覽文件。

不幸的是，萊克希才剛從流行性感冒中恢復，仍然容易發脾氣和倦怠。瑪麗亞姆試圖在傍晚的日常慣例中抄捷徑：她做了一頓冷凍食品餐，把碗盤留在水槽裡，然後趕著幫萊克希進行傍晚的遊戲。隨著夜晚到來，萊克希變得安靜，感覺到母親的分心和煩躁。最後，當瑪麗亞姆睡前只讀一個故事，而不是平常的兩個故事時，萊克希突然發作了。

萊克希在胸前交叉雙臂，挑釁地抬起下巴，跺了一下腳。「媽媽，妳很沒禮貌。」她氣憤地說。「我可以看得出來，妳今晚不想和我在一起。妳只想去坐在妳的老電腦前。」

被女兒精準的話語刺傷，瑪麗亞姆發起脾氣：「我累了，萊克希。我度過了疲累的一天，努力工作也是為了給妳好的生活。快去睡覺，讓我工作，好嗎？」

萊克希皺起臉，憤怒的眼淚湧進她的眼睛。「我討厭妳！」她喊道。「妳為什麼不回到妳愚蠢的辦公室，然後待在那裡？」

瑪麗亞姆感到血液湧向她的臉，她把手縮回來。當母親和女兒彼此瞪視時，那個片刻完全沉默。突然間，瑪麗亞姆意識到，她幾乎快要打女兒耳光時，震驚地退了一步。

她說：「哦，萊克希，親愛的，我很抱歉。這不是妳的錯——是我脾氣暴躁、疲憊不堪。」

瑪麗亞姆跪下來，伸出雙臂說：「妳能原諒我嗎？」

萊克希可以。母親和女兒在扶手椅上擁抱了一段很長的時間，瑪麗亞姆讀了第二個故事。當她把燈關掉時，已經恢復和平與連結，一切都很好。然而，瑪麗亞姆花了一段時間才能處理，這次在她身上所引發強烈且意想不到的感受。

正如我們之前提到的，感受和行動之間存在著差別。幼兒的父母會感到沮喪、不勝負荷、精疲力盡並不罕見，而大多數父母在對孩子感到憤怒或怨恨時，會感覺內疚。這樣的感覺很正常——但你需要留意自己會如何處理。

如果你發現自己想要發作或抨擊孩子，接受那種感覺，將它們作為你需要做點什麼來照顧自己的提示。務必確認孩子玩得安全，讓自己「暫停」幾分鐘（反正，它通常對父母會比對幼兒有效）。更好的是，安排一段時間做些事讓自己充電。疲憊和沮喪甚至可能導致最好的父母說出和做出後來會後悔的事情。投入你所需要的時間來幫自己感覺更好，這會好得多。

緊急救濟

萬一你覺得完全無法應付壓力，請不要猶豫，立即向外求助。大多數社區都提供危機專線，可進行電話即時協談服務。有些醫院提供類似的服務；與一位理解、能夠安慰你的大人交談幾分鐘，可能會大幅改善情況。

如果你覺得孩子可能處於危險之中，請確認社區是否提供短暫在家照顧的服務。需要幫助並沒有錯，也不可恥；尋求幫助才是真正具有智慧。

擴大自己的生活圈

羅思回頭看著朋友家的前窗，她的朋友卡羅琳和自己三歲的兒子文斯正在向她揮手道別。當她坐進轎車駕駛座時，羅思對後座的兩個好友笑了笑。

「哇，我準備好了。」她說。

阿黛爾和喬倫笑了起來。「我們也是。」喬倫說。「妳一定要好好享受一下，因為下個星期，所有孩子都會到妳家去。」

羅思、阿黛爾、喬倫和卡羅琳已經共享了六個月的「媽媽休息日」，沒有人能夠想像如果沒有它，她們如何生存。每個星期六早上，四個女性中有一個會負責照顧她們的六個孩子。午餐準備好了，活動計畫好了，三個有休息日的媽媽則有幸福的四小時可以去購物、打網球、散步，或只是聊天和喝咖啡。起初所有人都感到內疚，但她們很快學會揮手道別、開車離開，知道孩子會得到很好的照顧，並樂意讓冷靜、開心的母親接他們回家。因為這些女人總在指定的時間內回來，沒有人感到不公平或被利用。

支持會以不同的形式出現。只要有用，無論你怎麼找到它，都請你感激地接受。教養是一項太龐大的工作，你無法獨自應付。孩子與家人需要一個支持的社區。社區的臉孔可能是熟悉的親戚、教養課程、好朋友，甚至是網路空間中的文字。重要的是，它就在那裡。為了所有人好，請好好使用。

結語 用智慧與勇氣，引領學齡前兒童走向獨立

父母在孩童早期階段經常感到不勝負荷。學齡前兒童具有驚人的能力，可以成為所有家人關注的焦點，經常讓周圍的大人因笑聲或疲憊而氣喘吁吁。每天似乎都會帶來新發現，有時則是新危機。這看起來像：廚房流理台永遠不會乾淨、衣服永遠洗不完，而這種生活也永遠不會結束。

但時間確實會結束。父母和老師的工作，就是讓自己的角色逐漸淡化變得沒有必要存在。從孩子生命最初開始，我們就穩定地引導他們走向獨立，並在他們動搖時給予愛和支持，對他們的成長與茁壯抱持信心。我們盡可能不那麼顯眼地在附近徘徊，當他們絆倒時屏住呼吸，當他們繼續前行時歡欣鼓舞。

是的，學齡前階段是父母和老師最忙碌的幾年。孩子在這些年的測試和探索極度考驗我們的耐心，我們可能發現自己渴望孩子趕快長大，對我們的需求少一點。但如果我們睿智，就會花更多時間享受和品味這些快速流逝的歲月。

比你想像的要早更多，你會環視著房間，驚訝地瞪著看到的陌生人。長期流著鼻涕的學齡前兒童將會消失，取代的將是一個帶著笑容的年輕人，為學校和新的友誼做好準備，並離你環抱的臂彎越來越遠。

孩子將會帶著我們用勇氣給予的愛、智慧和信心面對生活。肯定會有掙扎、碰撞、瘀傷和眼淚，但如果我們做好工作，他就會知道錯誤是學習的機會，生活是一種享受的冒險。

有一則美麗的寓言，關於兩個小女孩發現掙扎和堅持不懈的價值。她們發現兩個懸掛在樹枝上的繭，就在驚嘆時，兩隻小蝴蝶出現了。小生物如此潮濕和脆弱，看起來別說飛翔，似乎都活不下去了。女孩們看著蝴蝶努力打開翅膀。一個女孩擔心蝴蝶無法生存，把手伸向其中一隻，輕輕為牠撥開纖細的翅膀。第二個女孩為另一隻蝴蝶提供一根可以抓緊的樹枝，然後帶牠到窗台上，那裡有太陽可以溫暖牠。

兩隻蝴蝶繼續勇敢地鼓動著，測試牠們的新翅膀。窗台上的那隻最終打開翅膀，在柔和的陽光中暫停了一會兒，然後優雅地飛走了。但是翅膀被撬開的蝴蝶從來沒有找到飛行的力量，在還沒飛行前就死了。

看著年輕人掙扎很痛苦，要知道無論你多努力，都無法一直從麻煩和痛苦中拯救他們。但聰明的父母知道，像蝴蝶一樣，孩子可以從掙扎中獲得力量與智慧。這需要很大勇氣和很多愛——避免說教和拯救，讓孩子在鼓勵、教導和愛的支持下，品嘗人生並汲取教訓。

我們不能打孩子的仗。即使是最關愛的父母也無法保證孩子永遠不會痛苦。但我們可以做很多事：可以為孩子提供信任、尊嚴和尊重，可以對他們有信心並相信他們有能力學習和成長；也可以花時間教他們關於想法、人生及在充滿挑戰的世界中茁壯與成長所需的技能。我們可以培養他們的才能和興趣，並鼓勵他們採取每個小步驟，幫助他們發現才華、能力和責任。

最重要的是，我們可以愛孩子，並與他們一起歡笑和遊戲。我們可以和他們創造珍惜一生的回憶。我們可以晚上偷溜進他們房間，再次感受凝視孩子睡臉時，那讓人幾乎無法承受的溫柔。我們可以利用愛和溫柔，提供父母和托育人員必須具備的智慧和勇氣。

這本書關於如何從錯誤中學習並慶祝成功。作為作者和父母，我們希望你覺得它有用。但最終答案總會在你的智慧和精神中找到；當你從心中做起時，你會做到最好的教養（和教導）。儘管麻煩和挫折不可避免，花一些時間來品味童年的特殊時刻，盡可能享受與孩子在一起的時光。因為這些珍貴而重要的時光，一生僅有一回。

致謝辭

我們經常被問到：「你們從哪裡得到這些故事？」我們從很多人那裡獲得故事，沒有它們，這本書不可能完成。我們想說的是，這些故事的人名和細節已經經過修改，以保護分享故事者的家庭隱私，有些故事則是好幾個家庭的複合體。這麼做是有道理的，因為世界各地的父母和孩子在成長過程中經歷許多相同的挑戰，我們可以相互學習。

最要感謝的是我們的孩子。他們為我們提供了個人家庭「實驗室」。正如你看到的，我們認為錯誤是學習的絕佳機會。孩子忍受了我們的錯誤——並幫助我們從中學習。我們愛他們，並且相當感激。

在我們的教養課程和諮詢辦公室裡，有很多機會可以向父母學習。當別人的專家很容易，但事實上，你是自己孩子唯一的專家——沒有人像你一樣了解你的孩子。本書提供了可靠的資訊和良好的建議，但最終，你必須依靠自己的智慧和對孩子的了解，幫助你決定該怎麼做。這並非十分容易。我們經常在課堂上告訴父母：「當我情緒化時，你會幫助我；當你情緒化時，我會幫助你。」父母經常告訴我們，我們對他們的幫助有多大。我們希望他們知道，我們從他們那裡學到了多少——以及有多麼感謝。

我們有機會在https://www.positivediscipline.com/及其他場合回答問題——從廣播Call-in節目到家長和教師團體課程，再到全國和國際各種演講場合中的觀眾。這些問題和我們的解答，為本書提供了很好的材料。

我們感謝世界各地的許多優秀人士，他們非常渴望為孩子提供所需的愛和指導。我們也感謝同事和朋友，他們堅持不懈地創造更多互相尊重的家庭、學校和社區。你可能認為教養方式近年來的變化不大，但我們持續學習理解孩子和我們自己的新方法。本書的一些資訊是由其他阿德勒學派專業人士提供並使其完善。我們感謝他們和他們所做的工作。

我們從珍・格里菲斯那裡獲得明智的建議，大幅加強有關出生順序的資訊。她是「北美阿德勒心理學學會」的前任主席，也是芝加哥「阿德勒專業心理學院」（Adler School of Professional Psychology）（現改制為「阿德勒大學」）的榮譽退休教授。

我們有很好的編輯協助，非常感謝三河出版社（Three Rivers Press）的專業編輯琳賽・摩爾（Lindsey Moore）。我們依靠琳賽的積極回應和鼓勵，讓訊息更清晰、也更有幫助。

也要特別感謝「學習樹蒙特梭利幼兒園」提供大部分背景資料，包括如何尋找優質托育單位的章節，以及在班級會議和錯誤行為目的章節中的許多案例。這些洞見為本書挖掘出更多且更深層次的意義。

我們將永遠感謝阿爾弗雷德・阿德勒和魯道夫・德瑞克斯，他們是正向教養所依據哲學的創始人。這些精神科醫生留下了改變成千上萬人生命的遺產——包括我們自己的生命。我們很榮幸透過與他人分享來傳承他們的想法。

我們是那麼地愛家人。他們沒有抱怨我們把時間花在寫書上，而是給我們支持與鼓勵。他們不斷展示自立自足的能力，而不是要求，並對於我們分享如何幫助及陪伴彼此的概念感到驕傲。雖然我們的孩子現在已經長大並忙於獨立的生活，我們仍然享受與他們和孫子、孫女共度的每一刻。

願這本書讓世界變成一個更健康、更幸福的地方——為我們的孩子、他們的同儕朋友，以及他們有一天會教養的孩子們。

跟阿德勒學正向教養：學齡前兒童篇：理解幼童行為成因，幫助孩子適性發展、培養生活技能／簡．尼爾森（Jane Nelsen），謝瑞爾，艾爾文（Cheryl Erwin），羅思琳．安．達菲（Roslyn Ann Duffy）著；陳玫妏譯. -- 初版. -- 臺北市：日月文化，2018.11
432面；16.7×23公分. --（高EQ父母；72）
譯自：Positive discipline for preschoolers : for their early years--raising children who are responsible, respectful, and resourceful
ISBN 978-986-248-753-2（平裝）
1.親職教育 2.育兒
528.2 107014041

高EQ父母 72

跟阿德勒學正向教養：學齡前兒童篇

理解幼童行為成因，幫助孩子適性發展、培養生活技能

Positive Discipline for Preschoolers: For Their Early Years－Raising Children Who Are Responsible, Respectful, and Resourceful

作 者：簡．尼爾森（Jane Nelsen）、謝瑞爾．艾爾文（Cheryl Erwin）、羅思琳．安．達菲（Roslyn Ann Duffy）
譯 者：陳玫妏
審 訂：姚以婷
責任編輯：陳家珍
校 對：陳家珍、林淑蘭
封面設計：日央設計
美術設計：邱介惠
內頁排版：思思

發 行 人：洪祺祥
副總經理：洪偉傑
副總編輯：謝美玲
法律顧問：建大法律事務所
財務顧問：高威會計師事務所
出 版：日月文化出版股份有限公司
製 作：大好書屋
地 址：台北市信義路三段151號8樓
電 話：（02）2708-5509 傳 真：（02）2708-6157
客服信箱：service@heliopolis.com.tw
網 址：www.heliopolis.com.tw
郵撥帳號：19716071日月文化出版股份有限公司

總 經 銷：聯合發行股份有限公司
電 話：（02）2917-8022 傳 真：（02）2915-7212
印 刷：禾耕彩色印刷事業股份有限公司
初 版：2018年11月
初版十五刷：2020年08月
定 價：450元
I S B N：978-986-248-753-2

日月文化集團
HELIOPOLIS
CULTURE GROUP

感謝您購買 跟阿德勒學正向教養－學齡前兒童篇

為提供完整服務與快速資訊，請詳細填寫以下資料，傳真至02-2708-6157或免貼郵票寄回，我們將不定期提供您最新資訊及最新優惠。

1. 姓名：＿＿＿＿＿＿＿＿ 性別：□男 □女
2. 生日：＿＿＿年＿＿＿月＿＿＿日 職業：
3. 電話：（請務必填寫一種聯絡方式）
（日）＿＿＿＿＿＿（夜）＿＿＿＿＿＿（手機）＿＿＿＿＿＿
4. 地址：□□□＿＿＿＿＿＿＿＿＿＿
5. 電子信箱：＿＿＿＿＿＿＿＿＿＿
6. 您從何處購買此書？□＿＿＿＿＿＿縣/市＿＿＿＿＿＿書店/量販超商
□＿＿＿＿＿＿網路書店 □書展 □郵購 □其他
7. 您何時購買此書？ 年 月 日
8. 您購買此書的原因：（可複選）
□對書的主題有興趣 □作者 □出版社 □工作所需 □生活所需
□資訊豐富 □價格合理（若不合理，您覺得合理價格應為＿＿＿＿）
□封面/版面編排 □其他＿＿＿＿＿＿＿＿
9. 您從何處得知這本書的消息： □書店 □網路／電子報 □量販超商 □報紙
□雜誌 □廣播 □電視 □他人推薦 □其他
10. 您對本書的評價：（1.非常滿意 2.滿意 3.普通 4.不滿意 5.非常不滿意）
書名＿＿＿＿ 內容＿＿＿＿ 封面設計＿＿＿＿ 版面編排＿＿＿＿ 文/譯筆＿＿＿＿
11. 您通常以何種方式購書？□書店 □網路 □傳真訂購 □郵政劃撥 □其他
12. 您最喜歡在何處買書？
□＿＿＿＿＿＿縣/市＿＿＿＿＿＿書店/量販超商 □網路書店
13. 您希望我們未來出版何種主題的書？＿＿＿＿＿＿＿＿
14. 您認為本書還須改進的地方？提供我們的建議？

＿＿＿＿＿＿＿＿＿＿＿＿＿＿＿＿＿＿＿＿
＿＿＿＿＿＿＿＿＿＿＿＿＿＿＿＿＿＿＿＿
＿＿＿＿＿＿＿＿＿＿＿＿＿＿＿＿＿＿＿＿
＿＿＿＿＿＿＿＿＿＿＿＿＿＿＿＿＿＿＿＿

生命，
因家庭而大好！